转型期大学生核心价值观培育研究

谭文全 ◎ 著

北京理工大学出版社
BEIJING INSTITUTE OF TECHNOLOGY PRESS

内 容 提 要

本书内容全面，资料翔实，条理清晰。首先对大学生社会主义核心价值观培育进行总体论述，主要分析大学生核心价值观的时代背景、内容构成以及环境分析；其次从发展进程、取得的成效、经验启示以及存在的问题四个方面对改革开放以来大学生核心价值观培育基本情况进行系统论述；再对大学生核心价值观培育的具体构成进行研究，主要包括大学生马克思主义信仰教育、大学生共同理想教育、大学生民族精神和时代精神教育以及大学生法治与诚信教育四个方面的内容；最后在对大学生核心价值观培育创新发展的必要性进行分析的基础上，具体阐释了马克思主义视野下创新大学生核心价值观的培育模式以及构建大学生核心价值观培育的长效机制。

版权专有　侵权必究

图书在版编目（CIP）数据

转型期大学生核心价值观培育研究 / 谭文全著. —北京：北京理工大学出版社，2017.8

ISBN 978-7-5682-4800-6

Ⅰ.①转…　Ⅱ.①谭…　Ⅲ.①大学生－思想政治教育－研究－中国　Ⅳ.①G641

中国版本图书馆CIP数据核字（2017）第209644号

出版发行 / 北京理工大学出版社有限责任公司	
社　　址 / 北京市海淀区中关村南大街5号	
邮　　编 / 100081	
电　　话 / （010）68914775（总编室）	
（010）82562903（教材售后服务热线）	
（010）68948351（其他图书服务热线）	
网　　址 / http://www.bitpress.com.cn	
经　　销 / 全国各地新华书店	
印　　刷 / 北京紫瑞利印刷有限公司	
开　　本 / 710毫米×1000毫米　1/16	责任编辑 / 李慧智
印　　张 / 13	文案编辑 / 李慧智
字　　数 / 235千字	责任校对 / 周瑞红
版　　次 / 2018年8月第1版　2018年8月第1次印刷	责任印制 / 边心超
定　　价 / 68.00元	

图书出现印装质量问题，请拨打售后服务热线，本社负责调换

前　言 Preface

价值观是人的精神世界的核心，是人为自己的人生所建立的标尺，是人为自己定下的人生理想，它对人的社会活动起着行为导向和规范的作用。人们在价值追求上抱有怎样的信念和理想，便构成了价值观的核心内容，也称为核心价值观。核心价值观支撑和影响着所有价值判断，是对整个人类发展历史和未来走向的总概括。党的十八大报告提出，倡导富强、民主、文明、和谐，倡导自由、平等、公正、法治，倡导爱国、敬业、诚信、友善，积极培育和践行社会主义核心价值观。党的十九大以后，习近平新时代中国特色社会主义思想又对社会主义核心价值观问题进行了全新论述，也为当代大学生核心价值观培育指明了方向。

"一个有远见的民族，总是把关注的目光投向青年；一个有远见的政党，总是把青年看作推动历史发展和社会前进的重要力量。"当代大学生是国家和民族的希望，承载着振兴民族、促进国家走向繁荣富强的艰巨历史使命。他们的科学文化素质和思想道德素质直接关系着中国的未来和中国特色社会主义事业建设的命运。然而，当前我国正处于社会加速转型的关键时期，经济结构和社会结构带动国民的经济观念、文化观念不断改变，人们的价值观呈现多样化的趋势。大学生自身鉴别力较弱，易受非主流文化的影响，做出偏离主流或错误的判断，形成扭曲的价值观。因此，加强大学生核心价值观教育，是新时期国际形势发展的需要，是我国经济体制改革中社会稳定发展的要求，能否帮助大学生树立正确的世界观、人生观、价值观，特别是帮助、引导大学生培育和践行社会主义核心价值观，是关系到国家的长远发展问题，也关系到大学生成长的根本问题。

本书内容全面，资料翔实，条理清晰，共分为七章。第一章是对大学生社会主义核心价值观培育的总体论述，主要分析了大学生核心价值观的时代背景、内容构成以及环境分析；第二章从发展进程、取得的成效、经验启示以及存在的问题四个方面对改革开放以来大学生核心价值观培育基本情况进行了系统论述；第三章至第六章逐章对大学生核心价值观培育的具体构成进行了研究，主要包括大学生马克思主义信仰教育、大学生共同理想教育、大学生民族精神和时代精神教育以及大学生法治与诚信教育四个方面的内容；第七章在对大学生核心价值观培育创新发展的必要性进行分析的基础上，具体阐释了马克思主义视野下创新大学生核心价值观的培育模式以及构建大学生核心价值观培育的长效机制。

本书在撰写过程中，参考和引用了大量学术著作和研究论文，从中汲取了许多有益的成果，在此对相关学者表示感谢。由于笔者水平有限，书中难免存在疏漏之处，真诚地希望广大读者能够予以批评指正，以期进一步完善。

重庆工商大学　谭文全

目　录 Contents

第一章　大学生社会主义核心价值观培育概述 …………………………… 1

第一节　大学生核心价值观的基本内涵 ………… 1
第二节　大学生核心价值观培育的内容构成 …… 13
第三节　大学生核心价值观培育的环境分析 …… 23

第二章　改革开放以来大学生核心价值观培育基本情况 …………………… 30

第一节　大学生核心价值观培育的发展进程 …… 30
第二节　大学生核心价值观培育取得的成效 …… 36
第三节　大学生核心价值观培育的经验启示 …… 41
第四节　当前大学生核心价值观培育存在的问题 ………………………………………… 45

第三章　大学生马克思主义信仰教育 ……… 53

第一节　信仰与马克思主义信仰 ………………… 53
第二节　马克思主义是社会主义核心价值体系活的灵魂 ……………………………………… 66
第三节　大学生马克思主义信仰教育的路径选择 ……………………………………… 74

第四章 大学生共同理想教育 …………… 81

第一节 共同理想是社会主义核心价值观的主题 ………………… 81

第二节 大学生共同理想教育面临的问题与挑战 ………………… 89

第三节 增强大学生共同理想教育实效性的途径 ………………… 96

第五章 大学生民族精神和时代精神教育 … 105

第一节 民族精神和时代精神是社会主义核心价值体系的精髓 …………… 105

第二节 大学生以爱国主义为核心的民族精神教育 ………………… 113

第三节 大学生以改革创新为核心的时代精神教育 ………………… 128

第六章 大学生法治与诚信教育 …………… 138

第一节 大学生法治教育 ……… 138

第二节 大学生诚信教育 ……… 155

第七章 马克思主义视野下大学生核心价值观培育的创新发展 …… 167

第一节 大学生核心价值观培育创新发展的必要性 …… 167

第二节 创新大学生核心价值观的培育模式 … 176

第三节 构建大学生核心价值观培育的长效机制 …… 185

第一章　大学生社会主义核心价值观培育概述

大学生作为青年中的杰出人才，是社会的栋梁，是民族的希望，是社会主义未来的建设者和接班人，肩负着实现中华民族伟大复兴的历史使命。他们的科学文化素质和思想道德素质直接关系着中国的未来和中国特色社会主义事业建设的命运。因此，在建设社会主义核心价值体系的背景下，需要加强对大学生社会主义核心价值观的培育。本章是对大学生社会主义核心价值观培育的总体论述，着重阐释了大学生核心价值观的基本内涵、内容构成以及国内外环境。

第一节　大学生核心价值观的基本内涵

一、核心价值观的含义与地位

(一)核心价值观的含义

一般而言，"核心"是相对于"非核心"而言的，也就是说，价值观念本身就是多元的，这是由世界的无限多样性和主体多样化的利益差别决定的。但是，无论是一个国家、群体或者是一个个体，都不可能同时选择"多元"的方向道路。要保障社会或者个体的稳定有序，客观上就要求这些价值观念体系要有一定的主次关系，要有居于主导地位的价值观念，能够将多样的一般价值观念统摄控制在秩序范围内，使其成为核心价值观念的有益补充，这也决定了价值观念中的"核心"与"非核心"。

在社会多个价值观中，各种价值观有不同的地位，有些价值观处于核心地位，有些价值观处于从属地位。核心价值观在价值体系中处于核心地位，统率和支配着其他处于从属地位的价值观，是一种社会制度长期普遍遵循的基本价值原则，是一种文化区别于另一种文化的基本价值观念。核心价值观反映一个社会中主导意识形态的本质内容，并且在诸多价值观中居于支配地位。简言之，核心价值观就是与统治阶级占统治地位的意识形态相一致的价值观。

每个社会都有其赖以生存和发展的核心价值观,如我国封建社会以"仁、义、礼、智、信"为基本内容的封建主义核心价值观,资本主义核心价值观则以"自由、平等、博爱"为基本内容。社会核心价值观是国家的、社会的、民众的价值理念、价值尺度,涵盖政治、经济、文化、道德的所有层面,体现在国家的制度、方针、政策、法律的所有规范中,具有统一思想、引领思潮、坚定信念、凝聚人心、激发活力、整合资源、预测趋势等多重功能,对价值变迁起着重要影响。

核心价值观具有如下基本特征:统领性,即反映时代要求、指明社会发展趋势,处于支配地位;稳定性,即变得社会化、大众化,不会轻易改变;高度普遍的认同性,即为人们共同认同、遵循和维护;理想性,即结合人类的远大理想和改造世界的现实任务,既反映现实又超越现实;建设性,即可正确发现并揭示其内在发展规律。

核心价值观涵盖了多方面的内容:第一,核心价值观是衡量所处关系中一切善恶美丑的根本标准;第二,核心价值观反映了所处关系中主体对群体目标和价值追求的认同和拥护,表现出获取目标的强烈意愿;第三,核心价值观是主体在平等的基础上自然而然地形成对价值目标的认可;第四,核心价值观具有一定的道德约束力。正如我国封建王朝时期的核心价值观是以孔孟思想为国家典范那样,核心价值观是每个国家及民族自古遵循的"道德法典",不同的社会时期有不同的核心价值观。

(二)核心价值观的地位

就当前来看,核心价值观主要表现为社会主义核心价值观,社会主义核心价值观的地位主要表现为以下几点:

1. 回答中国特色社会主义价值本质的需要

社会主义在其发展和演变的历程中,经历了由空想社会主义到科学社会主义的伟大转变。空想社会主义作为一种社会思潮和社会理想,自其诞生起就有着自身的价值取向和价值追求,主要表现为追求没有私有制、没有剥削、人人平等、个个幸福、按需分配的理想社会。马克思、恩格斯在批判继承空想社会主义合理成分的基础上,运用辩证唯物主义的逻辑方法,对人类社会历史和资本主义社会进行了深入、细致的研究,指出了资本主义必然灭亡、社会主义必然胜利的规律,从而创立了科学社会主义。马克思、恩格斯在科学社会主义的思想理论体系中,将"人的解放"和"人的自由发展"作为终极价值目标,并对实现这种目标的指导思想、制度保障、主要方式等做出了初步的论述和阐释。在这些论述和阐释中,尽管马克思、恩格斯没有明确论述社会主义价值体系和价值观等问题，但他们的理论勾勒出了社会主义价值体系和价值观的蓝图，如为绝大多数人谋求利益、实现社会的公正与平等、人的自由全面发展等。这就从根本上确立了社会主义价值本质不同于以往任何社会统治阶级的价值本质。

中国共产党是按照马克思列宁主义的指导思想建立起来的无产阶级政党。中国共产党在领导中国革命的进程中，在总结实践经验教训的基础上，成功实现了马克思主义与中国革命实践的第一次结合，形成了毛泽东思想，取得了新民主主义革命的胜利。在漫长而艰辛的革命历程中，中国共产党以马克思主义为指导，以中华民族优秀的传统文化为底蕴，形成了立党为公、执政为民、全心全意为人民服务的宗旨，旗帜鲜明地将社会主义价值观作为主流价值观，用以教育广大党员干部，并向广大民众宣传和普及。1978年的十一届三中全会实现了中国共产党指导思想上的转变，并做出了改革开放的伟大决策。此后，中国共产党带领中国人民逐步走上中国特色社会主义道路，致力于中国的现代化和民族复兴的伟业。纵观改革开放以来的发展历程，为人民服务、民主、自由、文明、富强、共同富裕、公有制、社会主义市场经济、平等、公平、正义、法制、法治、德治、集体主义、爱国主义、创新、以人为本、和谐、人的全面发展等概念，凸显了此阶段社会主义核心价值观的基本基因。今天，在中国共产党领导下，中国特色社会主义事业方兴未艾。走中国特色社会主义道路，实现中华民族的伟大复兴，是现阶段我国各族人民的共同理想。但是，中国特色社会主义与经典社会主义的价值目标、价值取向有何联系与不同，中国特色社会主义与当今主要资本主义国家的价值本质有何不同，这是中国特色社会主义理论必须要回答的重大问题。社会主义核心价值观的提出，正是对这些重大问题的及时回应。

2. 发展国家软实力的需要

习近平总书记指出，核心价值观是文化软实力的灵魂、文化软实力建设的重点。这是决定文化性质和方向的最深层次要素。从根本上说，一个国家的文化软实力，取决于其核心价值观的生命力、凝聚力、感召力。培育和弘扬核心价值观，有效整合社会意识，是社会系统得以正常运转、社会秩序得以有效维护的重要途径，也是国家治理体系和治理能力的重要方面。历史和现实都表明，构建具有强大感召力的核心价值观，关系到社会和谐稳定、国家长治久安。社会主义核心价值观是国家文化软实力的内核。文化是民族的血脉，是人民的精神家园。价值观是文化的内核，社会主义核心价值观是文化软实力的关键，没有社会主义核心价值观，文化建设就失去了灵魂，没有了方向和引领。要牢牢把握社会主义核心价值观这个关键，大力弘扬具有中国风格、中国气派的优秀文化，不断增强中华文化的民族性、包容性和时代性，增强中华文化的穿透力、吸引力和感染力，使中华文化更加多姿多彩，不断发扬光大。

3. 构建社会主义和谐社会的需要

改革开放以来的发展，促使中国的经济结构、社会结构、利益格局和人们思想观念发生了深刻的变化。这种巨大的变化，既给中国发展进步带来巨大活力，也使统筹兼顾各方面利益的任务艰巨而繁重，影响社会和谐的问题日益突出。我国社会主要矛盾已经转化为人民日益增长的美好生活需要和不平衡不充分的发展之间的矛盾。在诸多影响社会和谐的要素中，腐败、贫富差距扩大、就业、教育公平、社会诚信、道德滑坡、医疗保障、环境恶化等问题，成为广大人民群众最为关心和担心的问题。任何社会都不可能没有矛盾，人类社会总是在矛盾中发展进步的。当前，人们最为关心的是执政党及其党员干部是否敢于积极主动地正视矛盾、化解矛盾，能否科学地分析产生这些矛盾和问题的深层次原因。广大人民群众最为不满的就是体制性垄断而导致的腐败，以及因民主、公平、公正得不到保障而产生的新的不公。人们担心改革开放将偏离"共同富裕"的目标，偏离社会主义方向。因此，社会主义核心价值观的凝练和提出，是对人们的担心和不满有力的回应。正如中共中央所指出的，培育和践行社会主义核心价值观，是推进中国特色社会主义伟大事业、实现中华民族伟大复兴的中国梦的战略任务，对于促进人的全面发展，引领社会全面进步，集聚全面建成小康社会、实现中华民族伟大复兴的中国梦的强大正能量，具有重要现实意义和深远历史意义。

4. 社会主义意识形态理论自身发展的需要

改革开放以来，中国共产党始终坚持把马克思主义基本原理同中国具体实际相结合，在建设中国特色社会主义的伟大实践中，先后创立了邓小平理论、"三个代表"重要思想和科学发展观、习近平新时代中国特色社会主义思想重大战略思想，其在意识形态领域的指导地位不断得到巩固。但我国意识形态领域也面临着许多新情况、新问题。从国际上看，世界社会主义运动出现严重曲折，并曾一度进入低潮，西方敌对势力加紧对我国实施"西化""分化"的政治图谋，渗透与反渗透的斗争都将是长期的。从国内来看，当前我国正处于民族伟大复兴的关键时期，随着社会主义市场经济的发展和对外开放的扩大，社会的所有制形式、经济成分、利益关系、组织形式、分配方式和就业方式日益多样化，人们的思想观念、价值取向也日益多样化，这将对我国社会主义意识形态产生巨大的冲击，也要求我国要不断加强社会主义核心价值体系建设，确立其在意识形态领域的指导地位，为全党和全国各族人民提供共同的理想和精神支柱。

二、大学生核心价值观的含义

(一)大学生核心价值观的概念

大学生的核心价值观，即大学生关于自己在社会时空中所处位置的认识，对自己在社会中与他人、集体、国家、社会的相互关系的实际状况的评价和切身感受，决定和制约着大学生的价值目标和价值追求，决定着对自我价值的判断，决定着如何处理个人与他人、集体、社会之间的关系，决定着如何行使自己的权利和承担怎样的社会责任，从而从根本上决定着大学生成为什么样的人。具体而言，可以从以下四个层次对大学生核心价值观进行理解：

第一，大学生核心价值观是大学生群体角色特征的集中反映。大学生归根到底是社会中的一个特殊的、客观存在的社会群体，除了具有作为社会的人的共有的普遍特征以外，还具有某些相对特殊的群体特质，即其所固有的区别于其他社会群体的特质。这些独有的个性和文化特征决定了其在价值认知和价值选择过程中的特殊性，也决定了大学生群体价值观有别于社会核心价值观而独立存在的客观合理性。从角色的年龄特征上来看，大学生群体处于成长中的过渡阶段，是生理、心理和社会等方面继续发展并趋向成熟和稳定的过渡时期，F·马赫列尔说："青年是在把过去—现在—未来联结起来的连续轨道上产生、存在和发展的。"[1]他们一只脚踏在自身描绘的理想世界中，另一只脚还踩在现实的学习生活里。他们有着特殊的生活环境和特定的成长阅历，也面临特定的价值关系和成长任务。大学生核心价值观是这一特殊的价值生活和价值实践的集中反映，是大学生在处理特定价值关系和价值现象时的基本认知。大学生主体的实践活动范围决定了其价值需求的广度，实践能力决定了其价值追求的高度。实践活动从内容上生成和改造着人的核心价值观，群体实践活动的不断拓展和丰富决定其核心价值观的不断自我积累、发展和更新。从角色的社会属性上来看，作为未来时代发展和建设的主力军，从19世纪末20世纪初学生阶层形成起，大学生群体就被赋予了特定的角色内涵，他们是国家和社会的希望和未来，身上被赋予了更多的社会期待，承担了更多的社会责任。这些责任和使命随着时间的推移逐步内化为群体的角色特征和文化特质，形成大学生群体独有的特殊本质和价值追求。总之，大学生核心价

---

[1] [罗]F·马赫列尔.青年问题和青年学[M].陆象淦，译.北京：社会科学文献出版社，1986：134.

值观作为青年大学生群体的一种共同意识和价值共识,反映的是作为主体的大学生群体这一特定社会角色的特殊本质和任务使命,揭示的是大学生群体自身的现实需求和生活经验。

第二,大学生核心价值观是大学生共识性的价值追求和价值准则。大学生核心价值观是大学生群体共识性的价值理念,具体涵盖价值追求和价值准则两个基本层次,是现实性和理想性的统一。康德曾经指出,"人类的知性不可避免地必须在事物的可能性和现实性之间做出区别"[①],这充分揭示了现实和理想、实然与应然之间的区别与对立。一方面,大学生核心价值观源于现实,是指导大学生群体当下现实生活的价值准则,具有现实性。价值反映的是主客体之间的满足关系,大学生核心价值观是大学生群体现实的价值生活的反映,体现大学生群体多层次、差异化的内在需求与价值选择,包容大学生群体对于现实的、实在的利益的关注,并力求正确地回答大学生学习生活中的现实问题,使大学生群体能适应现实生活。如果不包含这些基础性的价值要求和价值准则,不能解决现实生活中的实际问题,所谓的理想信念和精神追求就是一句空话。另一方面,它又超越现实,反映大学生群体对个体及社会未来美好发展前景的追求和奋斗目标,具有理想性。"理想性"是一种对完满性、应然性、终极性尺度的追求,基于对现实的批判和反思精神,以理想关照现实、回应现实,为现实生活指明方向。大学生核心价值观不仅仅是对于现实的价值关系的简单概括,更是对于理想的价值关系的憧憬和描述,只有存在一种至善完满的价值目标与价值理想,才不会迷失自我,才能获得存在的意义。当代大学生核心价值观是现实性和理想性的统一,"现实性"是生活的现实基础,只有具有充分的现实基础,才能兼顾不同成员的要求,赢得群体成员的接受和认同;"理想性"是对于现实的超越,只有彰显理想的力量,才能对其他价值观具有统领作用,才能引导大学生朝着更高层次的理想不断努力奋进。

第三,大学生核心价值观是大学生群体价值高度自觉的产物。人的意识有自发和自觉之分,所谓自发就是指不受外力影响自然产生;自觉则是指主体主动认识并努力践行。列宁指出:"'自发因素'实质上无非是自觉性的萌芽状态。"人们认识事物的过程往往是从自发的、感性的认识开始,进而过渡到自觉的、理性的认识。这种自觉的、理性的认知正是人得以存在和发展的本质所在,是人区别于动物的主要特征。从核心价值观的形成过程来看,就其理性认识的结果而言是自觉

---

① [德]康德.判断力批判[M].邓晓芒,译.北京:人民出版社,2002:254.

的，就其发生作用的方式而言又是自发的、盲目的。核心价值观作为由主体的意识建构起来的精神世界，是主体的思想观念与生活实践互动形成的结果，是主体发挥人的主观能动性和进行实践活动的潜能反思和创造的过程。从价值意识到价值观念再到核心价值观，是一个自发性越来越小、自觉度越来越高的过程。价值意识是相对感性的、不稳定的，到了价值观念的阶段，理性成分和稳定程度逐渐提升，而核心价值观是主体价值系统中最稳定、最基础、最核心的部分，是价值主体自觉的、主动的价值理想和价值追求的集中体现。核心价值观是主体的自觉的价值认知和价值追求，是价值主体有意识、有目的地把对价值关系的感性认识上升为理性认识的过程，是价值主体按照某种标准和规则对自身价值观念进行转化、整合和提升的过程，主体对于自身核心价值观的最终确立应该有清醒的认识。核心价值观的自觉既根源于人们对自身各种利益需要的评判和自觉，又根源于人们自我意识的自觉改进和塑造。概括起来，核心价值观的自觉体现为三个方面的特征和要求：一是价值主体自觉意识到核心价值观的重要意义和特殊地位；二是价值主体深刻把握价值关系和价值现象的本质和规律；三是价值主体有意识地运用对价值世界的规律性认识来改造社会、改造世界。总的来讲，自觉是意识发展的高级形态，是以理论的形态来揭示事物的发展规律和本质属性，自觉性是核心价值观的一个重要属性。只有达到自觉，个体才能在认识事物本质和规律的基础上，科学对待各方面利益需要，分清不同层次、不同方面利益需要的性质、内容和实现优先性，才能不断矫正自我意识，使之既符合自我利益需要，又符合现实情况，进而形成正确的价值观念体系。

第四，大学生核心价值观是社会核心价值体系在大学生群体内的延展和体现。作为社会主义核心价值观的重要组成部分，当代大学生核心价值观首先反映的是社会主义核心价值观的全部内容和精神实质，也体现了社会主义核心价值观在这一特定群体内的特定要求。总的来讲，社会主义核心价值观与当代大学生核心价值观之间的关系是一般和特殊的关系。从性质上来讲，社会主义核心价值观同时关照时代和全体人民大众的现实需求，涵盖了社会各个阶层的不同群体，是社会总的价值追求，是绝大多数社会成员价值诉求的综合和提炼，揭示了社会主义最本质的精神要素，具有较强的包容性和广泛性；当代大学生核心价值观作为大学生群体在特定的生活实践中形成的核心价值观念，只涵盖和代表本群体的利益和追求，虽然在总的方向和框架上会与社会核心价值观一致，但是其根源还在于群体利益的最大化，带有一定的针对性和特殊性。大学生核心价值观是构成社会核心价值观的基础，社会是由诸多群体组成的，社会核心价值观首先来源于每一个群体对于价值关系的共识性理解和认识，尽可能合理地体现不同群体的价值诉求。社会主义核心价值观作为社会意识形态的本质体现，是社会主义政治文化建设的根本，是处于主导和统治地位的价值观。一个群体虽然有其相对独立的存在方式，但本质上是不能脱离社会存在的，学生虽然生活在相对封闭的校园环境中，但校园也处于社会大环境中，通过教育引导，社会的核心价值观会转化为群体的核心价值观。社会核心价值观念要想发挥作用，就要为人们所接受、认同，否则就会失去其存在的社会基础。与此同时，对于大学生群体而言，他们在客观上也的确需要社会主导价值观念和规范的引领与关照，特别是社会主义核心价值观念代表的是一种先进的、科学的世界观和方法论，是大学生群体超越自身群体和个体意识的局限性，避免受到多元文化和错误思潮侵袭，实现思想意识超越和发展的理论依据和基础。因此，要坚持不懈地用马克思主义理论武装大学生，不断用社会主义共同理想、共产主义最高理想教育大学生，坚持用理想信念塑造学生的灵魂。要帮助大学生确定马克思主义和共同理想在人的精神世界中的核心地位，认清其对于个人发展和社会进步的重要意义，自觉地把个人的理想和追求融入中国特色社会主义现代化建设中。总之，社会主义核心价值观和价值规范对大学生核心价值观的形成具有导向和引领作用，大学生核心价值观必然反映社会的普遍价值追求和价值共识，包含了社会核心价值观的精神实质和基本内容。

(二)大学生核心价值观的特征

大学生核心价值观体现了大学生群体的精神特征和文化特质，是大学生群体的社会本质和主体性的充分体现。大学生处于成长中的过渡阶段，个体自我意识迅速发展，这一时期学生对于自身成长和发展的关注高于任何其他年龄阶段，这也决定了大学生核心价值观必然是指向成长和发展的。归纳起来，大学生核心价值观主要表现出以下几个方面的特征：

1. 追求实现性

"自我实现"是马斯洛需要层次理论的最高层，是自我认知、自我规划、自我完善和发展的成长过程，是主体自我价值和社会价值的实现。马斯洛说："从人的人性中可以看出，人总是不断地寻求一个更加充实的自我，追求更加完善的自我实现。"[①]自我实现是每个个体成长发展过程中的必然要求，是个体成长的动力源泉。大学时代是个人成长发展的关键时期，大学生生理和心理素质不断提高，正

---

① [美]马斯洛. 人的潜能和价值[M]. 北京：华夏出版社，1987：398.

是各方面趋向成熟和稳定的时期。处于这一阶段的大学生群体，自我意识的充分发展必然使他们渴望进行积极的、深入的自我探索，高层次需要特别是自我实现的需要愈加强烈。他们开始关注自己的社会角色和地位，关注自我价值的实现和个人成长空间的拓展，更加渴望自己的价值和潜能得到充分发挥。追求实现性是大学生群体核心价值观的一个重要特征。一方面，他们学习的自觉性、主动性和创造性逐渐增强，开始自觉地对自己的发展进行规划和设计，通过学习、社会实践等渠道和方法不断地自我完善，积累知识和能力以实现自己的规划和适应时代发展的需要。另一方面，他们日益意识到自身的利益、愿望和需求，并愈加关注个人利益的获得和愿望需求的实现。有调研结果显示，从大学生对于现实问题的关注度来看，大学生最关注的是与自身成长关联程度最高的就业、学习、生活问题，其次是与切身利益相关的民生热点问题。[①] 大学生群体处在个人成长的关键阶段，这一阶段有着太多成长中的过渡性和不确定性，也正是这些不确定性决定了大学生群体未来发展空间的无限可能性。因此，相比其他社会群体而言，大学生更加关注并谨慎对待自身学习生活的每一个细节，希望能够为自己未来的发展和个人价值的实现奠定坚实的基础。同时，受到社会政治经济文化迅猛发展的影响，这一代大学生群体比以往具有更强的主体意识和危机意识，他们不仅仅希望在未来有好的发展，甚至在大学期间，也希望通过个人的努力，以政治参与、自主创业、学术交流等方式参与到社会生活之中，敢于在激烈的竞争中展示自我、证明自我，并被更多的人认同和接受。

2. 彰显先锋性

人们经常将大学生群体定位为"时代的先锋"，是推动历史发展和社会进步的重要力量。毛泽东同志曾经指出："青年是整个社会力量中的一部分最积极最有生气的力量。他们最肯学习，最少保守思想，在社会主义时代尤其是这样。"[②] 大学生彰显时代精神追求和精神境界的特质，使他们成为一个时代最为鲜活的元素，始终表征着时代的精神实质，代表着时代的发展方向。当代大学生核心价值观不是人为地制造出来的，也不是自然生发的，而是在不断地继承中发展的，是一种群体文化历史积淀的结果，是大学生群体不断发展成熟的结果，具有相对稳定的群体特质。虽然时代的发展是客观的，但是青年群体特别是大学生群体却在时代变革的过程中发挥着推动作用。从历史上来看，著名的五四运动，首先是由

---

① 杨晓慧. 当代大学生成长规律研究[M]. 北京：人民出版社，2010：59.
② 毛泽东. 毛泽东文集(第6卷)[M]. 北京：人民出版社，1999：466.

知识青年学生发动起来的。1935年由北平学生发动的"一二·九"运动,揭开了全民抗日救亡运动的序幕。这些特定的历史事件都充分彰显了青年学生的生气和力量。近年来,随着大学生群体规模、结构的不断变化,大学生的角色地位也从传统的"精英群体"向"平民群体"不断转变,但从总体上看,作为"社会文化先锋"的群体角色意识并没有从根本上消失殆尽,而是依然指导青年学生或超越、或反叛、或以新的表达方式在推进社会文化变革过程中发挥自身的先锋作用。当前,大学生群体中掀起的"志愿服务"热潮,以及"创新和开放"意识等,都是其时代精神的体现。而大学生之所以能够始终占领时代潮头,究其原因是大学生是高知识群体,正处在人生向上发展的关键阶段。大学生作为思维最为活跃、接受新事物最为迅速的群体,他们对于社会价值和个体价值的理解相对于其他群体而言更为深刻和丰富,更能站在时代前沿反映时代的风貌,搭准时代的脉搏,体现时代发展的需求。因此,其核心价值观必然具有鲜明的先锋意识和时代属性,体现先进文化的前进方向。"时代"是一个客观实在范畴,和人类的历史发展进程一样,是不以人的意志为转移的。人类可以通过主观努力积极地认识和掌握时代的发展规律,但不能改变时代的发展步伐。大学生群体思想敏锐,敢于开拓,具有很强的首创精神;他们追求真理,崇尚科学,能够掌握并引领先进文化的方向;他们憧憬未来,渴望美好,愿意为了社会的发展贡献力量。因此,相对于其他群体,他们更能体现时代的步伐并且超越时代的步伐,进而推动时代的进步和发展。

3. 体现政治性

大学生群体作为国家未来社会的建设者和接班人,无论是从国家培养人的角度,或是从自身角色、责任和使命的角度,其核心价值观都具有较强的政治性。大学生核心价值观是大学生群体在社会主义核心价值体系指导下所形成的价值观念体系,集中反映了中国共产党和青年大学生的特殊关系,意识形态属性、政治属性是其根本属性。也就是说,大学生核心价值观理应体现社会主义社会对于大学生群体的思想政治素质要求,体现大学生为社会主义现代化建设服务的政治使命和任务。在我国,"培养什么人"始终是教育要思考的一个核心问题,它反映了教育的根本价值取向。而在阶级社会中,"培养什么人"的问题,任何时候都有它的政治标准和阶级性,一个国家需要什么样的公民就会在教育中体现这种要求。而大学作为社会文化的重要接收和传播的关键场所,必须也必然要承担起社会主流价值文化的传承和传播使命,并集中体现在其价值观教育的过程中。从"又红又专"到"德才兼备",从"四有新人"到"四个新一代",中国共产党的历届领导集体都对青年学生群体和学校人才培养提出了一系列要求。毛泽东同志在《关于正确处理人民内部矛盾的问题》一文中指出:"不论是知识分子,还是青年学生,都应努力学习,除了学习专业之外,在思想上要有所进步,政治上也要有所进步,这就需要学习马列主义,学习时事政治,没有正确的政治观点,就等于没有灵魂。"邓小平在1978年进一步指出:"学校应该永远把坚定正确的政治方向放在第一位。"中国特色社会主义新时代,党的十九大报告明确指出,要"全面贯彻党的教育方针,落实立德树人根本任务,发展素质教育,推进教育公平,培养德智体美全面发展的社会主义建设者和接班人"。报告还要求广大青年要坚定理想信念、志存高远脚踏实地,勇做时代的弄潮儿。由此可见,传递主流价值观念,培养学生的思想政治素质,始终是我国高等教育的一项重要内容。大学生核心价值观以学生主体对于社会主义核心价值体系的接受和认同为基础,以形成社会主义和共产主义理想信念为核心内容,集中体现中国特色社会主义制度和现实对大学生群体思想政治观念体系的本质要求。落实到具体观念层面,大学生群体的"责任意识"以及"理想信念"等都是对党的殷切期望的全面回应。

三、大学生核心价值观与社会主义核心价值观的关联

大学生是国家的栋梁之材,其价值观不是一种独立的现象,不仅关系到大学生自身的全面发展,而且关系到社会多方面的发展。社会主义核心价值观是社会主义精神和价值体系中最根本、最重要和最集中的价值内核。核心价值观的形成和系统化,必将成为当代大学生共同遵循和维护的行为准则,融入大学生的思想和心灵深处,进而作为全社会的价值传统和文化精神长期稳定下来,发挥传承的效用。

(一)社会主义核心价值观与大学生核心价值观的相融性

从价值判断的角度来分析,社会主义核心价值体系的理论出发点和最高价值诉求就在于通过认同性整合以实现人的自由而全面的发展。社会主义核心价值体系作为一种价值观始终具有人本性,因为任何价值说到底都是人的价值,物的价值最终也要还原成人的价值,价值观往往最终表现为人的价值观。[①] 社会主义核心价值观与个人的核心价值观两者之间密切相关。社会主义核心价值观作为一个对社会整体带有普遍性要求的体系,归根到底要由构成这个社会的个体来体现。同样,个人身上都有其所属的国家、民族的深深的文化和价值观烙印,尽管个体的

---

① 胡刚. 当代大学生价值观教育与社会主义核心价值体系构建[J]. 民族论坛,2007(2):52-53.

人千差万别,但他们的核心价值观同样折射、体现和推动着社会主义核心价值观的进一步完善发展。社会主义核心价值体系建设的社会价值目标和个体价值目标是相统一的,其本质是人的全面发展与社会和谐发展的统一。

马克思主义认为,个人是社会的细胞,是社会产生和存在的自然性基础;社会是个人的集合体,是个人赖以生存和发展的社会性基础。个人的发展和社会的发展是一个辩证的动态的发展过程。在这个过程中,个人的发展和社会的发展互为前提条件,相互结合、相互依赖、相互促进、相互制约。

一个社会的核心价值观,影响着人们的思维方式、价值取向、行为规范,是引领社会前进的精神旗帜。社会主义核心价值观是指在社会主义建设过程中所形成的、占据主导地位的人们对价值问题的认识和评价标准,是社会主义核心价值体系向个人的内化与落实。[①] 从本质上讲,社会主义核心价值体系建设社会价值目标的实现,是由无数个体来完成的。只有个体在理性自觉的基础上对社会主义核心价值体系的认同和遵守才能使社会主义核心价值体系由潜到显。只有把社会价值引导与大学生的价值目标实现相结合,大学生才能真正实现自我价值,并把构建和谐社会并融入和谐社会当作自身完善的价值要求,承担构建和谐社会的责任。

(二)社会主义核心价值观是大学生核心价值观的灵魂

社会主义核心价值观反映的是社会和人类的长远利益和未来发展方向,具有激励人心和鼓舞人们不断前进的作用,而且这种价值观包含着值得人们前仆后继为之献身的内在合理性。一方面,社会主义核心价值观与大学生思想政治教育都是构建和谐文化的重要组成部分,都对构建社会主义和谐社会有着重要的作用。大学生价值观教育和社会主义核心价值观都指向人的全面发展,都是为了培养适应时代需要的社会主义公民。另一方面,社会主义核心价值观可以说是建设和谐文化的主旋律和主心骨,大学生核心价值观构建是建设和谐文化的手段,社会主义核心价值所倡导的观念的培养是大学生思想政治教育所要完成的任务。没有社会主义核心价值观的引领和主导,构建和谐社会、建设和谐文化就会迷失方向。将社会主义核心价值观融入大学生思想政治教育的全过程,有利于大学生思想政治教育的创新,只有用社会主义核心价值体系来统领大学生思想政治教育,才能不断提高他们的思想政治素质,把他们培养成中国特色社会主义事业的合格建设

---

① 邓志斌.大学生社会主义核心价值观培育中的问题与对策[J].当代教育论坛(校长教育研究),2008(7):59-61.

者和可靠接班人。这对于构建社会主义和谐社会,加快推进社会主义现代化,实现中华民族伟大复兴,具有重大而深远的意义。反过来,大学生核心价值观的构建也是社会主义核心价值观传播的最佳途径。

第二节 大学生核心价值观培育的内容构成

一、大学生核心价值观培育的内容

大学生是国家未来的栋梁,急需建立属于自己的核心价值观。虽然大学生与军人有着众多不同的特点,但都是为中国社会主义事业发展奉献、服务的群体,又是国外敌对势力竞相和平演变的对象,构建当代大学生的核心价值观基本内容,可以让大学生顺应社会价值体系的主导方向,积极掌握意识形态领域的主动权,增强大学生的社会共识,同时,出台简明扼要的核心价值观,也便于大学生掌握和认同,自觉践行。

当代大学生的核心价值观既要体现中华民族特色,具备时代精神,有统一的价值标准和道德规范,涵盖民族自尊、自信、自强的爱国主义情怀和艰苦奋斗精神,又要符合大学生的身心发展特点。要用简练、鲜明的语言来表述,既包含远大的共产主义的理想目标,又要有符合大学生实际的当前目标。在前期问卷调研的基础上,笔者将当代大学生的核心价值观分为两个层面:一是理想目标,包括政治、思想、理想、信念等方面的内容;二是生活目标,包括成才、个人发展、基本素质等方面的内容。我们可以将其概括为"爱国爱党,自强自立,重德守信,求真向善"。

(一)爱国爱党

爱国爱党是大学生健康成长的必要前提,是当代大学生核心价值观的基础。大学生是民族的未来,应该树立崇高的理想,将为社会主义事业的发展贡献才智作为终身目标之一。只有国家、党、社会得到更好的发展,大学生个人才能真正实现其价值。半个多世纪以来,许多优秀的青年都集合到中国共产党和社会主义旗帜下,把自己的命运和希望同国家的前途、民族命运和党的事业紧密地联系在一起,为祖国的繁荣做出了自己的贡献。祖国利益高于一切,作为一名"社会人",大学生必须坚持爱国主义思想。在中国共产党的正确领导下,国家最终实现了独立和中华民族的大团结,中国共产党是最爱国的政党,只有坚定地奉行爱国主义,才能实现民族复兴。爱国和爱党在思想上是统一的,爱国爱党在行动上是全国各族人民团结奋进的精神保证,对于保障民族团结和睦、维护国家安全稳定、推动社会进步发展起到了无可替代的作用,所以应该成为当代大学生核心价值观的根本内容。当代大学生必须把爱国爱党作为自身的价值要求,只有以爱国主义的理想信念、意识形态和民族精神来灌注自身,不断增强责任感、使命感,才能真正做到心系国家、情牵民族;才能真正做到为人民谋利益,成为社会和人民的贡献者;才能把自身发展同社会主义建设事业联系在一起,取得一番成就。

爱国爱党是当代大学生自觉践行社会主义核心价值观的表现,在成长中将自身与党和国家的利益统一起来,将现实与理论结合,将政治与伦理结合。中国共产党的领导是历史的选择,是人民的选择,没有中国共产党的英明领导,中国也不会在短时间内变得强大、富强,这些都是在党的领导下所获得的伟大成就。爱国、爱党是民族精神的核心,更是一种崇高的社会主义价值观。当代大学生也需要自觉地将爱国、爱党和立身做人结合起来,自觉接受和拥护中国共产党的领导,坚定理想信念,永远跟党走,把爱国、爱党作为立身做人的根本。

(二)自强自立

张岱年在《传统文化之我见》一文中提出,"自强不息"与"厚德载物"是中华民族精神的主要内容。《易经》在解释乾、坤二卦时,讲到"天行健,君子以自强不息""地势坤,君子以厚德载物",古人从乾、坤的卦象和属性中悟出了人生哲理,即人生要像天那样高大刚毅而自强不息,要像地那样厚重广阔而厚德载物。在大学生思想教育中,我们要多用"自强不息,厚德载物"鼓励大学生树立正确的人生目标,在人生旅途上学会学习,学会奋斗。

中国传统文化蕴藏着精深的人文精神。天地之间,人为贵。人是集天地之灵气、万物之精英者。因此,人是主宰世界的主体。人生活在世界上,就要不断与天地自然斗争,不断发展自己,同时又要追求与自然的和谐相处。自强不息就是人生在世的一种理想追求,为了生存,为了目标,不懈努力,遇到困难、挫折也不退缩,迎难而上。自强不息不仅是一种顽强不屈的自我奋斗精神,也是一种强烈的爱国热情。当代大学生在和平的环境下长大,没有什么坎坷经历,很多学生碰到小的困难挫折就会畏难、退缩,缺少奋斗的精神。我们要多用先哲和英雄可歌可泣的事迹来感染大学生,对他们进行熏陶教育,激励他们奋进。在很多人认为榜样学习已经过时的今天,我们要赋予榜样教育更多的时代性和感情色彩,通过自立、自强的典型事例,古今结合,从情感转化角度来引导大学生,使他们将榜样的精神内化为个人前进的动力。

自立意识和自理能力是大学生离开父母、独立进入大学生活首先应该学会的能力。这里的自立包含了"自立、自信、自主"多层含义，大学生要做到身体自立、行为自立、心理自立、经济自立、社会自立。对于年满18岁具有完全行为能力的大学生，要对自己的行为和承诺担负责任，独立与社会交流，不依赖、不依附于他人，培养良好的社会协调能力；独立地思考和解决问题，对自己有正确的评价，端正就业观念，正确选择职业。当代大学生在自立能力上有明显的两极性，一个极端是部分大学生从小到大见多识广，心理年龄成熟，凡事喜欢自己拿主意，对自己的人生有明确的规划，不愿意过多听从家长、老师的建议，这样的学生自我意识、独立意识都较强；另一个极端是部分大学生过于依赖父母，缺乏独立思考的能力，一些父母也总将大学生看作长不大的孩子，凡事都要关心提醒，甚至操控着大学生的成长之路。而作为在优越环境下长大的青年人，很多大学生也习惯了父母的呵护，习惯了父母的规划，这也是大学毕业生中"啃老族"越来越多的原因之一。

自强自立能力是大学生将来走入社会的求生技能。缺乏自强自立意识的大学生会变得懒惰、低迷，疏于思考，主观能动性发挥不出来，人生没有目标感，将来很难有一番作为。现在的大学生十分注重对自我的认识和自我的发展，实现自我价值是很多大学生的人生目标，我们在教育中要引导大学生认识到自强自立是优秀大学毕业生所应具备的基本能力，是胜任社会工作的基础品质，激发大学生的自主意识、自信意识、自立意识，帮助大学生树立正确的人生理想。

（三）重德守信

高等教育要以"育人为本，德育为先，把立德树人作为教育的根本任务"[①]。从西周时开始，古人就以"敬德""明德""崇德""好德"为价值取向，重视人的主体地位和崇高人格的塑造。后来，孔子提出的"人能弘道，非道弘人"[②]，孟子提出的"人也者，仁也，合而言之，道也"[③]，《中庸》的"道不远人"[④]，《易经》的"自强不息""厚德载物"，都是古人对"德"的理解和发展。我国古代的圣人、伟人，他们之所以能留给后人深刻、独到的言论，就是因为他们都是有德行、有操守的人。"厚德载物"的含义就是做人要有宽厚容忍之心，心胸开阔，能够关心人，爱护人，用公正、正直和与人为善的态度来处理好人与人之间的关系。好的品德不是天生的，

---

① 中共中央文献研究室. 十六大以来重要文献选编（下册）[M]. 北京：中央文献出版社，2008：617.
② 朱熹. 四书章句集注[M]. 北京：中华书局，2012：168.
③ 朱熹. 四书章句集注[M]. 北京：中华书局，2012：375.
④ 朱熹. 四书章句集注[M]. 北京：中华书局，2012：23.

而是后天教育和培养促成的。在大学生的思想政治教育中,"德"是首位的,有了德的人才会知道如何做人、做事。每个人都有德,大学生德育的目标是培养"厚德"之人。在当前社会中,大学生容易受种种诱惑而抛弃"德"的习得和坚守,我们要用社会主义核心价值观来引导大学生明确"德"的价值,培养良好的道德修养、健康的生活情趣和高尚的精神追求,造就理想人格。孟子说:"诚者,天之道也;思诚者,人之道也。"①"诚"在儒家思想中有着重要的地位。它是人内在修养的外在体现,诚才能忠信,它包括了真实、诚实、诚信、真意等多重含义。"忠信,所以进德也;修辞立其诚,所以居业也。"②君子应致力于培育品德,器局宏大,言辞诚信,以增进学业,成就事业。"诚信"是基本的道德观和价值观,在现代社会中,它与社会的进步、民族的复兴、个人的自立息息相关,如何教育当代大学生做到"诚"和"信",一直是思想政治教育工作中的一项重要内容。能否做到诚信,是大学生对自身价值的衡量。因此,要帮助大学生树立诚信的价值观,引导大学生在实践中坚持正确的行事准则和价值标准。当代大学生还要用"重德守信"来应对新形势下的道德危机和诚信危机,学会修身克己,塑造品格。诚信作为一种高尚的道德品性与行为规范,直接影响着大学生立身做人的态度、方法与价值取向。大学生不但要在人格塑造上做到诚实守信、以德化人,在求知好学上,也要以诚信坚守学术道德规范,用人文、科学知识武装自己,更要通过诚信培养求真务实的作风,为更好地融入社会、求职立业打下基础。

(四)求真向善

求真主要体现在三个方面:追求真理、真知和真情。

真理反映的是主观与客观的一致性,是人们对客观事物及其规律的正确反映。追求真理要以客观事实为依据,信仰正确的道理。要掌握真理就要不断实践。

毛泽东曾经说过:"真理只有一个,而究竟谁发现了真理,不依靠主观的夸张,而依靠客观的实践。"③真理不是凭空出现的,都是前人经过实践验证的颠扑不破的道理,要想坚持真理就要有勇于实践的精神。大学生目前存在的问题:一是缺乏正确的科学态度,人云亦云,看不到事物的本质和发展,容易偏听偏信,被一些假象所迷惑;二是对真理失去了兴趣,认为真理是既定的事实,不会再改变,因此也就没有责任去追求和坚持;三是缺乏坚韧不拔、持之以恒的精神,遇到挫折和困难容易丧失信心。很多大学生不知道怎样从正确的角度来看

---

① 朱熹. 四书章句集注[M]. 北京:中华书局,2012:287.
② 郭彧. 周易[M]. 北京:中华书局,2006:345.
③ 毛泽东. 毛泽东选集(第2卷)[M]. 北京:人民出版社,1991:662.

待真理。

追求真理的内在要求是思想上要有科学的态度,崇尚科学,热爱科学。中世纪,托勒密的"地心说"在欧洲占统治地位,并被教会神化以维护其权威。波兰天文学家哥白尼经过深入研究,提出了日心说,并发表《天体运行论》,因触动了教会的教义而一再遭到罗马教会和守旧势力的压制和迫害。意大利科学家布鲁诺大胆揭露宗教的愚昧,提出太阳只是宇宙中的一颗恒星的观点,虽受尽酷刑却依然坚持自己的观点,最后被施以火刑。科学家伽利略、开普勒从坚持真理的立场出发,支持哥白尼的理论,坚持信念,进行科学研究,最终以真理的力量推动了天文学的发展,教会也不得不承认"日心说"的正确。科学家们坚持用科学的态度发现真理、坚持真理的例子有很多,就像哥白尼说的:"人的天职在于踊跃探索真理。"不仅科学家如此,中国共产党人的优秀品格也是建立在科学的世界观基础之上的。"共产党人必须随时准备坚持真理,因为任何真理都是符合于人民利益的;共产党人必须随时准备修正错误,因为任何错误都是不符合于人民利益的。"①毛泽东早在1945年4月中国共产党第七次全国代表大会上做的《论联合政府》政治报告中就这样强调。习近平新时代中国特色社会主义思想,是马克思主义中国化的最新成果,是共产党人对真理又一次探索的正确结果。坚持真理就要坚持用科学的态度和发展的眼光钻研真理、实践真理。青年大学生们要学习前人以追求真理为己任,不断探索的精神。

追求真理的外在要求是行动上要有开拓精神,不断创新。要坚持传统,但不能墨守成规;要开拓创新,但不能浮夸杜撰。"追求真理的过程,也是坚定理想信念、树立正确世界观和人生观的过程。"②大学生是社会主义现代化事业的建设者和接班人,社会主义道路的建设是漫长而艰辛的,还会遇到各种艰难险阻和挫折坎坷,没有科学的理想做动力,没有坚定的信念做支撑,我们的事业就有可能半途而废。因此,我们要不断从已经经过实践检验的真理中汲取营养,解放思想,勇于创新。

善,单从字面理解有很多含义。"善"是与"恶"相对的,在我们提倡的道德教育中,"善"是一个人道德的最底线,也是一个基点。善没有明确的标准,是靠大众的价值尺度来衡量的行为规范,是一种价值观的导向。本书中的"向善"针对大学生群体,主要赋予其三层含义:一是指要具有善良仁爱的品质;二是指要具有和谐为美的品德;三是指要具有追求崇高价值的品性。通过这三层培养,让大学生们自内而外具有"善"的修养,让"善成为一种生活、一种习惯、一种品质、一种

---

① 中共中央文献研究室,中央档案馆.建党以来重要文献选编(第22册)[M].北京:中央文献出版社,2011:156.

② 吴沧卿.做追求真理勇于创新的人[N].光明日报,2004-12-17.

性格"①。凡事先考虑自己、自私自利的人不可能具有善的美德，真正的善应该是以"为人民服务"为出发点。近几年，我国在全国范围内倡导的"全国道德模范"评选和学习活动就是本着"善"的原则，推选出自觉践行社会主义荣辱观，模范遵守公民基本道德规范，在助人为乐、见义勇为、诚实守信、敬业奉献、孝老爱亲方面表现突出，社会形象好、群众认可度高的中国公民。他们在大是大非面前，在日常的工作生活中，用高尚的品德、敬业的精神、无私的奉献、坚强的心志践行着中国优良的善行美德，体现了新时期的人生价值，其中就包括洪战辉、黄来女、孟佩杰等优秀的大学生代表。"为善最乐"，大学生思想品德的修行起点就应该是"善"。

（五）全面发展

实现人的自由而全面的发展是马克思、恩格斯毕生关注的问题。人类社会发展的终极目标就是建立每个人都能自由而全面地发展的社会。马克思根据社会关系发展与人的发展的内在联系，把人类社会发展过程分为由低到高演变的历史阶段，指出社会主义阶段和共产主义阶段应当是人的自由而全面的发展。所以社会主义社会培养的人才不仅是掌握专门技术的人才，更是全面发展的人。2001年江泽民在"七一讲话"中指出：推进人的全面发展同推进经济、文化的发展和改善人民的物质文化生活是互为前提和基础的。人越全面发展，社会的物质文化财富创造得就越多，人民的生活就越能得到改善，而物质文化条件越充分，又越能推进人的全面发展。社会生产力和经济文化的发展是永无止境的历史过程，人的全面发展也是永无止境的历史过程。这两个过程应相互结合、相互促进，向前发展。大学生要成为21世纪合格的人才，就要在学习和生活、生产实践中努力把自己锻炼成一个全面发展的人。习近平在全国高校思想政治工作会议上的讲话指出，要"不断提高学生思想水平、政治觉悟、道德品质、文化素养，让学生成为德才兼备、全面发展的人"②。

具体来说，要实现大学生的全面发展，主要从以下几方面着手：

第一，德。《公民道德建设实施纲要》明确指出，公民道德建设是提高全民族素质的一项基础性工程。思想道德素质在大学生成才中发挥着越来越重要的作用，是大学生发展的基础和动力。大学生应当"自觉践行社会主义荣辱观，带头倡导社会公德、职业道德、家庭美德、个人品德，多做关心集体、热心公益、扶贫济困、见义勇为的好事，真正尽到对国家、对社会、对人民应尽的责任和义务，以自己的行动影响和带动更多的人，为发展社会主义和谐人际关系、形成文明进步的良

---

① 张保振. 和谐，求善、显善更明善[N]. 人民日报，2006-10-24.
② 习近平. 努力培养德智体美全面发展的社会主义事业接班人[N/OL]. 新华网，2016-12-09.

好社会风尚贡献一份力量"[①]。大学生要继承和弘扬中华民族优良道德传统,恪守公民道德规范,遵守法律,努力锻炼自己的个人品德。

第二,智。科学文化素质是大学生从事社会主义现代化建设的实际本领,包含大学生的学习能力、科研能力、预测能力、判断能力、决策能力、应变能力等。在当前,"我们国家国力的强弱,经济发展后劲的大小,越来越取决于劳动者素质,取决于知识分子的数量和质量"[②]。大学生应努力学习科学文化知识,掌握现代科学技术,并用科学精神和态度不断拓展自己的知识水平,积极发挥自己的创造性,努力做到在理论上有突破,在生产中有创新。

第三,体。健康素质是大学生为祖国和人民服务的基本条件,大学生既要努力锻炼强健体魄,又要积极培养良好心理素质,真正实现自身的全面发展。为了能拥有健康的体魄,大学生要积极参加体育锻炼,并养成锻炼身体的良好习惯。没有强健的体质,一个人即使掌握了丰富的科学文化知识,可能会因为精力不足而无法将知识转化为实践,无法享受改革开放带来的成果。强健的体质,是大学生勤奋学习、回报父母、奉献社会,实现个人理想和社会理想的基础。

第四,美。"美是人才素质的综合体现。"[③]要想达到真和善,就必须以美为基础。美能陶冶情操,对于帮助大学生提高智力,掌握道德规范,认识美、追求美、享受美有着不可或缺的作用。当代大学生群体是一个朝气蓬勃、活力四射的群体,最容易接受各种新鲜文化,在这个各种文化观念交织的时代,如何帮助大学生树立正确的审美观,是很值得思考的问题。提高大学生的审美能力,是帮助大学生增强心理承受能力、塑造人格品性、培养完美形象的基石。

二、大学生核心价值观培育的任务

关于"价值观是否可教"的问题,一直都是学界争论不休的一个命题。作为具有一定社会历史文化属性的"价值观",其产生就不是纯粹主观的,或者说不是完全自觉自为的过程,而需要外在的唤醒和教化,特别是对于具有较强意识形态性和真理性的核心价值观而言,更需要一个长期培育的过程。但是,大学生核心价值观的培育绝不仅仅是单纯的外在观念的讲解和教化,更重要的是要通过这些核心观念的传递,进而培养学生的人格基础和实践能力。从某种意义上来讲,外在的价值规范或价值观念只有转变为主体的"为我"的人格品质,才能具有活力和生

---

① 胡锦涛. 在同中国农业大学师生代表座谈时的讲话[R/OL]. 新华网,2009-05-02.
② 刘建新. 社会主义和谐社会视野中的人的全面发展[J]. 学术论坛,2008(1):25-28.
③ 《思想道德修养与法律基础》编写组. 思想道德修养与法律基础[M]. 北京:高等教育出版社,2009:9.

机。核心价值观是主体人格系统中最核心、最基础的层次，它是主体进行一切价值判断的内在依据。核心价值观的培育不完全等同于一般价值观的培育，这种差异的产生源于两者内在不同，具体表现在三个方面：首先，在存在形态上，一般价值观总是基于特定价值关系而产生，是对特定价值关系的散在的、具体的反映，核心价值观是基于由诸多一般价值观所组成的价值观念体系，反映和揭示了某一类价值观在整个价值体系中的地位和作用，是对整个价值关系的完整的、系统的反映。其次，从最终指向上来看，一般价值观更多是社会经济文化、历史传统在人的本质深处的投射和反映，具有极强的社会性、历史性，核心价值观除了具有上述特性之外，更为关注个体人格的完整性与个体发展的超越性，也更为依赖个体的理性自觉能力。最后，一般价值观有对错之分，而核心价值观则强调用一个科学、完整的理论体系引领主体的价值观念，具有较强的真理性。因此，核心价值观的培育与一般价值观的培育不同，而是指向价值人格的完善和精神境界的提升。

从本质上来讲，核心价值观的培育直接指向主体的价值人格的完整和精神境界的提升。所谓"人格"，是一种理性自觉的能力，是指具有稳定性和确定性的内在价值原则和价值观念的主体，它表现着社会与个人、内与外、知与行在人格主体上的统一。任何价值原则和规范都必须与主体的德行和品格联系在一起，否则就会成为外在于人的工具。只有形成这种稳定的人格品质才能长期地、一贯地指导学生的思想行为，价值主体才真正从他律走向自律，才具有高的自觉性，才能够上升到理性的层面指导和约束自己的行为。康德曾说，当一个人没有任何功利考虑和外在强制，自觉去履行自己的义务时，他的行为才是道德的。也就是说，只有当个体科学的、稳定的价值人格形成时，其核心价值观才真正形成。相比一般的价值心理和价值观念，价值人格是较为高级的存在方式，具有更强的稳定性和完整性，是人对自身存在意义与价值的一种高度自觉的状态。所谓"境界"，是指"人的生命的实现样态"，"呈现为生命的总体质量规格、水平状态和风格样貌"[1]。境界反映了主体综合性的价值理想和价值追求的层次，反映了主体超越现实局限、不断感知追求更为深刻的价值真理的能力和水平。因此，核心价值观的培育具有更为深刻的完整性、自觉性和真理性。它不是散在的某一个单一维度的观念传递和教化，不是仅仅停留于指导现实生活的规范和准则，也不是任意的、相对的价值事实和情境的罗列，而是指向一个人的全部、一个人的整体风貌和完整人格的系统性培育，是唤醒人的主体意识和价值自觉、将主体从自为状态引向

---

[1] 刘惊铎．道德体验论[M]．北京：人民教育出版社，2007：112.

自觉状态的主体性培育，是以价值真理和科学理论为指导的导向性培育。

概括起来，当前大学生核心价值观培育主要承载着以下三方面的任务：

(一)社会意识形态的诉求

马克思强调，"在有阶级的社会中，意识形态总是阶级的意识形态，是特定阶级根本利益的理论表现形式"①。所谓意识形态，是指反映和代表一定的社会或阶级的利益、愿望的思想观念体系，包括政治、经济、法律、哲学、宗教、艺术等。它是建立在社会存在之上，又受到社会的政治法律制度影响和决定的社会意识。另外，它又能够反作用于社会，对社会的政治法律制度产生巨大的能动作用。价值观属于意识形态领域，它是客观现实在人们头脑中的反映，是人们的精神支柱。"任何社会的统治阶级，为了维护本阶级的统治地位，为了保障社会的安定，都必然要把能代表本阶级根本利益的价值观作为社会主导价值观加以倡导。"②在经济全球化条件下，各种非主流意识形态纷起，正在冲击、动摇着主流意识形态的地位。意识形态领域道德标准的发展变化，会使大学生在自我认识和社会需要方面产生混乱。大学生核心价值取向的演变受社会意识形态的影响和制约。如前所述，大学时期是大学生价值观形成的重要时期，大学生的思想行为是不稳定的、开放的，有相当一部分大学生还没有形成明显的核心性价值观，他们的价值观随着社会上各种思潮、各种社会热点的变化而变化。在这种情况下，首先要强调从社会意识形态方面规范大学生核心价值观走向，使之符合社会主义要求。社会主义核心价值体系是社会主义意识形态的主体，是我们国家和社会的精神支柱，在我国整体社会价值体系中居于核心地位，发挥着主导作用，决定着整个价值体系的基本特征和基本方向，是建设和谐文化的根本。"意识形态领域，社会主义思想不去占领，资本主义思想就必然去占领。"马克思主义是我们立党立国的根本指导思想，是社会主义意识形态的旗帜。它是社会主义核心价值观的灵魂，决定着社会主义核心价值体系的性质和方向。在我国大学生核心价值观的构建中，马克思主义首先为我们提供了正确的世界观和方法论，提供了正确认识世界的强大思想武器。用马克思主义指导大学生核心价值观的构建，不仅是当前高等教育目标所需，也是意识形态斗争客观规律所决定的。在事关政治方向和根本原则的问题上，我们一定要旗帜鲜明，毫不含糊。只有用社会主义核心价值观教育广大学生，才能使其明辨是非、正确区分马克思主义世界观、人生观、价值观和各种非马克思主义

---

① 宋惠昌. 当代意识形态研究[M]. 北京：中共中央党校出版社，1992：20.
② 吴潜涛. 价值观多样化态势与坚持社会主义集体主义价值观导向[J]. 道德与文明，1999(4)：3-6.

甚至是反马克思主义世界观、人生观、价值观,才能使其排除干扰、驱除杂念,坚定信仰,为党和国家做出应有的贡献。

(二)社会精神层面的诉求

大学教育不单单是一种技能教育,更是一种精神塑造。① 构建大学生核心价值观要注重大学生精神层面的发展。引导大学生充分认识民族精神与时代精神作为社会精神的两个方面,培养勇于改革、善于创新的时代精神和人格品质,增强创新意识和创造能力。以爱国主义为核心的民族精神和以改革创新为核心的时代精神充分体现了中国文化历史继承性与创造性、传统性与现代性的有机统一,是实现中华民族伟大复兴的不竭动力。弘扬民族精神和时代精神,既符合我们时代发展的潮流,更应该成为当代大学生的理性自觉。

在大学生中开展以爱国主义为核心的民族精神教育,可以培养大学生的民族自尊心、自信心、自豪感,形成维护国家民族利益、促进国家民族进步的强大精神动力;可以增强他们对国家的认同感,使他们把个人的前途命运与国家的前途命运结合在一起,从而提升他们为国家的繁荣而奋斗的责任感。引导大学生弘扬和培育伟大的民族精神,既要继承优良传统,从祖国源远流长、博大精深的灿烂文化中汲取营养,又要紧跟时代前进的步伐,体现时代和社会发展进步的要求;既要以开放的心态面向世界,虚心学习世界其他民族的长处,又要自觉维护国家、民族的利益和尊严,决不妄自菲薄,把民族意识、民族品格、民族气质内化为团结一心、共同奋斗的价值取向,转化为全面发展的强大动力。②

改革开放以来,整个国家面貌和全国人民精神面貌发生了历史性巨大变化。实践证明,改革创新的时代精神能够引导大学生从马克思主义理论中汲取营养,树立科学的世界观,掌握正确的方法论,培养追求真理的科学精神,努力做勇于和善于创新的先锋;激发大学生的精神潜能、发展潜能和创造潜力,增强大学生的生存力、竞争力和辨别力,培养大学生不畏艰险的创新勇气,提高大学生分析解决问题的实际能力。③ 在大学生核心价值观中融入时代精神,是国家和民族进步的内在要求,它要求大学生与时俱进,开拓创新。培育大学生的时代精神的目标是培养他们锐意进取、敢为人先的创新精神,扶贫救弱、公平共享、促进人的全面发展的人文精神,自由、公正、竞争、效率的和谐精神,民主、科学、法制的理性精神。

---

① 靳诺. 新时期高校思想政治工作理论与实践[M]. 北京:高等教育出版社,2003:205.
② 罗爱军. 论大学生社会主义核心价值观的树立[J]. 辽宁大学学报:哲学社会科学版,2007(3):25-27.
③ 吴敏英. 改革创新时代精神是大学生成长的精神动力[J]. 高校理论战线,2008(12):22-24.

(三)社会责任层面的诉求

作为国家未来建设的中流砥柱,大学生学习的目的不仅是为了获得知识,更重要的是修身。大学生的社会责任是党和国家的要求,是时代的要求,是不以大学生的意志为转移的。现实中,通过教育,大学生都非常明确自己的社会责任,但有部分大学生不履行自己的责任或不愿履行自己的责任,其根本原因就在于大学生没有树立起正确的核心价值观,没有把责任转变为社会责任意识。因此,只有当大学生把外在对责任的客观要求转化为内心信念和意向时,即真正树立起正确的核心价值观时,才有可能履行自己的责任。这就要求我们要培养大学生的社会责任感。当代大学生的责任意识主要包括对自己负责的意识、对家庭负责的意识、对国家和社会负责的意识以及对全人类负责的意识。大学生是"社会人",必然与社会环境进行物质、信息的交流,深受社会文化的影响。[1]

培养大学生的社会责任意识是大学生核心价值观构建的重要一环。而社会主义荣辱观就是对大学生的社会责任意识、奉献意识所提出的明确要求。正确的荣辱观是大学生形成科学的价值观的基础。用社会主义荣辱观教育大学生,有助于培养大学生的集体主义精神,正确的劳动观念,良好的社会规范和社会主义公民道德。正确的荣辱观还为大学生树立了知荣明耻的道德新标准。以社会主义荣辱观为准则培育大学生的社会责任意识,为大学生理想人格的建设设定了不可动摇的新坐标。在社会主义荣辱观的指导下,引导大学生重建生命责任感和社会责任感,找到属于自己生命的价值。[2]

第三节 大学生核心价值观培育的环境分析

一、大学生核心价值观培育的国内环境

大学生价值观念的发展不仅深受国际形势的影响,而且与我国社会发展状况直接相关。我国是社会主义性质的国家,目前已进入全面建成小康社会的新时期,是我国实现民族伟大复兴的关键阶段。伴随着我国经济转轨、社会转型,出现了种种新的社会问题,这必然会对大学生的价值观念产生深刻的影响,也对当

---

[1] 杨中刚. 论加强对大学生核心价值观的引导和培育[J]. 学校党建与思想教育, 2005(12): 47-48.
[2] 付洪. 关于当代大学生责任意识培养的一些思考[J]. 道德与文明, 2008(6): 84-87.

代大学生社会主义核心价值观教育提出新的要求。

（一）当代中国社会基本特点及其影响

当代中国社会最基本的特点是实行社会主义制度。《中华人民共和国宪法》规定："中华人民共和国是工人阶级领导的、以工农联盟为基础的人民民主专政的社会主义国家。社会主义制度是中华人民共和国的根本制度。禁止任何组织和个人破坏社会主义制度。"宪法的这一规定是思考中国社会价值问题的必要前提，也是推进大学生社会主义核心价值观教育的制度背景。"这个前提要求重视意识形态工作与国际共产主义运动史的联系，与中国革命史的联系，与世界的社会主义思潮的联系，以及与国内外敌对势力的意识形态对立。"[①]事实上，多年来，大学生社会主义核心价值观教育一直与学习国际共产主义运动史、中国革命史，了解世界社会主义思潮以及对抗国内外敌对势力的意识形态攻势联系在一起，今后也必然会继续联系在一起。社会主义的制度性规定，是当代中国最为宝贵的政治资源，也是当代大学生社会主义核心价值观教育最为重要的思想资源。在中国，社会主义理想曾经在求得民族解放、促进社会正义、改善人民生活等方面发挥过重要作用；在今后的发展中，无论遇到什么样的艰难险阻，都应当继续遵循宪法对基本社会制度的规定，引导人民树立中国特色社会主义共同理想，坚持走中国特色社会主义道路。这正是当代大学生社会主义核心价值观教育的基本内容之一。

现代性是当代中国社会的典型特征。从价值观研究的角度看，现代社会的最大特点是理性化和世俗化。现代社会意识形态领域的一个现象是，没有任何思想具有与生俱来、一劳永逸地支配人心的优势。一种思想，包括占统治地位的思想要让人接受，必须提出让人接受的理由，必须让人觉得这种理由是站得住脚的。所以党的十六届四中全会警示人们，党的执政地位既不是与生俱来的，也不是一劳永逸。执政地位的这种"不是一劳永逸"的特点同样也是党的指导思想的时代性遭遇。所以，无论是为增强党的执政合法性，还是为增强党的指导思想的号召力，都需要与时俱进，不断推进党的理论创新。引导人民群众认同党的创新理论是今后思想政治教育与舆论宣传工作的重要内容，当然也是当代大学生社会主义核心价值观教育的重点所在。

换个角度看，现代性包括技术、制度和文化等不同层面，包括经济、政治、文化和社会等不同领域，而这些层面、领域之间的复杂关系，也是当前意识形态

---

① 潘维，廉思. 中国社会价值观变迁30年[M]. 北京：中国社会科学出版社，2008：36.

工作必须重视的现实背景。从改革开放初期的"四个现代化"到党的十九大报告提出全面建设社会主义现代化强国，既体现了国人对"现代性"理解的过程，也体现了现代化历史进程本身的展开。历史反复证明，现代化是一个总体推进、局部曲折并且内涵不断丰富因而也远未完成的过程，其中各个层面或领域之间经常出现不同步、不协调的复杂情况。近年来国内出现的"自由"和"平等"如何协调、"公平"和"效率"何者优先等争论，都是这种复杂情况的表现。开展当代大学生社会主义核心价值观教育，不可避免地要经常面对这些争论，而且要向大学生们做出合理的解释与引导。

（二）当代中国社会转型状况及其影响

20世纪90年代以来，我国社会的经济制度经历了由传统的计划经济向社会主义市场体制转换的过程。在社会转型过程中，我国社会出现了四个方面的显著变化。

首先，经济体制发生了深刻的变革。改革开放以前，我国实行的是计划经济体制，分配方式带有浓厚的平均主义色彩。改革破除了这种不符合生产力发展状况的经济模式，在重新认识了社会主义初级阶段的基本国情后，找到了适合生产力发展的社会主义市场经济体制。与此相适应，所有制形式也转变为以公有制为主体的多种所有制形式，分配方式转变为以按劳分配为主体的多种分配方式。

其次，社会结构发生了深刻的变动。一是由"总体性社会"向"分化性社会"过渡，社会经济成分、社会组织形式日益呈现出多样化趋势。二是基层社会组织由"职能型"向"自主型"转变，企事业单位自主性逐渐增强，独立化程度提高，不再像以往那样只是国家的"代理人"。三是农村社会由"乡村型"向"城镇型"转变，城市化步伐大大加快。四是社会总体上呈现出从"农业型"向"工业型"转变、从"封闭型"向"开放型"转变、从"产品经济型"向"商品经济型"转变等特征。①

我国社会转型中出现的上述显著变化对整个社会的价值观念带来了空前巨大的冲击。当前，我国社会的价值观念总体上呈现出"多元并存，新旧交替"的状态。所谓"多元并存"，是指在共时性上，当今中国不仅有旧的、传统的、保守的价值观念的沿袭，而且有新的、先进的价值观念的生成；所谓"新旧交替"，是指在历时性上，我国社会转型时期的价值观念变革的总体走势和发展方向是除旧布新、推陈出新。

---

① 吕振宇. 论社会主义核心价值体系[M]. 济南：山东人民出版社，2009：136.

转型时期，随着社会发展节奏的加快，文化日益快餐化，当代大学生对核心价值观的学习，逐渐碎片化。很少有学生能静下心重读经典。这对大学生核心价值观的培养带来巨大挑战。随着社会的转型，大学生文化正经历着理想主义与现实主义之间较大的冲突，大学生的价值观呈现出大众化、通俗化的特征，对感性事物的追逐日益凸显。

在大学生价值观念发展过程中，无论是国际环境还是国内环境的变化，其影响一般都是潜移默化式的，应对这些变化的挑战，正面的说服教育与引导一般还能奏效。但面对社会发展中出现的一些突出的社会问题，面对现实生活中人的生存与发展被严重压抑的困境，辛苦培养起来的进步价值观念，往往会在一夕之间被颠覆。

我国多年来的社会发展中所形成的一系列社会问题尽管原因有所不同，但都或多或少影响了大学生的价值取向，影响着当代大学生社会主义核心价值观教育的效果。要提高当代大学生社会主义核心价值观教育的有效性，必须正视并努力解决这些社会发展中的深层次问题。近年来，这些问题越来越引起社会各界的高度关注，党和国家也正在逐步采取措施，力争从根本上消除这些问题产生的社会根源。这些问题的逐步解决，必将极大地改善思想政治教育的社会环境，更好地推进当代大学生社会主义核心价值观教育。

二、大学生核心价值观培育的国际环境

当代大学生社会主义核心价值观培育无法在真空中进行。在全球化时代，世界范围内的人员交往、信息流动、经济联系、文化交流日益频繁，对大学生价值观念的发展产生着深刻的影响。尤其是 20 世纪 80 年代以来，资本主义出现了新发展，社会主义出现了新变化，世界出现了政治多极化、经济全球化、文化多元化的趋势，这些因素伴随着知识经济的发展与信息技术的普及，构成了当代大学生社会主义核心价值观培育的国际环境。

(一)当代资本主义的新发展及其对大学生价值观培育的影响

资本主义从诞生的那天起，就对人类社会的政治、经济、文化生活产生了深刻的影响。几百年来，资本主义始终处在意识形态冲突的旋涡中，影响着人们价值观念的发展与变化。20 世纪 80 年代以来，资本主义进入一个新的发展阶段，出现了许多新变化、新特征，对当代大学生社会主义核心价值观培育产生了重大的影响。

资本主义在其历史上经历了资本原始积累阶段、自由竞争阶段、垄断阶段和

国家垄断资本主义阶段。第二次世界大战后，资本主义又先后经历了恢复时期、快速增长时期和滞胀时期。20世纪80年代以来，特别是冷战结束后，资本主义在调整、改革和转变中呈现出许多新发展、新变化。

一是科学技术迅猛发展，生产力获得新的发展空间。以信息技术革命为核心的第三次科技革命，把人类从机器大生产时代提升到自动化生产时代，极大地促进了资本主义生产力的发展。二是伴随着产业结构调整，就业结构也出现了深刻的变化。在大多数西方发达国家，第三产业借助于科学技术的发展迅速发展，蓝领工人减少，白领工人增多。三是生产社会化程度提高，企业组织形式发生变化。第二次世界大战以来，在一些西方国家，金融资本与工商资本进一步融合，股份公司进一步发展，高新技术行业异军突起，公司兼并之风此起彼伏，垄断资本抵御风险、增殖自身的能力增强。四是国家不再是市场经济的"守夜人"，而是成为经济发展的干预者。借助社会主义国家常用的计划经济手段，西方发达国家提高了国民经济的总体效益。借助于各种财政货币政策、社会再分配政策、社会福利和保障制度，西方发达国家在一定程度上调节了国民经济运行。五是加速推进经济全球化，为资本的扩张和增值开辟了新的天地。西方发达国家利用自身在世界经济、科技甚至军事领域的优势，在经济全球化中占据主导地位，自身财富不断增加，第三世界国家则变成发达国家的廉价资源供应地、获取高额利润的投资对象和推销剩余产品的市场。

资本主义的新发展直接影响着大学生的价值观走向，对大学生价值观教育提出了新的挑战。帮助大学生正确认识资本主义社会的新发展，成为当代大学生社会主义核心价值观培育的重要任务。通过核心价值观培育，引导当代大学生运用马克思主义的立场、观点和方法，全面地、具体地、历史地看问题，正确认识资本主义的本质，完整地、准确地分析资本主义的新发展，才能使大学生消除思想中的疑虑，纠正认识上的偏差。总之，着眼于资本主义的新发展改进当代大学生社会主义核心价值观培育，大学生才能科学认识资本主义的新发展，才能坚定社会主义理想信念，树立科学的世界观、人生观、价值观。

(二)当代世界发展的新趋势及其对大学生价值观培育的影响

经过多年的飞速发展，中国已成为全球第一大贸易国，第二大经济体，在新一轮的全球化中，中国成为世界的领跑者。中国与世界的关系，比以往任何一时期都要紧密。随着知识经济的发展、信息技术的普及与政治多极化，经济全球化和文化多元化交织在一起，这对当代大学生社会主义核心价值观培育提出了新的挑战。

知识经济的发展是当代世界的第一大趋势。知识经济是建立在知识的生产、分配和使用基础之上的新的经济形态。在知识经济时代，人们创造知识和运用知识的能力是推动经济发展的最重要因素。20世纪80年代以来，知识经济的深入发展，不仅极大地提高了劳动生产率，促进了整个生产力系统的升级换代，而且极大地改变着人们的经济生活、社会生活和精神生活，推动着社会各个领域的一系列深刻变革。信息技术革命是当代世界的第二大趋势。信息技术的载体——互联网的出现是人类历史上的一场革命。由于具有"万维性"，互联网超越了国界，只要联网的地方，信息就是互通的；由于具有"匿名性"，互联网上任何人的行为都是在大众难以知晓的情况下发生的；由于具有"即时性"，互联网能够即时提供来自全球各地的最新资讯。20世纪90年代以来，以互联网为载体的信息技术的普及，极大地改变了人们的生活方式，深刻影响着世界的政治、经济与文化状况。

政治多极化是当代世界的第三大趋势。东欧剧变后，两极格局终结，世界进入新旧格局转换时代。20世纪90年代初至今，世界各大国之间的关系正在重新调整与定位，各种政治力量也在重新分化与组合，世界朝着多极化方向曲折发展。多极化趋势下的国际局势，和平与发展是主题，但是新干涉主义、霸权主义和强权政治蔓延，恐怖主义抬头，局部性的战争、动荡和紧张有所增加，不安宁、不安全、不确定、不稳定因素仍然存在。

经济全球化是当代世界的第四大趋势。20世纪80年代以来，在地区合作的基础上，全球化成为世界经济的主要趋势。经济全球化一方面促进了生产力要素在国际范围内的优化组合，为世界各国提供了新的发展机遇；另一方面也加剧了世界经济的不平衡性，对发展中国家形成了巨大的压力和挑战；同时，由于各国经济相互依赖，一国经济尤其是大国经济的波动和震荡很快会波及其他国家甚至全世界。

最典型的例证是，2008年始于美国的金融危机，对包括中国在内的世界主要经济体都产生了深刻影响，至今有许多国家还没有从冲击中恢复。文化多元化是当代世界的第五大趋势。[①] 人类进入文明时代以来，多元文化的发展就一直存在。在今天，人类社会仍然受着多种文化传统的深刻影响。塞缪尔·亨廷顿认为，世界上主要有中华文明、日本文明、印度文明、伊斯兰文明、西方文明、拉丁美洲

---

① 一般而言，文化与文明两个概念基本相同，都是指人类社会物质文明与精神文明的总和。但文明着重表达人类社会的进步状态；文化则是人们的风俗习惯、行为规范以及各种意识形态的复合体，除了文学艺术之外，还包括生活方式、共处方式、价值观体系、传统和信仰等。

文明和非洲文明等几大文明。①

随着全球化趋势的加深，世界各文化体系的相互交流也日益深广。文化多元化把人们置身于多元文化景观中，使人们在相互比较中重新审视本土文化的话语方式、思维模式、审美标准和价值观念，不断吸取异质文化的长处来创新和发展本土文化。但是，西方国家由于在经济、政治、教育和科技等方面占有绝对优势，因此在文化上也处于强势地位，表现为"文化帝国主义"和"文化霸权主义"，对非西方国家处于弱势的本土文化形成了强烈冲击，因此产生了"文明的冲突"。

当代世界的发展趋势对青年学生的价值观念产生了深刻的影响，对当代大学生社会主义核心价值观培育提出了新的挑战。首先，在新的发展趋势下，西方敌对势力对中国的意识形态斗争从政治层面走向文化层面，并获得了新的表现形式，手段越来越隐蔽，越来越具有欺骗性。一些敌对势力借助文化艺术交流的机会，大力传播其价值观和生活方式。一些西方国家在经济交往中打着自由、民主、人权等旗号，有意推广其"西式"价值观念和政策。西方敌对势力的这些渗透，必然会使一些意志薄弱者或涉世未深者受到蛊惑，对西方价值观念产生盲目的崇拜，背弃社会主义价值体系。其次，在新的发展趋势下，国际范围内资本、信息、技术和知识流动的速度加快，自由度加强，削弱了传统的国家职能，挑战着传统的国家主权地位，弱化了部分青年学生的国家意识和爱国情感，增加了爱国主义教育的难度。尤其是一些以互联网为载体的即时通信工具的普及，使国际范围内信息的传播更为便捷，从而为某些别有用心的国家或社会团体从事文化颠覆提供了方便。

---

① [美]塞缪尔·亨廷顿.文明的冲突与世界秩序的重建[M].周琪，等，译.北京：新华出版社，2002：29.

第二章 改革开放以来大学生核心价值观培育基本情况

20 世纪 80 年代以来,在改革开放的过程中,党和国家高度重视大学生核心价值观教育,出台了一系列方针、政策与措施,呈现出新的特点。回顾当代大学生核心价值观培育的历史进程,审视当代大学生核心价值观培育的实际效果,从中吸取经验与教训,是在今后的工作中厘清思路、改进方法、增强实效的基础。本章主要研究大学生核心价值观培育的发展进程、取得的成效、经验启示以及存在的问题。

第一节 大学生核心价值观培育的发展进程

一、大学生价值观培育在拨乱反正中曲折发展

从 20 世纪 70 年代末到 90 年代初,是大学生社会主义核心价值观培育在拨乱反正中曲折发展的阶段。这一时期,高校力争克服过去"左"的指导思想影响,恢复思想政治教育的优良传统,改进大学生社会主义核心价值观培育,促进大学生价值观念的拨乱反正。但由于思想理论界的混乱、错误思潮与社会舆论的误导、国内外敌对势力的干扰破坏等因素,大学生思想政治教育一度因为地位、作用被削弱而陷入困境。中央及时吸取教训,深入落实"两手抓,两手都要硬"的方针,重新做好大学生思想政治教育工作,社会主义核心价值观培育焕发出生机。这个时期又分为以下三个阶段:

(一)伴随着高校思想政治教育的恢复与重建,大学生价值观培育出现新契机

党的十一届三中全会以后,高校马克思主义理论教育、理想信念教育、思想品德教育等均得到加强。具体体现在三个方面:一是制定了加强和改进高等学校马列主义课的试行办法,大学生马克思主义理论教育得到加强。[①] 1980 年 7 月,教

[①] 石云霞. 新中国成立以来中国共产党思想理论教育历史研究[M]. 北京:中国社会科学出版社,2007:527.

育部制定了《加强和改进高等学校马列主义课的试行办法》,提出了一系列重要措施,推动了高校马克思主义理论课的恢复与重建,加强了大学生马克思主义理论教育。二是广泛开展爱国主义、社会主义和共产主义教育,大学生理想信念教育得到加强。1980年4月,教育部、共青团中央联合发布《关于加强和改进高等学校学生思想政治工作的意见》,强调要大力进行革命理想教育。此后,中宣部发布《关于加强爱国主义宣传教育的意见》,把爱国主义教育作为社会主义精神文明建设的一项重要任务。1982年11月,教育部召开了专题座谈会,交流对学生进行共产主义教育的经验,取得了明显成效。三是在高校普遍开设共产主义思想品德课,大学生品德教育得到加强。1978年8月,团中央、教育部专门召开了青少年思想品德教育座谈会。1980年春,教育部、团中央提出,要加强对大学生的共产主义道德教育。1982年10月,教育部发出通知,要求把共产主义思想品德课作为一门必修课程纳入教学计划。此后,思想品德课在全国各高校迅速开展,成为对学生系统进行理想、道德、人生观教育的重要课程。1984年9月,教育部正式发出《关于高等学校开设共产主义思想品德课的若干规定》,根据该规定要求,全国大多数高校开设了共产主义思想品德课,大学生社会主义价值观教育得到加强。

(二)高校思想政治教育在曲折中发展,大学生价值观培育在挫折中前行

20世纪80年代中期,资产阶级自由化思潮泛滥,对高校思想政治教育产生了消极的影响。为应对这些消极影响,党和国家主要采取了以下措施:

一是积极开展坚持四项基本原则、反对资产阶级自由化的教育,加强了大学生马克思主义理论教育与理想信念教育。1986年9月,中共十二届六中全会要求全党坚持四项基本原则,反对资产阶级自由化。针对1986年年底的学潮,中央专门发出《关于当前反对资产阶级自由化若干问题的通知》,要求各高校切实加强领导。1987年3月,国家教委发出了《关于在高等学校马克思主义理论课(公共课)教学中旗帜鲜明地坚持四项基本原则反对资产阶级自由化的通知》,使学潮后大学生理想信念受到严重冲击的局面得到遏制。

二是高校思想品德和政治理论课程教学进一步改革,大学生思想品德教育得到进一步加强。1985年8月,中央发出通知,要求认真改革学校思想品德和政治理论课的课程设置、教学内容和教学方法。1987年10月,国家教委发布《关于高等学校思想教育课程建设的意见》,规范了思想品德和政治理论课课程体系。1992年,国家教委对高校思想政治教育课程进行了调整,《思想道德修养》《形势与政策》与《法律基础》成为大学生必修的思想品德课。

三是高校思想政治教育的内容、形式和方法得到改进,大学生社会主义核心价值观培育在探索中创新。1987年5月,中央要求努力改进学校思想政治教育的内容、形式、方法和体制。1987年后,军训和社会实践成为高校思想政治教育课堂教学的补充和延伸,成为大学生社会主义价值观培育的好形式。

(三)高校思想政治教育在反思中前进,大学生价值观培育焕发生机

1989年,邓小平指出:"十年最大的失误是教育,这里我主要讲思想政治教育。"[①]为了弥补失误,高校思想政治教育开始了调整和完善。这段时间,党和国家主要采取了以下措施:

一是加强领导,探索建立大学生价值观培育的长效机制。中共十三届四中全会后,国家教委发布了《关于加强和改进高等学校马克思主义理论教育的若干意见》。高校落实意见要求,普遍加强了对思想政治教育的领导。多数高校成立了由党委书记或副书记牵头的思想政治工作领导小组,形成了党委领导下的思想政治教育工作系统。

二是深入反思教训,加强对大学生的四项基本原则教育。为了矫正大学生对社会主义的一些模糊认识,1989年7月,国家教委发布了《关于新学年对学生集中进行政治教育和理论教学的通知》。为了帮助大学生了解国情,提高大学生对党的路线、方针、政策与自身的认识,1992年6月,中央要求各级党委政府全力支持大学生社会实践活动。

三是切实加强对高校党员干部和青年教师的思想理论教育,促进了大学生价值观培育队伍建设。1990年5月,国家教委党组发布了《关于高等学校党员干部学习马克思主义的意见》。1991年2月,中宣部、国家教委和共青团中央发出了《关于组织高等学校青年师生学习马克思主义青年读本的通知》。在对政治风波的深刻反思中,高校青年教师出现了学习马列主义、毛泽东著作的可喜现象,大学生中也出现了"毛泽东热""学马列热",学习马列著作成为一种群众性活动。

回顾这一时期的大学生价值观培育,既有丰富的经验,又有深刻的教训。实践告诉人们,开展大学生社会主义价值观培育,一是要始终抓紧马克思主义基本理论教育,放松了就会导致自由化思潮泛滥,造成人们思想上的混乱、价值观的迷失;二是要坚持两条战线作战,既要反"左",又要反右,不能以一种倾向掩盖另一种倾向,偏向哪一方都会使人们的价值判断走向极端,都会葬送社会主义事业;三是要重视党的领导,党的领导决策层如果放松、忽视甚至抵制四项基本原则的教育,就会助长资产阶级自由化思潮,造成严重后果;四是要"两手都要抓,

---

① 邓小平. 邓小平文选(第3卷)[M]. 北京:人民出版社,1993:306.

两手都要硬",一以贯之、常抓不懈,如果"一手比较硬,一手比较软",就会犯下严重错误。这些经验教训对当代大学生社会主义价值观培育形成了宝贵的镜鉴,直到今天还值得深入品味与学习。

二、大学生价值观培育在探索和创新中不断前进

从20世纪90年代初到21世纪前两年,是中国社会主义市场经济体制建立的时期。这一时期,伴随着社会主义市场经济体制的逐步建立,邓小平理论趋向成熟,"三个代表"重要思想也逐步形成,马克思主义在中国获得了新的发展。高校思想政治教育面临着新的时代性要求,大学生社会主义价值观培育在探索中不断前进。这一时期的大学生社会主义价值观培育,总体上有以下两个特点:

(一)高校思想政治教育积极应对新挑战,大学生社会主义价值观培育获得新发展

党的十三届四中全会以后,为应对新形势下的挑战,党和国家在高校思想政治教育领域采取了一系列重要措施。

一是改进了体制机制,大学生价值观培育走向科学化、规范化的道路。1994年8月,中央发布《关于进一步加强和改进学校德育工作的若干意见》,要求高校建立和完善党委统一部署下的、以校长及行政系统为主实施的德育管理体制。1995年,国家教委发布了《中国普通高等学校德育大纲(试行)》,规范了高校思想政治教育工作体制,使大学生社会主义价值观培育走上了"依纲管理、依纲育人、依纲考评"的科学化、规范化的道路。[①]

二是大力推进爱国主义、集体主义、社会主义教育,大学生价值观培育的内容更为充实。1994年9月,中央颁布《爱国主义教育实施纲要》,提出了爱国主义教育的原则、内容、对象和措施。1996年,党的十四届六中全会通过《关于加强社会主义精神文明建设若干重要问题的决议》,强调爱国主义教育要贯穿社会主义现代化建设的全过程。

三是素质教育、公民道德建设、心理健康教育受到重视,大学生价值观培育的外延扩展。1998年,教育部颁布《面向21世纪教育振兴行动计划》,将素质教育列为高等教育发展目标。1999年6月,中共中央、国务院发布《关于深化教育改革全面推进素质教育的决定》,明确了素质教育的方针、宗旨、重点与目标。2001年9月,中

[①] 张福记,李纪岩.高校思想政治教育研究[M].成都:四川教育出版社,2009:40.

央颁发《公民道德建设纲要》，为高校道德教育指明了方向。教育部还于2001年发布了《关于加强普通高校大学生心理健康教育工作的意见》，于2002年发布了《普通高校大学生心理健康教育工作实施纲要》，大学生心理健康教育工作逐步受到重视。

（二）高校"两课"教学改革继续深化，教学基本建设和学科建设不断加强，大学生价值观培育主阵地得到巩固

1992年以来，高校"两课"教育（"两课"是思想政治教育课和马克思主义理论课的简称）教学的改革和建设进入一个新的阶段。

一是邓小平理论和"三个代表"重要思想"进教材、进课堂、进学生头脑"的工作扎实推进，大学生价值观培育获得了新鲜的血液。20世纪90年代前期，高校"两课"设置中还没有专门讲授邓小平理论的课程。党的十五大后，推进邓小平理论"进教材、进课堂、进学生头脑"成为高校的紧迫任务。1998年4月，中央批准高校马克思主义理论课和思想品德课程设置新方案，对"两课"课程设置进行了调整。同年6月，中宣部和教育部印发了《关于普通高等学校"两课"课程设置的规定及其实施工作意见》，邓小平理论教育在高校全面启动。2001年7月，"三个代表"重要思想提出后，也成为高校"三进"工作的重要内容。邓小平理论和"三个代表"重要思想"三进"工作的扎实推进，使大学生价值观培育体现出鲜明的时代特色。2017年新颁布的《普通高等学校学生管理规定》明确把"培育和践行社会主义核心价值观"列入其总则之中。充分彰显核心价值观对大学生的内在吸引力以及对大学生成长的巨大推动作用。

二是"两课"教材建设、队伍建设与学科建设不断加强，大学生价值观培育的主阵地得以巩固。在教材建设方面，党的十四大以后，国家教委对马克思主义理论课统编教材进行了重新修订。在队伍建设方面，世纪之交，教育部主要通过师资培训、在职攻读学位、表彰优秀教师等活动，提高"两课"教师的思想政治素质和业务素质，增强他们在新的历史条件下的适应能力。在学科建设方面，1996年，国务院学位委员会正式批准建立"马克思主义理论与思想政治教育"专业首批博士点，"马克思主义理论与思想政治教育"学科由此完成了从本科到硕士再到博士的发展历程，学科建设突飞猛进，为大学生价值观培育队伍建设奠定了学科基础。

三、大学生价值观培育在21世纪的新机遇、新发展

从21世纪开始，中国进入了全面建设小康社会、加快推进改革开放和社会主义现代化建设的新发展阶段。党的十六大规划了全面建设小康社会的奋斗目标，新的中央领导集体高举邓小平理论和"三个代表"重要思想的伟大旗帜，不断进行

理论创新和实践创新,坚持用发展的马克思主义指导新的实践,把各项工作推向前进。高校思想政治教育在党的理论创新和实践创新中迎来了新的发展机遇,大学生社会主义核心价值观培育步入快车道。习近平总书记指出:"高校思想政治工作关系高校培养什么样的人、如何培养人以及为谁培养人这个问题。"并通过一系列论述从理论和实践结合上对这一根本问题进行了系统回答。这些重要论述,从确保中国特色社会主义事业后继有人和兴旺发达的高度,对大学生思想政治教育提出了更高的战略定位。这个时期的大学生社会主义核心价值观培育具有以下两大特点:

(一)中共中央采取了一系列重大措施加强和改进大学生思想政治教育工作,开创了大学生社会主义核心价值观培育的新局面

世纪之交,为了适应新形势、新情况,突破高校思想政治教育的薄弱环节,中央采取了一系列重大措施。

一是中共中央、国务院及有关部门相继出台多个重要文件,大学生社会主义核心价值观培育获得了政策上的强力支持。2004年8月,中共中央、国务院发布了《关于进一步加强和改进大学生思想政治教育的意见》。2005年1月,中央专门召开了大学生思想政治教育工作会议,胡锦涛总书记发表了重要讲话,教育部、卫生部、共青团中央、中央宣传部等相关部门相继下发了多个配套文件,大学生社会主义核心价值观培育获得了政策上的强力支持。2017年2月,中共中央国务院印发了《关于加强和改进新形势下高校思想政治工作的意见》,指出要加强教师队伍和专门力量建设。

二是马克思主义理论研究和建设工程启动,大学生社会主义核心价值观培育获得新的动力。2004年1月,中央发出了《关于进一步繁荣发展哲学社会科学的意见》,并召开了实施马克思主义理论研究和建设工程工作会议,大力推进马克思主义理论研究和建设工程。

三是高校思想政治理论课新方案出台,课程设置更为合理。2005年,中宣部、教育部发布《关于进一步加强和改进高等学校思想政治理论课的意见》,明确了高校思想政治教育理论课课程改革新方案,形成了结构合理、功能互补的思想政治理论课课程体系。

(二)党的理论创新取得重大成果,丰富了社会主义核心价值体系的内涵,完善了大学生社会主义核心价值观培育的内容

党的十六大以来,我党不断推进理论创新,形成了一系列富有创造性的理论成果。这些理论创新成果，是对马克思主义的重大理论贡献，丰富了大学生社会主义核心价值观培育的内涵。

一是提出了以人为本的科学发展观，奠定了社会主义核心价值体系的基石。党的十七大报告系统论述了科学发展观的基本内涵，其以人为本的指向深刻反映了中国特色社会主义的终极价值目标，因而在意识形态上成为社会主义核心价值体系的重要内容，构成了社会主义核心价值体系的基石。

二是提出了构建社会主义和谐社会的重大任务，"和谐"成为社会主义核心价值体系的核心理念。党的十六届六中全会对构建社会主义和谐社会做出了总体部署。和谐社会理论中的"和谐"精神深刻体现了中国特色社会主义的核心价值，成为社会主义核心价值体系的基本理念。

三是提出了以"八荣八耻"为主要内容的社会主义荣辱观，丰富了社会主义核心价值体系的基本内容。2006年3月，胡锦涛在参加全国政协十届四次会议时明确提出了以"八荣八耻"为主要内容的社会主义荣辱观。社会主义荣辱观丰富了社会主义核心价值体系的基本内容，充实了大学生社会主义核心价值观培育的道德基础。

四是提出了建设社会主义核心价值体系的战略任务，大学生社会主义核心价值观培育成为时代的重大课题。党的十九大提出的习近平新时代中国特色社会主义思想是引领新时代航行的指南针，也是高校思想政治教育时代化的理论指南。面对马克思主义中国化的最新成果，新时代高校思想政治教育必须清晰地确定自身的历史定位，推动马克主义中国化和大众化，增强思想政治教育的时代性和时效性。

由此可见，"建设社会主义核心价值体系"已成为构建社会主义和谐社会、推进中国特色社会主义建设的战略任务，在大学生中培育社会主义核心价值观成为高校思想政治教育工作的重要内容。

第二节　大学生核心价值观培育取得的成效

一、大学生核心价值观培育取得的成绩

价值观理论研究已得到了极大推进，在对这一理论集中研究期间，我们对大学生社会主义核心价值观的培育也取得了一些实效。

大学生社会主义核心价值观培育理论对实践操作具有指导作用,近年来在理论研究方面取得了很大成就,目前大学生社会主义核心价值观工作培育理论的研究已经有了一定进步,主要体现在以下几个方面:

其一,理论教育被提升到一定高度,发挥了它指导实践的作用。在对大学生进行核心价值观培育过程中,理论教育的措施得到了充分肯定。确立了理论教育在大学教育教学中的主渠道地位,实现了教育内容、方法的丰富,在一定程度上实现了时代化的发展与系统化的整合,同时取得了较好的效果,实现了大学生对社会主义核心价值观内容的理解和在实际生活中的践行。

其二,社会实践途径作为最重要措施的地位得到了有效的体现。近年来,全社会把提升大学生社会主义核心价值观的实效集中到大学生的实际行动上,大学生通过参与社会实践活动,也在积极地践行理论教育的内容,不断提升对社会主义核心价值观的认同感,形成了良好的社会氛围。

其三,营造环境的措施也发挥了积极的作用。在营造环境的措施中,社会环境、学校环境和家庭环境建设,尤其是学校环境建设为大学生社会主义核心价值观的提升做出了积极贡献,为大学生践行社会主义核心价值观营造了良好的环境。

大学生社会主义核心价值观培育措施的理论研究取得了显著的成绩,使培育工作方面也得以提高,取得了明显的效果。培育工作的具体操作,是培育工作最关键、最困难的一个环节。

首先,通过理论教育,大学生思想发生了一些变化,他们的思想道德水平得到一定提高,许多大学生对社会主义核心价值观的内容更加认同。在问卷调查中,45.9%的学生表示对社会主义核心价值观认同,38.3%的学生比较清楚,其中包括对马克思主义、中国特色社会主义理论等的认同,一部分大学生在践行马克思主义的世界观、人生观、价值观,追求个人价值、社会价值方面也做出了努力。

其次,通过社会实践活动,发挥活动的载体作用,与社会主义核心价值观理论结合,一定程度上加深了大学生对社会主义核心价值观的了解和认识,加深了理论的说服力和感染力,一定程度上推进了社会主义核心价值观实践的发展与深化。

再次,营造良好环境,无论是在实践基地、设施设备等物质设施的建设上,还是在社会主义价值观理论内涵、内容上都有所提升和丰富。大学生生活在这样的环境下,他们的价值观必然会受到良好的影响,在社会主义核心价值观的认同和践行方面都取得了较好的效果。

二、当代大学生核心价值观培育的效果

20 世纪 80 年代以来，大学生社会主义核心价值观培育走过了波澜壮阔的 30 多年，取得了一定的成效。深入了解 30 多年来的培育效果，可以更好地推进当代大学生社会主义核心价值观的培育。社会主义核心价值体系主要包括马克思主义指导思想、中国特色社会主义共同理想、以爱国主义为核心的民族精神和以改革创新为核心的时代精神以及社会主义荣辱观四个方面，其中前两者属于理想信念方面的内容，常常融合在一起。

因此，了解当代大学生社会主义核心价值观培育的效果，基本上可以从理想信念的基本状况、民族精神与时代精神的基本状况以及社会主义荣辱观的基本状况三个角度来审视。

(一)当代大学生理想信念的基本状况

理想信念是人生的航向。当代大学生只有坚持以马克思主义理论为指导，树立中国特色社会主义共同理想，才能确立正确的人生航向，在中国特色社会主义建设中增长才干、奉献力量，实现自己的人生价值。多年来，马克思主义理论教育与中国特色社会主义共同理想教育一直是大学生社会主义核心价值观培育的重要内容。通过坚持不懈的教育，当代大学生对马克思主义的信仰、对社会主义的信念更为坚定，对改革开放和现代化建设的信心、对党和政府的信任不断增强。与此同时，国内外社会环境的深刻变化，也使一些大学生的理想信念受到影响与冲击。

一是当代大学生理想信念总体呈现出正面发展的形势。教育部在 2016 年 6 月初就已经完成了第 25 年在校大学生思想政治状况滚动调查，其采用的是问卷调查与个别访谈、线上问卷与实际考评结合的方式。结果显示："当前大学生思想主流继续保持积极健康、向上向好的良好形势。大学生中国特色社会主义道路自信、理论自信、制度自信进一步坚定，对党和国家的未来充满信心；广大高校学生衷心拥护党的领导，拥护社会主义制度，对全面建成小康社会和实现中华民族伟大复兴充满信心和期待；广大大学生对社会主义核心价值观的知晓率、认同度不断提升，立志成长成才、提升道德素养、投身社会实践的意识进一步增强，培育和践行核心价值观的积极性明显提升。"这反映出我国高校学生在思想政治方面总体是积极向上的，同时，也反映出我国在高校学生的思想政治教育方面是存在一定成效的。但是，不得不承认，时代在进步，社会在发展，人们的思潮也在随着社会的发展而逐渐演变。在全世界的范围内，各种思潮泛滥，这些对于思想尚处在成长中的大学生来说是一个严峻的考验，十

分容易产生一些相应的问题。这使得进一步研究大学生的理想信念现状,分析问题产生的成因,进而得出针对性的解决方法,指导当代大学生树立远大崇高的社会主义理想信念,有着十分重要而深远的意义。

二是大学生理想信念尤其是职业理想存在着功利化倾向问题。根据太原理工大学一项调查显示,超过69%的大学生对未来的职业设想是拥有一份高收入工作。在期望薪水调查中,55%的大学生都希望自己未来薪水应为6000元到1万元,选择未来期望薪水是2000元至6000元34%,另外有11%选择了1万元以上,没有人选择2000元以下。尽管现代社会的快速发展,使得人们对于期望薪水的追求在不断改变和提高,但是如果过分重视金钱等物质利益,仅仅注重满足个人欲望,这些错误的价值观容易导致当代大学生被个人主义、拜金主义、享乐主义等不良观念吸引,进而影响到大学生的学习与生活的方方面面,进一步导致大学生理想信念缺失,迷失自我前进的方向,最终被不断发展进步的社会所淘汰。

三是道德理想信念薄弱。对于道德比知识更重要这个问题:调查中52%的大学生选择了"是";7%的大学生选择了"不是";有37%的大学生认为一样重要;另有4%的大学生选择了不知道。当问及对自己的道德修养是否满意时,86%的大学生选择了比较满意,会继续努力;10%的大学生选择了不太满意;只有4%的大学生选择了其他。由此可见,大部分大学生对自己的道德修养比较满意。而对于"老人跌倒到底该不该扶"的相关问题:选择"立即上前帮助"的大学生占38%;"先拍照或看看有没有证人,有证人就上前帮助"占29%;"拨打110或120"占4%;"看看其他人怎么做,随大流"占5%;"事不关己,旁观或走开"占2%。由此可见,对于整个社会的尊老爱幼、关爱老人的传统道德理想信念,大学生中只有三分之一会不断坚持。

(二)当代大学生民族精神与时代精神培育的基本状况

民族精神和时代精神是中华民族生生不息、薪火相传的精神支撑,是中国人民奋发图强、不断创造崭新业绩的力量源泉。大力弘扬和培育民族精神、时代精神,使人民保持昂扬向上的精神状态,是和谐文化建设的主旋律,是建设社会主义核心价值体系的精髓,也是当代大学生价值观培育的主要任务。多组调查显示,当代大学生普遍理解并实践民族精神、时代精神,但也存在一些问题,需要通过科学引导、优化环境等有效途径强化民族精神与时代精神教育。

首先,当代大学生民族精神培育取得了很大成绩。党和国家一直都高度重视大学生民族精神培育问题,这已成为高等教育的核心战略任务。在大连海事学院2017年调查中,发现所有的调查对象都认可中华民族精神的核心是爱国主义精神、团结统一精神、勤劳勇敢精神、自强不息精神、爱好和平精神和时代精神。虽然大学生在多元化社会思潮中受到严重冲击，但是大多都能坚守主流价值观。大学生对于民族精神培育的价值属性有较为一致的态度，92%的大学生认为非常有必要进行民族精神培育，这就为培育工作奠定了很好的群众基础，只有当一个民族建立并发展自己的文化，形成自己的民族精神，并以此为基础构筑自身的精神家园，才能促使本民族产生强大的凝聚力，这个民族才能从自在阶段进入自为阶段。当代大学生民族精神培育积累了丰富的经验，确保了基本方向和根本的服务目标。民族精神培育的理性升华推动了民族精神教育的纵深发展。民族精神教育的制度执行力得到增强，在宏观层面，党政方针的颁布为大学生民族精神培育工作提供了强大的政治保障，不仅在全社会形成了主流风尚，也为高等教育的工作发展铺平了道路。

当代大学生民族精神培育的前提是需要厘清思想认识上的问题，需要大学生对于民族精神有准确和清晰的掌握。从调查数据来看，68%的大学生对于民族精神的内容选择了非常了解。26%的大学生选择了比较了解，4%的大学生选择了了解很少，2%的大学生认为几乎不了解。可见大学生对于民族精神的认识还是比较模糊，虽然主观层面倾向于民族精神富含了优秀的精神因子，但是对于民族精神的自我肯定性较低。这主要是由于经济全球化所引发的文明辐射的逐步深入和加强。一些发展中国家的民族精神的核心观念受到一次次的冲击，或淹没，或式微，或被侵蚀。在全球化浪潮的冲击下，发达国家的文化渗透和文化扩张，吞没和消解着发展中国家民众的民族意识、国家意识和对民族、国家、集体的理性关怀，对发展中国家维护民族文化和生活方式的多样性、维护民族道德传统提出了更大的挑战。大学生个人行动的选择性增强，自主性提高，使个人对民族国家这个共同体的依赖程度有所减小，对于民族精神的依赖性不强，信心不足。

其次，在时代精神方面，当代大学生总体上保持着积极、健康、向上的风貌，但也存在着一些不足。[①]

一是大多数学生具有良好的民主法治意识，但部分学生的民主法治意识有待提高。调查发现，面对"如果您的亲人涉嫌违反法律，您首先想到什么"这样的问题，60.90%的人选择"遵循法律和政策规定解决，相信一定会有公正的结果"，19.87%的人选择"通过各种关系，尽可能找到负责办案的责任人"，25.64%的人选择"不知道"。这说明大多数学生具有良好的民主法治意识，但部分学生的思想

[①] 黄岩.当代大学生时代精神风貌的调查与思考——以杭州下沙高校园区的调查为例[J].高等农业教育，2009(6)：82-85.

观念还没有真正完成由"人治"向"法治"的转变。

二是当代大学生对节约意识有较高的认同感,但实际消费水平总体偏高。调查显示,78.85%的大学生赞成"即使有了钱,也要勤俭节约",选择"说不清楚"的比例为14.10%,选择"不赞成"的比例仅为7.05%。但是在现实生活中,不少大学生的消费支出还是比较高,这表明相当一部分学生的节俭意识并不能转化为节俭行为。

三是当代大学生看重诚信品质,反对极度自私,但关爱意识并不强烈。调查发现,针对"在为人处世方面,您最看重哪些品质"这个问题,大学生的选择依次为:诚信(91.66%)、宽容(73.07%)、平等(55.12%)、关爱(48.71%)。这表明大学生在诚信友爱方面总体上是积极的。但接下来对"实际中处理人际关系常采用的原则"这个问题,49.36%的学生选择"利己但不损人",34.94%选择"先己后人,尽量兼顾",15.06%选择"先人后己,助人为乐"。这又反映出部分大学生以自我利益为重,缺乏足够的关爱意识。

第三节　大学生核心价值观培育的经验启示

一、大学生核心价值观教育的基本经验

大学生核心价值观教育经历了恢复重建、探索创新和巩固发展三个时期,在党和国家的关心指导下,在社会各个阶层的大力支持下,在众多高校思想政治教育工作者的不懈努力下,取得了突出的成绩,积累了丰富的经验。

(一)要坚定不移地对大学生开展社会主义核心价值观教育

大学生是社会主义事业建设和发展的生力军,大学生价值观念的变迁是对社会价值观念的缩影,从1978年至今,我国对大学生分别进行了以"毛泽东思想和邓小平理论"为核心价值观的教育、以"三个代表"重要思想为核心价值观的教育、以科学发展观为核心价值观的教育以及以习近平新时代中国特色社会主义思想为核心价值观的教育。历史充分印证了必须要坚定不移地对大学生开展社会主义核心价值观教育,用科学价值观理念武装大学生的头脑,使广大学生在思想上拥护党的领导,与党中央保持高度一致,在实际行动上自觉践行社会主义核心价值观,展现大学生应有的精神风貌,促进大学生健康成长成才,推动社会主义建设事业持续发展。

(二)要结合学生关注点开展大学生社会主义核心价值观教育

从20世纪70年代末至今,大学生的关注点发生了天翻地覆的变化,80年代大学生关注"经商"和"政治",90年代大学生关注"出国留学"和"勤工俭学",21世纪大学生关注"考研""考证""网络""时尚""创新""创业"等,每个时代大学生所关注的问题都有所不同。大学生社会主义核心价值观教育要结合大学生的学习和生活实际,要通过探索和提炼,总结出贴近大学生思想、贴近大学生实际、为大学生所关注的教育内容,使大学生社会主义核心价值观教育与帮助大学生排忧解难相结合,从而增强大学生社会主义核心价值观教育的针对性、实效性,由"务虚"向"务实"转变。

(三)开展大学生社会主义核心价值观教育要形成合力

开展大学生的社会主义核心价值观教育不只是学校的责任,还应该是社会、家庭的责任。对大学生的社会主义核心价值观教育不是从大学才开始的教育,应该是从出生到大学毕业始终贯穿的教育,是一个漫长而又循序渐进的教育过程。从大学生社会主义核心价值观教育的发展,可以看到大学生的核心价值观教育经历了一个由高校承担教育责任到学校、家庭、社会共同发力的过程。这表明开展大学生社会主义核心价值观教育必须要凝聚家庭、学校、社会等多方面的力量,使之形成合力,共同推动大学生社会主义核心价值观教育。

(四)大学生社会主义核心价值观教育要不断丰富文化载体

随着时代的发展,对大学生进行社会主义核心价值观教育也不能再单纯使用"硬性理论灌输"的方式,而应该不断丰富文化载体,使社会主义核心价值观教育更生动、更有趣、更"动听"。从20世纪70年代开始至今,对大学生的社会主义核心价值观教育的途径也由灌输理论向通过举办各种文化活动,包括利用网络开办特色网站、开展丰富多彩的校园文化活动等潜移默化地传播理论,更加注重"润物细无声"。

(五)要发挥大学生核心价值观教育的主渠道作用

在大学生社会主义核心价值观教育中,要注重思想政治理论课"教材、教程、教员"建设,夯实大学生社会主义核心价值观教育的基础。重庆在开展大学生思想政治教育过程中,在教材方面注重统编教材与地方辅助教材相结合,充分利用红岩精神、抗战文化、三峡移民精神等宝贵资源以及"五个重庆"建设等启动思想政治理论地方辅助读本的编写工作。目前,已着手编写《大学生思想政治理论课学习精要》《大学生关注的社会热点难点问题解析》《大学生思想政治教育重庆城市精神读本》等地方辅助教材读本。在教程方面,强调摒弃照本宣科和脱离实际的空洞说教,努力让课堂活跃、生动起来,提升思想政治理论课的吸引力和感染力。做好实践教学,以社会调查、参观考察、活动设计等多种形式广泛开展实践教学活动。教员方面,按照教育者必须首先"真懂、真信、真教"的要求,积极开展高校思想政治理论课教师队伍上岗培训、骨干培训及优秀人才培训三大"组合拳"培训,整体提升思想政治理论课教师思想政治素质和教学水平。

(六)要注重大学生社会实践活动的推动作用

坚持大学生理论学习和社会实践的统一,将特色主题活动贯穿在大学生社会主义核心价值观教育之中。

一方面,广泛开展理想信念教育活动。在清明节、五四青年节、七一建党日等重大节日,紧紧围绕理想信念这一核心,普遍开展表彰、演讲、知识竞赛、缅怀先烈等主题教育活动。同时,组织大学生开展相关主题活动、组织观看相关影视作品,让学生在鲜活的故事中感悟核心价值体系的丰富内涵,领悟核心价值体系的思想精髓,以收到润物细无声的教育效果。

另一方面,深入推进大学生社会实践活动。让广大学生通过社会实践活动,深入了解国情、市情、民情,向人民群众学习,向实践学习,增强了与工农大众的感情,改变以前"两耳不闻窗外事"的状态,深化对社会主义核心价值体系的认识。

二、大学生核心价值观教育的主要启示

20世纪80年代以来,中国共产党不断加强和改进大学生社会主义核心价值观培育,积累了丰富的经验。这些经验集中起来,就是要始终把大学生社会主义核心价值观培育放在突出位置,不断丰富大学生社会主义核心价值观培育的时代内涵,不断拓宽渠道、改进方法,使当代大学生社会主义核心价值观培育落到实处、取得实效。

具体体现在六个方面:一是必须立足于社会主义初级阶段人们的思想实际,针对实践提出的历史性课题,不断丰富大学生社会主义核心价值观培育的内容。二是要把先进性要求和广泛性要求结合起来,既鼓励先进又照顾多数,既弘扬主流又包容差异,引导不同层次的人们一起向上,形成凝聚力。三是应遵循人类精神生产的规律,既注重对旧价值观的批判与超越,又注重继承中外优秀价值观遗产,继承党的优良传统,创立符合时代潮流的社会主义核心价值体系。四是必须

始终围绕党和国家的工作中心、社会主义的共同理想和党的宗旨，开展大学生社会主义核心价值观培育。五是必须通过完善社会各项制度和政策，为当代大学生社会主义核心价值观培育创设有利的社会环境。六是必须坚持以人为本，在尊重人、理解人、关心人的基础上，优化当代大学生社会主义核心价值观培育的人文环境。

基于上述经验，今后推进大学生社会主义核心价值观培育，应当把握以下几点：

第一，要夯实理论根基。"理论只有说服人，才能掌握群众"，要想使社会主义核心价值观成为大学生认同并践行的价值观念，必须深入开展理论研究，不断增强社会主义核心价值观的真理性和科学性。与此同时，要用社会主义核心价值观这一科学的理论武装大学生，引导他们把社会主义核心价值观内化为坚定的理念，并积极践行。

第二，要创新工作方式。要运用一切富有教育启发意义的手段和工具，坚持理论和实践结合起来，把单纯、抽象的理论灌输和僵化、呆板的理论说教变为灵活多样的体验教育。要把社会主义核心价值观培育渗透到大学生的日常生活中，引发大学生深思，震撼大学生心灵，启迪大学生智慧。

第三，要善用文化载体。每一所高校都有自己的大学文化。大学文化是高校长期发展积淀成的，以校内师生为主体创造的，已经形成校内共识的价值观念、办学思想、群体意识和行为规范。大学文化能够潜移默化地熏陶和感染学生，是价值观培育的最好载体。高校应以大学文化建设为平台，把传播核心价值观、塑造学生美好心灵、弘扬社会风气作为重要任务，真正担负起核心价值观培育的历史责任。

第四，要完善体制机制。高校要健全领导体制和管理体制，形成良好的协调和运行机制，以保证价值观培育目标的实现。要形成"全员育人、全方位育人、全过程育人"的良性互动格局，使教师、管理人员和后勤服务人员共同承担大学生核心价值观培育的重任。

第五，要优化相关环境。个体价值观念是周围环境综合影响的结果，在当代大学生中培育社会主义核心价值观，必须注意周围环境的影响，着力营造能够发挥正能量的环境系统。要优化社会大环境，营造良好的舆论氛围和社会心理氛围；要优化校园小环境，形成文明和谐、团结互助、务实进取的校园气氛；要优化网络虚拟环境，用先进文化的魅力吸引学生，防范有害信息传播泛滥，减少和杜绝网络行为中滥用自由、放弃伦理责任和道德约束的现象。

第四节　当前大学生核心价值观培育存在的问题

一、教育理念存在的问题

(一)价值观教育边缘化

长期以来，考试是检验学生学习效果的有效手段之一。最早的考试制度可追溯到公元605年中国隋朝的科举制度。考试是教育者或评估者对受教育者所实施的一种严格的知识水平的鉴定方法。而对于受教育者来说，参加考试、应对考试，则通常被称为"应试"。

"应试"，就是"应付"教育与社会生活中各种必要的考试。作为一种行之有效的检查教育成效的手段，"应试"本来就是教育的一个必要部分。但是，当"应试"的比重越来越大，甚至占据了教育的全部比重的时候，教育就沦为一种不正常的状态——一切都为了应付考试。此时，"应试教育"的说法便产生了。应试教育是指以应付升学考试为目的的教育理念和教育行为。它以升学率的高低来检验学校的教学质量、教师的工作成绩以及学生的学业水平。由于过分倚重考试分数这一评估指标，应试教育在很大程度上限制了学生能力的充分发挥。实践证明，在应试教育模式下培养出来的学生极易脱离社会的发展需要。应试教育发展到极端，往往会违背人的发展规律，成为教育弊端的集中表现。

中国是应试教育大国。应试教育在中国的诞生和发展与中国的基本国情息息相关。近年来，越来越多的证据揭示出应试教育的种种弊端。例如，就教育内容而言，应试教育紧紧围绕考试和升学需要，考什么就教什么，其教育教学内容极其刻板片面，对于提高学生的生存能力，锻造他们的意志品质，以及培养他们的精神品德无半点益处。就教育方法来说，应试教育往往采取急功近利的做法：题海战术、猜题押题、加班加点、死记硬背。应试教育所惯用的"填鸭式"教育，不仅加重了学生的课业负担和心理负担，还有可能导致学生思维僵化，在解决问题时不善迁移，功能固化等。

在应试教育的影响下，学校教育往往过度聚焦于智力教育、知识教育，而忽视了其他方面的教育，如对学生的艺术修养的熏陶，动手能力的培养，精神素质的提高，以及健全人格的养成等。在这些被忽略的"教育死角"中，社会主义核心价值观教育被边缘化的趋势日益明显。价值观教育是以价值观为主要内容来实施的,对受教育者的思想、行为产生长期影响的过程。它对于大学生的个体发展具有重要的启示作用,对于社会的进步发展更是具有举足轻重的引导作用。然而,当今中国的大学生社会主义核心价值观教育却逐渐被边缘化。

究其原因,除了应试教育理念遗留的祸根——学校教育过度重视智力教育、知识教育,造成了教育者和受教育者片面看重知识教育、过度倚重分数的局面,还与近年来的社会背景和高校发展有关。近些年有关"就业难"的报道屡屡见诸报端。国家为缓解就业压力,先后出台了相应的政策法规,并号召高校积极投入促进就业的工作中来。在这一社会背景之下,为积极响应国家的政策号召,也为在日益白热化的竞争中增加自身胜出的筹码,高校的决策层和领导层比以往更加看重升学和就业的绝对统计数据,这使得高校日益重视对学生的知识教育与就业技能的培养。另外,作为一种有别于智力教育、知识教育的教育内容,社会主义核心价值观教育本应通过不同于其他教育内容的教学手段和考核方式来进行。

价值观教育的目的是通过总结前人的实践经验,将不同价值观所导致的不同后果进行综合的对比分析,从而引导个体树立正确的价值观,缩短他们的价值探索过程。但价值观教育并不是强制性地、生硬地将前人的认识完完整整地灌输给受教育者。价值观教育也不仅仅是对价值观的简单复制,更承载着人类对价值观发展的强烈期望。

然而,在长期实行的应试教育背景之下,社会主义核心价值观教育的教学理念未能跳出"应试"的桎梏。大多数高校仍采取"照本宣科"的教学模式来进行价值观教育,采取"考试"的方式来检验价值观教育的成效。这种"应试"教育理念下的价值观教育可能会导致大学生将社会主义核心价值观的学习仅仅当作一种知识的接收,他们学习的目的仅仅是完成学习任务,获得升学、毕业所需的学分。这样一来,大学生们难以自觉地将所学内容真正内化为自己立世的价值标准,更不要说在现实社会中去实践社会主义核心价值观。[1]

综上所述,在进行社会主义核心价值观教育时,如若不修正应试教育的理念,不改变应试教育的教学模式,价值观教育的成效将难以得到保障。

(二)价值观教育抽象化

价值观并不是一种具有具体形式的物质。作为人们对于价值问题的一般看法和根本观点,价值观存在于人们的意识世界之中。社会主义核心价值观是一种抽

---

[1] 朱志明,朱百里. 大学生核心价值观形成的学校教育因素研究[J]. 漳州师范学院学报:哲学社会科学版,2011(1):160-164.

象的概念，它是根据中国特色社会主义事业的建设者们的亲身经历总结出的对社会主义价值的性质、构成、标准和评价的根本看法和态度，是社会主义社会的政府和人民共同为之努力奋斗的价值取向和共同理想。其高度概括的语言表述具有一定的抽象性，教育者必须尊重这种抽象性。但为了达到更好的教育教学效果，教育者必须在实际的教育教学工作中避免使用过于抽象的语言来阐述社会主义核心价值观的内容和意义，这是由作为教育接受者的大学生所具备的认知能力决定的。部分大学生尚不具备高水平的理解力、归纳和综合思维能力。如果教育者毫不顾及学生的认知能力，一味采用抽象、甚至空洞的语言来授课和讲解，其教育成效可想而知。

价值观教育的抽象性不只表现在抽象的语言和概念中，还关系到对于受教育者的个体差异和个人利益的尊重。如果教育者不尊重受教育者的个体差异和个人利益，这样的价值观教育就必定是脱离实际的，是过于抽象的。就受教育者的个体差异而言，每个大学生的智力发展水平、觉悟水平、素质的高低、价值观的发展水平各有不同，这就导致大学生对社会主义核心价值观教育的接受程度各有不同。

在进行社会主义核心价值观教育时，教育者应尽量尊重受教育者的个体差异，努力做到因材施教。教育者如若忽视了教育接受者的觉悟水平和素质层次的问题，用一致的教育方式来施教，用统一的标准来考量受教育者的价值观，将会使社会主义核心价值观教育脱离现实，变得抽象化。

此外，就受教育者的个人利益与价值观教育的关系而言，许多高校在制定社会主义核心价值观教育的目标时，并没有遵循经济基础决定上层建筑的原理，表现为社会主义核心价值观教育过度强调个人义务而将个人利益完全忽视。在实施教育教学的过程中，教育者往往倾向于一味地拔高社会主义核心价值观的先进性和理想性，片面地要求大学生将社会利益、集体利益、他人利益置于至高无上的地位。

然而，在社会主义核心价值观的理想状态与社会的现实性之间原本就存在一定的落差。现实生活中，符合社会主义核心价值观的行为可能会给大学生造成利益损失，而非社会主义核心价值观行为却可给大学生带来暂时的利益。面对这种落差，教育者如果仍然坚持要求大学生大公无私、毫不利己、专门利人，不顾及社会主义核心价值行为与个人利益的关系，必将导致大学生对社会主义核心价值观望而生畏。[①]

---

① 陈国敏. 成人大学生社会主义核心价值观现状调查[J]. 学校党建与思想教育，2010(8)：67-68.

调查发现，在考虑自我的价值取向时，大多数大学生既不以完全为社会做贡献来考虑自我的价值取向，也不以完全实现自我价值作为实现人生价值的出发点与归宿。[①] 因此，教育者在进行社会主义核心价值观教育时，应当注重对如何兼顾个人利益和集体利益、个人利益和他人利益的关系的正面疏导，而不要过分强调舍己为人的单边主义做法。[②] 只有充分照顾受教育者的个人需求和个人利益，才能提高社会主义核心价值观教育的现实性，避免价值观教育的抽象化。

二、教学模式存在的问题

(一)教学内容陈旧空洞

社会主义核心价值观不是具有一定形式的具体物质，其内容具有一定的抽象性，这就要求教育工作者在实际的教育教学工作中尽量做到与时俱进，理论联系实际，避免教学内容陈旧空洞。但目前，大学生社会主义核心价值观教育内容脱离实际的问题比较突出，价值观教学的内容表现出陈旧、空洞等问题。教育者未能与时俱进地联系和发展价值观教育的内容。他们在实际的教育教学工作中不善提炼，也很少将社会主义核心价值观的理论与国际国内的重大问题及大学生所关注的热点问题进行联系，导致大学生对社会主义核心价值观的内容不感兴趣，对教学持有消极态度和情感，影响了大学生学习社会主义核心价值观的热情。[③] 这不仅不利于大学生实现社会主义核心价值观教育的内化和实践，也无法发挥社会主义核心价值观教育应有的成效。

1. 教育内容的时效性

社会主义价值观教育的内容虽然不断处于更新之中，但由于教材的编写、审核、印制需要耗费必要的时间，在开展实际的教学工作时，教材中的内容难免具有一定的滞后性。这就要求社会主义核心价值观教育者不断与时俱进，及时合理地将当前社会主义核心价值体系研究的最新内容和最新成果吸收到教学内容中。这样一来，教育工作者才能更好地把握社会主义核心价值观教育的时效性。

除此之外，教育者应该注重把握最新的社会时事热点，一旦善加利用，这些课本之外的社会热点就能被转化为极好的教学材料。当前，我国正处于经济中高

---

① 阳智明，陈延斌.当前大学生价值观的特征分析与教育建议[J].中国青年研究，2006(9)：52-54.
② 朱志明，朱百里.大学生核心价值观形成的学校教育因素研究[J].漳州师范学院学报：哲学社会科学版，2011(1)：160-164.
③ 刘光照.大学生社会主义核心价值观教育机制创新研究[J].广西职业技术学院学报，2009(3)：16-20.

速发展的社会转型期。在这个特殊时期内,国内矛盾冲突频发,周边地区的政治局势也充满了不安定的因素,教育者应该以这些时事热点问题为契机,在实际的教育教学过程中营造出平等交流、真实沟通、相互尊重的氛围,使大学生在针对时事热点的探讨活动中乐于参与,敢于发言。在平等交流、互动的过程中,教育者应适当发挥主导作用,引导大学生正确地看待社会事件中的对错曲直,通过现象看清社会事件的本质。从而更好地利用潜藏在每一个热点事件背后的社会主义核心价值观教育的契机。

2. 教育内容的现实性

除了缺乏时效性之外,社会主义核心价值观教育的内容呈现出脱离现实的趋势,教育内容尚需更为紧密地联系实际。社会主义核心价值观教育的内容来源于社会主义实践,也将以社会主义实践作为归宿。当前的价值观教育往往易于脱离实际,导致大学生学习社会主义核心价值观后,不能将所学内容运用到实践当中,有违价值观对人的行为的指导作用。针对这一问题,教育者在实际的教育教学工作中应尽量以现实问题作为教学论据,将社会主义核心价值体系的理论迁移到实际问题的分析和解决上,通过对这些论据的分析来揭示社会主义核心价值观的实用性。同时,教育者应注意向大学生收集具有代表性的问题,并在第一时间对学生关注的问题做出回应,针对这些问题展开教学工作,从而使大学生真正认识到社会主义核心价值观的实用价值和使用价值。[①] 在达到教育实效性的同时,扩大受益面,达到良好的教育教学效果。

理论联系实际也集中表现在对受教育者的多元价值取向和现实需求的尊重中。尊重差异,包容多样,是先进思想文化的特质,也是先进思想文化走向兴旺发达的必由之路。全球化为东西方思想的碰撞与融合提供了宝贵的机遇和广阔的空间。在这一社会背景之下,大学生的价值取向也更加多样。教育者在进行社会主义核心价值观教育时,应尊重价值观念的多样性,坚持用社会主义核心价值观引领多样化的社会思潮,保持其蓬勃的生机和永恒的活力。

教育者应当充分认识到大学生的现实需求,不要盲目地要求每个大学生都具有极高的思想觉悟,都能舍己为人,将集体利益置于至高无上的地位。教育是一个循序渐进的过程,也是一个互动的过程。作为教育者,应当尊重大学生心理特征和情感需求。有学者指出,当代大学生是历史上最幸运的一代,他们享受到了

---

① 朱志明,朱百里. 大学生核心价值观形成的学校教育因素研究[J]. 漳州师范学院学报:哲学社会科学版,2011(1):160-164.

改革开放带来的最好物质条件和社会环境。他们热爱祖国，普遍带有正义感，见多识广，有思想，乐于助人，但同时很自我，有个性，娱乐化，很实际，这些都是他们的鲜明特点。① 只有当大学生的心理特征和情感需求得到充分的理解和尊重之后，价值观教育的成效才可能显现。因此，联系实际，尊重现实，是对社会主义核心价值观教育的必然要求。

(二)教学手段死板生硬

邓小平同志指出，教育要面向现代化，面向世界，面向未来。教育要实现"三个面向"，实现与世界接轨，迎接21世纪的挑战，首先应当体现在教育手段的现代化上。当今大学生社会主义核心价值观教育所依存的政治、经济、文化等各种背景已经发生了重大变化。这些变化对大学生的思想观念、价值观念、道德观念等都产生了深刻影响，也对大学生社会主义核心价值观教育手段提出了变革、更新的要求。② 但许多社会主义核心价值观的教育者仍然沿袭了照本宣科这种单一的教学手段，采取"填鸭式""灌输式"的教学方式，突出了教育者的主体地位，而忽略了学生的主体性和互动性。这样的教学手段不利于社会主义价值观教育的成效。社会主义核心价值观教育要勇于尝试新的教学手段。教育者在教学的过程当中，应当从"两个课堂"(指课堂教学与第二课堂教育)出发，突破"照本宣科"的应试教育模式。

三、实践教育存在的问题

(一)价值观教育"知""行"剥离

长期以来，虽然教育者在教学与研究工作中付出了辛勤的劳动，但价值观教育收效甚微。这与当前大学生社会主义核心价值观教育过多注重向受教育者灌输理论知识，而较少关注他们的实践有关。在当代中国，社会主义核心价值观教育主要依托于课堂讲授的教学形式，而这种方式又过度强调对理论的识记，而忽略了大学生的价值观实践教育。当"知"与"行"的天平向"知"倾斜时，势必会导致大学生缺乏实践经验和体验，致使社会主义核心价值观教育的理性认识与感性实践剥离，价值观教育脱离实际，不符合"以认识促进实践，以实践发展认识"的认识规律。这样一来，社会主义核心价值观教育的成效大打折扣。社会主义核心

---

① 彭秀峰，王亚南."当代青年理想信念与价值观"论坛综述[J]. 探索与争鸣，2010(7)：80.
② 刘光照. 大学生社会主义核心价值观教育机制创新研究[J]. 广西职业技术学院学报，2009(3)：16-20.

价值观教育原本是一个从实践到理论、从理论到实践不断转化的过程。价值观是在实践中形成的,也只有在实践中才能实现其价值意义,得到深化和发展。[①] 因此,大学生只有经过实践,才能真正理解、内化和运用社会主义核心价值观的内涵。

大学生社会主义核心价值观教育应当尽量贯彻理论联系实际的原则。在课堂教学中,教育者应尽量将社会主义核心价值观的理论知识与社会热点联系起来,同时兼顾受教育者的实际情况和实际需求。然而,尽管课堂教学着力将理论知识与"实际"相联系,大学生在课堂上所获得的仍然是间接经验,更多的"实际"还应体现在课堂之外。社会主义核心价值观教育应当致力于解决大学生的实际问题,尽量结合社会实践,让大学生从实践中获得有关社会主义核心价值观的直接经验。社会实践为大学生提供了了解社会、服务社会、造福社会的机会,更是促成大学生转化和内化知识理论的最佳平台。[②]

因此,大学生在学习社会主义核心价值观理论的过程中,应该尽可能地走入社会,进行实实在在的实践活动。这种实践活动的形式是多种多样的。例如,教育者可以组织学生利用寒暑假及双休日深入厂矿企业、农村山区进行调研活动或义务劳动;[③] 大学生可以将自己所学的专业知识转化为劳动和生产力,去解决自己或他人的困难,自助或帮助他人。通过这些实践活动,大学生能够亲力亲为地参与到社会的变革和发展中来,能感受到中国特色社会主义事业向前迈进的步履。在为社会做出贡献的同时,体验到奉献的喜悦和自豪。这种课堂教学无法传递的情感能够鼓舞他们散发出更多的光和热。实践活动可以增进大学生对社会的了解,对自我的了解,并找到个人与社会的结合点,实现社会化;还可以提升他们的社会规范意识,增强其劳动观念,提高其劳动技能,锻炼其意志品质。[④]

社会主义核心价值观教育要突破应试教育的模式,在课堂教育中,教育者应突破传统的教学方式;在校园文化建设中,教育者应努力营造积极向上的校园文化氛围;在实践教育中,教育者应为大学生提供更多走进社会、了解社会的机会。通过构建"课堂+校园+社会"三位一体的大学生社会主义核心价值观培养体系,

---

① 刘光照. 大学生社会主义核心价值观教育机制创新研究[J]. 广西职业技术学院学报,2009(3):16-20.
② 张向战. 核心价值观如何内化为大学生自觉行为[J]. 人民论坛:中旬刊,2010(10):58-59.
③ 陈国荣. 促进大学生对社会主义核心价值体系的内化研究[J]. 四川理工学院学报:社会科学版,2008(5):59-62.
④ 姜南. 浅议加强大学生价值观教育的几点对策[J]. 煤炭高等教育,2005(6):118.

能满足学生的自身发展、高等教育质量以及社会人才需求三个方面的共同需要。①在此基础上，促进大学生社会主义核心价值观的形成。

(二)德育评价体系不完善

为了进一步提高大学生参与社会主义核心价值观教育实践的积极性和自觉性，大学校园应当逐步建立起考核大学生践行社会主义核心价值观的长效机制。这一长效机制的建立可以通过结合学校的制度建设来实现。具体而言，大学应该建立完善的德育评价体系，以此达到促进和监督大学生社会主义核心价值观实践的效果，并实现检验和评价社会主义核心价值观教育的成效。

首先，教育者应当将社会主义核心价值观的要求具体化，细化为具有可操作性的评价标准，并与大学生的综合素质评估相匹配，建立健全科学、合理的思想道德评价体系，使广大学生明白应该坚持什么、反对什么、倡导什么、抵制什么，②从而促进社会主义核心价值观实践。

其次，高校应以评价标准为基础，以肯定和奖励为主、以否定和惩罚为辅，在校园内大力宣传和推行可执行的条例和规范，积极开展规范教育，逐步使社会主义核心价值观内化为每个学生的行为准则和价值取向，促使他们在日常学习和生活中自觉践行社会主义核心价值观。除此以外，更为重要的是，大学校园应当将上述评价标准和规范纳入大学生的思想品德评价体系中去，并将思想品德评价体系与奖学金评定、学业成绩评价、先进个人评优等评价内容挂钩，③将大学生践行社会主义核心价值观的情况作为大学生综合素质考核的重要内容。

最后，高校应完善各种奖惩措施，对自觉践行社会主义核心价值体系的先进典型予以宣传和表彰，对故意践踏社会主义核心价值体系的反面典型予以曝光和惩戒，④以此促进大学生社会主义核心价值观实践，让社会主义核心价值观的"知""行"不再剥离。

---

① 邱吉，翟文中，杨奎，等．大学生政治价值观现状调查研究[J]．学习与实践，2010(10)：66-72．
② 宁先圣，石新宇．以社会主义核心价值体系引导大学生树立社会主义荣辱观[J]．党史文苑：下半月学术版，2008(11)：41-42．
③ 朱志明，朱百里．大学生核心价值观形成的学校教育因素研究[J]．漳州师范学院学报：哲学社会科学版，2011(1)：160-164．
④ 廖志诚．高校社会主义核心价值体系建设中的若干关系研究[J]．福建农林大学学报：哲学社会科学版，2011(5)：76-80．

第三章　大学生马克思主义信仰教育

新时期，世界形势发生了变化，我国社会也发生了变化，处于新时期的大学生面对着越来越多的诱惑，极容易受西方文化的侵蚀，思想易产生偏差，不利于大学生的成长成才。因此，对大学生进行马克思主义信仰教育，使当代大学生树立科学的世界观、人生观和价值观，具备正确的思想观念，坚定马克思主义信仰，是建设中国特色社会主义的必由之路。本章主要是对大学生马克思主义信仰教育的研究，分析了信仰与马克思主义信仰，论述了马克思主义是社会主义核心价值体系活的灵魂，探索了大学生马克思主义信仰教育的路径选择。

第一节　信仰与马克思主义信仰

一、信仰

(一)信仰的含义与组成要素

1. 信仰的含义

信仰与人类的发展有着不可分割的联系。关于信仰，中外典籍及相关学者给出了不同的阐释。《说文解字》说："信，诚也。从人言。""仰，举也。从人，从卬。"即信仰是指人们对某一对象的相信达到了敬仰的程度。"信"主要指向人对某一对象的认知，"仰"主要指向人对某一对象的情感和意志。信仰是人的知、情、意的高度统一。《简明不列颠百科全书》认为，"信仰是指在无充分的理智认识足以保证一个命题为真实的情况下，就对它予以接受或同意的一种心理状态"[①]。康德认为，信仰是一种确信，但这种确信和意见、知识的确信不同，意见是一种在主观方面和客观方面都没有充足理由的判断，知识是在主观方面和客观方面都有充

---

① 简明不列颠百科全书(第8卷)[M].北京：中国大百科全书出版社，1986：659.

足理由的判断,而信仰则是主观方面有充足理由,而在客观方面却得不到充足的证明。我国学者对信仰定义也有不同的阐释,如王玉樑教授认为:"信仰是主体超越现实、超越自我、追求最高价值的自我意识,是对具有最高价值的对象高度信服、景仰、向往、追求,并以之统摄自己的精神生活,作为自己的精神寄托的思想倾向,是主体对终极价值的追求。"① 万俊人教授则认为:"信仰是指特定社会文化群体和生活于该社群文化条件下的个体,基于一种共同价值目标期待之基础上,所共同分享或选择的价值理想或价值承诺。"② "信仰的根本问题或本质是一种生活价值导向问题。对社会而言,它通常表现为某一社会、民族和社群所选择并确定的一以贯之的价值理想和终极目标,有着鲜明的社会意识形态特性。对个体而言,它总是显现为某一特殊的成熟个体在其生活实践中所选择并坚信不疑的主导价值观,对其言其行有着支配性和决定性的影响。"③ 事实上,信仰体现着人们对人生和社会的价值理想的建构或最高价值的承诺,体现着人们对精神家园和终极关怀的寻觅,因而它在根本上影响着人们的精神生活和社会活动,凝聚和整合着人们的世界观、人生观和价值观。综上所述,我们认为所谓信仰就是人们对某种事物或理想、主义极度推崇和信服,并把它视为终极价值,从而作为自己精神寄托和行为准则的一种精神活动。

2. 信仰的组成要素

(1)信仰感情。信仰感情是信仰者在信仰中的精神体验和情感感受。它不是基于对信仰体系的认识和理解,而是基于直觉、感觉,基于生命的本能或天性所形成的一种心理倾向,是维持信仰稳定的重要精神因素。信仰感情的产生出于两方面的原因:首先,所有的信仰体系都有关于人类在自然界、社会中存在状况和存在意义的阐述,都有关于生命终极目的的解释,这就在根本上揭示了人类社会自身存在的意义。其次,信仰为人类在漫长的自然界和社会环境生活中对支配自己的外部力量所形成的依赖感、神圣感提供了寄托。这些支配人类的自然力量和社会力量以其强大、偶然和无情在人的心灵上激起了恐怖、神秘、伟大、庄严等情感,当信仰以一定的方式将这些力量予以解释或转化时,人们的情感也就转移到信仰上。因此,信仰感情是在信仰引导下的生命力的激动或冲动,一般表现出执着、盲目和狂热的特性。

---

① 王玉樑. 论理想、信念、信仰和价值观[J]. 东岳论丛,2001(4):62-66.
② 万俊人. 信仰危机的"现代性"根源及其文化解释[J]. 清华大学学报:哲学社会科学版,2001(1):22-29.
③ 同上。

(2)信仰态度。信仰态度是信仰主体对信仰对象的信服、尊重和奉行程度的主观体现。信仰态度是信仰中的关键因素,是信仰观念、信仰行为的中间环节,它决定着信仰观念的实行与否和实行的程度。一般来说,信仰者应该对信仰对象抱有虔诚的态度,并将所奉信义、信条身体力行。但实际情况并不如此,信仰者的信仰态度存在很大差异。造成这种情况的原因主要是:①人类生命活动的基础是为生存而进行的物质生产生活,信仰作为人类的精神活动仅是生命活动的一部分,因而在根本上受着物质生活的制约;②信仰态度受历史条件和主体条件变化的影响;③信仰态度与特定信仰体系的历史、权威及组织程度有关;④信仰态度与信仰者的信仰感情有着内在的联系。

(3)信仰行为。信仰行为即信仰实践,是信仰主体在信仰观念指导下的行动,是信仰感情、信仰态度的具体体现。任何信仰体系总是通过一定的活动介入人的社会生活和精神生活,由此发挥它的作用并扩大影响。信仰感情激发下的信众也往往产生强烈的行动愿望,以达到信仰的目标和感情的满足。由于社会和个人都是在一定的信仰影响下运行的,因此,信仰行为构成人类社会生活、精神生活的重要组成部分。信仰行为主要有三个特点:①信仰行为追求超凡脱俗的目的;②信仰行为以信义为最高标准;③信仰行为具有一定的规范性。

(4)信仰对象。

①信仰观念。信仰观念是以语言、文字表达出来的有关信仰的理论、信义、信条等,是信仰体系的基本组成部分。信徒的信念、理想、感情、态度的形成主要取决于信仰观念所提供的世界观、价值观、人生观。

②信仰组织。信仰组织是信众在共同信仰感召下所结成的用以进行信仰活动的机构、团体、会社或其他形式的群体。信仰组织为信仰提供心理的、社会的乃至政治上的依靠,是维系信仰体系的物质纽带。一般来说,强大的信仰总是与强大的信仰组织相联系。

③信仰领袖。信仰领袖是那些创立信仰的宗教大师和思想家,而非信仰组织的领导人。信仰领袖以其巨大的思想力量、真诚的信仰态度、伟大的道德榜样和杰出的宣传、行政、组织才能,赢得信徒衷心的爱戴和尊敬,以之作为信仰的导师和领袖,无论在其生前或死后都一往情深地追随他、信仰他。信仰领袖是一面信仰的旗帜,一旦信仰领袖的地位受到内部怀疑,这一信仰的危机就会来到。

④与信仰相关的偶像、圣地、圣迹等。这些东西之所以成为信仰对象是因为它们具有象征意义和历史意义,通过对偶像、圣迹的崇拜、凭吊可以激发信徒的信仰感情、强化信心,鼓舞起信仰行为的热情和力量。

(二)信仰的形式、特征与功能

1. 信仰的形式

(1)宗教信仰。宗教这一人类历史上最普遍、最古老的文化现象,以其无孔不入的传统力量对人类的社会生活和精神生活产生了巨大的影响,在人类文明发展的各个方面留下了深刻的烙印。信仰是宗教的主要功能之一,因此有人认为宗教就是信仰,但是不能反过来说信仰就是宗教。这是因为,信仰是比宗教更为抽象、更为普遍的概念。

(2)道德信仰。道德信仰也是一种古老的信仰,而且可以说是一种更为古老的信仰。在没有阶级以前,道德起着调节社会生活的作用。在历史发展的长河中,道德信仰也随社会不断发展变化并起着重要的作用。道德信仰作为一种伦理精神,它的目标是对善的终极追求。而善作为特定时代的最高道德理念,它又超越了具体的善,是对人生的完全关爱。它将人的价值追求和精神满足作为自己的核心任务,从而使人在现实的残缺与不完全中获得至善至美的意义,使人成为一个趋于理想的人。

(3)政治信仰。政治信仰也是一种古老的信仰形式。自从人类社会中出现政治以来,就有对于政治观念、政治理想的信仰。这一种政治领域中的信仰,对于人类社会尤其是社会政治生活产生了重要的影响。政治是对社会经济关系的现实反映,从其本质来讲,"政治就是各阶级之间的斗争"[①]。在人类进入阶级社会后,道德已无力调节阶级间的矛盾与冲突,政治便应运而生。政治通过其学说、组织并用武力强制维持着现实的利益关系。但是政治要获得社会的认同也必须诉诸信仰。其核心则是对政治学说的信仰。一种政治学说表现着一种世界观、历史观,为社会现实的存在发展提供着理论上的支持。政治学说转化为政治信仰就获得了精神的动力,政治观点、政治主张才能得以推行并为社会所接受。

(4)哲学信仰。哲学信仰也是信仰的一种重要形式。作为人生观、世界观的哲学,本身就是一种信仰。从历史上看,只要某一种哲学体系适应了社会的需要,表达了人们的愿望,它迟早会作为一种世界观、人生观在社会上流行开来,支配人们的思维和行动,成为一种根深蒂固的思维定式和社会规范,影响人类历史的发展进程。人类在历史上创造和奉行的哲学信仰是人类精神集体努力的产物,是人类所有文化成果的总结和精炼,具有高度的思想价值和文化价值。

---

① 列宁. 列宁全集(第31卷)[M]. 北京:人民出版社,1958:336.

2. 信仰的特征

(1) 依赖性。依赖感要求获得心理上的安全、依靠和安慰,神圣感要求得到精神的净化与超越。不论哪种信仰,如果不能提供给信仰者这两种感情的满足,就会沦为干瘪僵死的信条和庸俗的说教,不能激起人们向往的热情、献身的渴望,从而使信仰失去应有的慑服人心的力量,很快趋于消亡。因此,在一定程度上可以说,信仰依赖于人的情感需要而存在和发展。人的感情起源如同人的意识起源一样,存在于人的生存状态和历史发展中,也即存在于人的生存实践中。依赖感和神圣感是与人类的自然生存状况和社会生存状况密切相关的两种心理反应,是在千万年的生活中逐渐养成的。它们之所以在信仰中得到集中的体现和满足,是因为它们作为强烈的情感要求促进和参与了信仰的形成和发展。依赖感是人类在自身生存状况中,对各种因素所产生的恐惧、担心、安慰、感谢、尊敬等种种与生存相关的感觉的综合。人的依赖感的形成与发展经历了与人类形成和发展同样漫长的历史过程,因而是极为深刻、极为稳定的构成人性的组成部分。在远古时期这种依赖感更多地表现为对大自然的依赖,但随着社会对人类生存状况影响的增加,依赖感中的社会成分便突出出来。随着人类社会的日益发达,个体对群体的依赖不仅表现为生存的需要,还表现为价值实现的需要。个体成员的爱和恨,才能的发展与发挥都需要在群体中才能得以实现,他整个的生命价值和人生希望都同群体密不可分地连在一起。在世代相传千年不变的生活方式中,个人便养成了对群体、对群体中与己关系密切者的天然心理联系——依赖与依恋。这种社会的依赖感较之自然依赖感有着更为丰富的内容和功能。

(2) 神圣性。神圣性在原始信仰和宗教信仰中被精炼为"灵"和"神"的基本观念,在哲学信仰中被抽象为"道""理念""仁""理性""太极""物质"等基本出发点。在这些基本观念和出发点上建构的信仰体系,就是人们把握存在、理解存在的中介。由于这一中介,原本神秘莫测的存在具有了令人既敬又畏的形象,或抽象难解的形象,这恰与人的神圣感相适合,于是信仰的神圣性被人作为一种对象予以崇拜。其次是信仰的价值性、权威性要求神圣性予以保证。信仰之所以不同于相信、信任、信念、理想等心理状态,就在于它的神圣性。神圣性使信仰观念变为信仰者决不质疑的、坚韧不拔的信念与不屈不挠的、奋不顾身的实践。信仰所指示的生命归宿是人生的最高目的,信仰所标定的价值尺度是人们在社会生活中的是非标准,信仰所确定的道德规范是人的行为准则。

(3) 超越性。信仰总是具有超越小我而达到大我、超越利己而达到利他、超越物欲而达到精神的特性。如果说信仰取决于调和人内心有限与无限、缺憾与完美等矛盾的结果，那么，任何人的信仰都有为个体自己服务的一面，因此，从广义的功利概念上说，信仰确有其个人功利性动因。然而，这种功利已经主要不是基于个体物欲满足来实现，而是在追求并奉献于所信奉的对象的付出或牺牲中得到精神性的满足。凡信仰都是对眼前的、可变的、有限的、功利的超脱，着眼于对长远的、恒定的、无限的利他目标的追寻，即为了永恒的光荣而舍弃暂时的需求。信仰是把有限的自我投入无限的存在之中，并在这一过程中实现对于自我的超越。信仰是人的精神性本质的最集中表现，正是信仰这一精神追求给人以特殊的荣誉感、自豪感和成就感。动物没有精神，只有肉体欲望的直接表达，其生命过程也就是物欲的单调满足过程，同时也就是其生命的消耗过程，被动地听命于时间的吞没。因此，动物的生命过程谈不上什么意义或价值。人则不然，人的精神意识使人成为自为的主体，能够意识到自我生命的存在，并通过精神赋予生命以超物质的意义和价值，从而使人摆脱物欲的役使，超拔于万物，由行尸走肉变为人的自由之身和万物的主宰，进而体验到不同于物质的精神愉悦和幸福。没有信仰的寄托，人只能沉溺在世俗的物欲之中，沦为无根的精神漂泊者。人要成为自由的主体，就必须超越自己的物质性需要，在实现对世俗的超越中感受信仰所带来的精神享受。人们或许会反对某种具体的信仰，但绝不会反对信仰本身。

3. 信仰的功能

(1)信仰是增强民族凝聚力的根本。对于一个民族来说，民族意识与民族的产生是同步的，但民族意识的最高层面——民族精神，即民族的共同信仰，却是在民族发展到特定阶段时才会产生的。民族信仰一旦形成，对民族的发展就会产生强烈的凝聚作用。一个民族，在民族信仰产生之前，民族凝聚的主要纽带，是依靠血缘、亲缘、地缘关系，这时候的民族是处于民族的自在阶段，其凝聚力是一种自发的、感性的凝聚力。这种民族的凝聚力缺乏韧性，经不住自然力或社会变迁的冲击。一个民族，当其民族信仰产生以后，维系这个民族的就不仅是血缘、亲缘、地缘关系所产生的朴素民族感情，而且有理性的思考。这一时期，民族和民族凝聚力便出现质变，民族从自在民族变为自为民族，民族的凝聚力就从原来那种建立在朴素感情基础上的自发凝聚力发展为一种在理性思维指导下的自觉凝聚力，这种凝聚力更加坚韧、稳定。

(2)信仰是个体存在和发展的根本。信仰作为一种精神资源，对人的生存和发展具有重要意义。信仰对人格塑造具有直接的作用，对人的思维方式也具有影响作用。信仰对于人生起到一种统摄的作用，它将个体对于周围事物的认识统一起来，使个体思想呈现出最大的明确性和稳定性。信仰把人们的信念、价值观在不同层次上组织成一个有序的价值体系，从而提高了人们活动的自觉性和主动性。

二、马克思主义信仰

马克思主义作为我们党和国家的根本指导思想，作为社会主义核心价值体系的灵魂，是由马克思主义严密的科学体系、鲜明的阶级立场和巨大的实践指导作用决定的，是近代以来中国社会历史发展的必然结果，是中国人民长期探索的历史选择。毛泽东思想和中国特色社会主义理论体系是马克思列宁主义与中国具体实际相结合的产物，是中国化的马克思主义。它为我们提供了正确的世界观和方法论，提供了正确认识世界和改造世界的强大思想武器。只有确立马克思主义信仰，坚持马克思主义的立场、观点和方法，才能深刻认识人类社会发展的规律，深刻认识中国走社会主义道路的历史必然性，才能正确辨别社会思潮的主流和支流，才能把社会理想和个人理想统一起来，实现自己的人生价值，为国家和社会的发展做出更大的贡献。

(一)马克思主义信仰的内涵

1. 马克思主义信仰的提出

马克思和恩格斯是马克思主义的创立者。他们创立了马克思主义的科学理论，并使之成为科学的、自觉的信仰。然而，当他们创立这一科学信仰的时候，并没有对其进行命名，甚至有意识地避免和反对这样的提法。之所以如此，是由当时社会的思想状况和现实斗争的需要决定的。在马克思和恩格斯生活的时期，"信仰"往往是神学家宣传唯心主义的口头禅，也是空想社会主义者脱离社会实际的"爱物"，"信仰"在当时已经成为陈词滥调。因此，为了使共产主义运动与各种宗教救世主义和空想主义划清界限，强调共产主义理论的科学性和现实性，不给他人以歪曲共产主义的口实，同时也不至于使工人群众对自己的斗争产生误解，马克思和恩格斯回避了这一术语，这在当时是可以理解的，而且是十分必要的。

虽然马克思恩格斯并没有直接使用过"马克思主义信仰"这一术语，但是他们并不认为"信仰"之类的词只是空想家和宗教徒的专利。他们不仅在理论上认为唯物主义者和共产主义者应该有远大的理想和信仰，而且在实践上也从来没有放弃过对工人群众进行科学的马克思主义信仰的教育。马克思明确提出要把信仰从宗教中解放出来，他指出：资产阶级的"信仰自由"不过是容忍各种各样的宗教信仰自由而已，而工人党却力求把信仰从宗教的妖术中解放出来。人们从宗教中解放出来的信仰当然不再是宗教信仰而是科学的信仰，是"信仰现代科学社会主义，即德国的社会主义"。同样，恩格斯也谈到了信念教育的重要性：我们有义务科学地论证我们的观点，但是，对我们来说同样重要的是：使欧洲无产阶级，首先是使德国无产阶级相信我们的信念是正确的。由此看来，马克思、恩格斯并未完全排斥"信仰"这一概念和意义，只是由于当时的情况使用得比较谨慎而已。随着社会的发展变化，当这种谨慎不再那么必要时，列宁首次较为明确地使用了"马克思主义信仰"这个概念。

列宁在给波利斯·尼波维奇的信中写道：我非常满意地读完了您的书，我很高兴地看到您着手写一部严肃的著作。通过这部著作，想必完全可以检验、加深和巩固马克思主义信仰。不仅如此，列宁还经常明确地使用"共产主义信仰""社会主义理想""社会主义信念"等与"马克思主义信仰"息息相关的一些术语。毛泽东、邓小平等老一辈革命家更是在正面的意义上使用了"马克思主义信仰"的概念。毛泽东指出："我一旦接受了马克思主义对历史的正确解释以后，我对马克思主义的信仰就没有动摇过。"邓小平也明确提出："对马克思主义的信仰，是中国革命胜利的一种精神动力。"

总之，"马克思主义信仰"这一概念是伴随着马克思主义理论的形成而产生的，伴随着工人群众的革命和运动而发展的，伴随着无产阶级政党的不断成熟和壮大而明确起来的。特别是在无产阶级政党夺取政权以后，"马克思主义信仰"一词更是由模糊走向清晰，由理论层面走向实践层面，成为无产阶级政党及人民群众的精神追求和实践动力。

2. 马克思主义信仰的含义

马克思主义信仰是对科学真理的尊崇与信服，是对扎根于现实世界、符合客观发展规律的未来理想社会的向往和追求。因而，马克思主义信仰是科学的信仰、崇高的信仰、健全的信仰。对于马克思主义信仰的含义我们可从以下几方面加以把握：

(1)马克思主义信仰表现为人们对马克思主义理论的坚信。马克思主义是关于全世界无产阶级和全人类彻底解放的学说，是马克思、恩格斯创立并为后继者丰富、发展和完善的关于自然界和人类社会发展的基本理论、基本观点和学说的科学体系。马克思主义是一种理论，只有当人们形成对这种理论的相信和信奉时，才能称之为马克思主义信仰。正是马克思主义的信仰者们使马克思主义理论不仅作为理论而存在，而且也作为信仰而存在。

(2)马克思主义信仰表现为人们对共产主义社会制度和人的全面发展的无限向往和追求。

①马克思主义信仰表现为人们对共产主义实践的坚定执着。"哲学家们只是用不同的方式解释世界,而问题在于改变世界。"①人们对马克思主义的信仰不仅要表现在理论上对马克思主义的信服,更须体现在对共产主义的实践之中。中国共产党人怀着对马克思主义的信仰,将共产主义的实践付诸社会主义革命和现代化建设的各个时期,开辟了中国特色社会主义道路,形成了中国特色社会主义理论体系,实现了对马克思主义的发展和创新。因此,如果没有对共产主义实践的坚定执着,就不会有马克思主义信仰的存在。

②马克思、恩格斯在对私有制及异化劳动进行批判和扬弃的基础上,在对资本主义社会本质进行全面批判的基础上,深刻阐述了共产主义的历史必然性,这是对社会发展的科学预测,是人的本质的真正回归和人的真正解放,正如马克思和恩格斯所指出的那样:"共产主义,作为完成了的自然主义,等于人道主义,而作为完成了的人道主义,等于自然主义,它是人和自然界之间、人和人之间的矛盾的真正解决……它是历史之谜的解答,而且知道自己就是这种解答。"②因而使共产主义成为人类的终极价值和追求。

③人的全面发展作为马克思主义最高的价值诉求,是共产主义社会的本质特征,是迈向共产主义社会的主体性要件,更是人类解放程度的终极表征。马克思通过对资本主义条件下人的异化的批判,指出人的全面发展将是在摆脱了人与自然、人与社会之间对立和异化的基础上的充分而自由的发展,是人的劳动能力、人的社会关系和个人的个性发展的有机统一,进而实现自身对自己本质的全面占有。正是从这个意义上讲,没有对作为信仰对象的共产主义美好社会理想的憧憬和人的全面发展的追求,也就没有马克思主义信仰。

3. 马克思主义信仰的实质

(1)马克思主义信仰的批判性。马克思主义的诞生和发展无不体现着批判这一理性的光芒。马克思主义的批判不仅表现在吸取人类一切有益成果基础上对剥削阶级及其意识形态的批判上,更加体现在对自身理论的批判、反思和扬弃上。这种批判和反思不仅体现在马克思主义的形成过程中,也体现在马克思主义的发展过程中。正如恩格斯所说:"马克思在公布他的经济学方面的伟大发现以前,是以多么无比认真的态度,以多么严格的自我批评精神,力求使这些伟大发现达到最完善的程度。正是这种自我批评的精神,使他的论述很少能够做到在形式和内容

---

① 马克思,恩格斯.马克思恩格斯全集(第3卷)[M].北京:人民出版社,1960:6.
② 马克思,恩格斯.马克思恩格斯全集(第42卷)[M].北京:人民出版社,1979:120.

上都适应他的由于不断进行新的研究而日益扩大的眼界。"此外，马克思和恩格斯对《共产党宣言》和《反杜林论》的多次修改也体现出马克思主义的自我批判精神。正是这一批判精神使得马克思主义得以同时代的发展相一致，使得马克思主义信仰者能够及时地把思想认识从那些不合时宜的观念、做法和体制的束缚中解放出来，从对马克思主义的错误和教条式的理解中解放出来，从主观主义和形而上学的桎梏中解放出来。

(2)马克思主义信仰的科学性。马克思主义信仰是对马克思主义的信奉和践行。马克思主义的科学性确保了马克思主义信仰的科学性。马克思主义的科学性表现在马克思主义哲学、政治经济学和科学社会主义是关于世界尤其是人类社会内在本质和发展规律的科学理论体系。马克思主义哲学实现了哲学史上的伟大变革，实现了唯物主义与辩证法的有机统一、唯物主义自然观和历史观的统一，是关于自然、社会和思维发展变化一般规律的科学世界观，为我们认识和改造世界尤其是人类社会，提供了科学的立场、观点和方法。马克思主义政治经济学揭示了资本主义生产方式的运行规律和发展趋势，实现了政治经济学研究的伟大变革。第一次从社会形态和人的角度分析资本主义社会的经济结构和运行规律，把生产关系作为政治经济学的研究对象，分析生产关系与生产力和上层建筑的内在关系，揭示了资本主义生产关系发生、发展和向新的生产关系过渡的客观趋势。马克思和恩格斯以唯物史观和剩余价值学说为基础，从社会基本矛盾入手尤其是具体分析了资本主义社会的内在矛盾，不仅揭示了资本主义剥削的秘密，揭示了资本主义生产方式的不合理性和暂时性，而且找到了实现社会主义的物质力量即无产阶级，从而使社会主义从空想转变为科学，为科学社会主义运动提供了世界观和方法论。马克思主义的科学性有利于信仰者深化对马克思主义基本立场、观点、方法的认知，进而缩短与马克思主义这一科学体系的距离，增强信仰者的信仰情感和信仰意志，使其更加科学地指导信仰者在改造主观世界和客观世界中的行为，从而更好地实现信仰者自身及社会的进步和发展。

(3)马克思主义信仰的实践性。马克思主义是认识世界、改造世界的科学理论。在伦敦海格特公墓的马克思墓碑上，镌刻着马克思的一句名言："哲学家们只是用不同的方式解释世界，而问题在于改变世界。"[①]这鲜明地表明了马克思主义重视实践的基本特征。马克思主义的实践性不仅表现在实践是检验认识的唯一标准，

---

① 马克思，恩格斯. 马克思恩格斯全集(第3卷)[M]. 北京：人民出版社，1960：6.

更表现在通过实践来创造性地改造世界和完善世界。对马克思主义的信仰就必须对马克思主义这一特性予以践行。事实上，正是在马克思主义的指导下，社会主义由空想变成科学，由科学理论付诸社会实践。中国共产党人很好地贯彻了马克思主义的这一特质。中国共产党人根据我国的国情，提出了与我国国情相适应的理论。虽然苏联解体、东欧剧变使世界社会主义运动遭受了严重挫折，但是历史发展的总趋势没有也不可能改变。特别是作为马克思主义坚定信仰者的中国共产党人，在马克思主义指导下所探索的中国特色社会主义道路的成功实践，用无可辩驳的事实证明，社会主义具有光明的未来。同时也证明，马克思主义仍然是认识世界和改造世界的强大思想武器。马克思主义信仰的实践性就是要求信仰者在这一信仰的引导下，为信仰的实现努力去实践，在实践中发现问题，在实践中创造性地解决问题，在实践中证明马克思主义信仰的科学性和价值性，进而强化马克思主义信仰的实践性。

(二)当代中国马克思主义信仰的建构

党的十八大指出："对马克思主义的信仰，对社会主义和共产主义的信念，是共产党人的政治灵魂，是共产党人经受住任何考验的精神支柱。"当代中国的马克思主义信仰建构，既不是打破原有信仰的基础和框架，也不是寻找新的信仰对象和信仰内容，而是随着历史条件的变化，重新诠释马克思主义信仰建构的内涵和目标，并在此基础之上寻求能够应对时代挑战、解决精神困惑、建构马克思主义信仰的基本思路和实现途径。

1. 马克思主义信仰建构的内涵

(1)马克思主义信仰建构的含义。马克思主义信仰面临的困惑和挑战，究其原因虽然包含着信仰对象的历史与内在的局限，但是，这个是信仰对象本身的不可信，而是人们没有正确的信仰状态和信仰方法，没有合适的信仰氛围。所以，当代中国马克思主义信仰建构，不是对原有信仰的简单否定和全盘抛弃，而是根据历史和时代的要求，对原有信仰做出新的理解和升华；对过去的信仰状态和信仰方式进行重新审视；对建构合适的信仰氛围给予理性思考，是在现有客观条件下对马克思主义信仰建构的实在性的、实事求是的探讨。

(2)马克思主义信仰建构的目标。马克思主义信仰建构的目标是：使马克思主义信仰在中国能够继续成为中国社会的主导信仰，并且成为广大中国人民的信仰。主导信仰不是社会的唯一信仰。每一种社会的信仰都不是纯粹的，这是社会意识本身的多样性和辩证性所决定的。多元的信仰体现了社会的宽容和意识形态的丰富多彩，这是现代人独立性的需求，是社会性的进步。但是社会作为一个共同体的存在,又不可能缺少某种具有统摄性、指导性的价值体系。所以,建构当代中国的马克思主义信仰既要承认马克思主义信仰的主导地位,又要看到其他信仰的并存。马克思主义信仰作为主导信仰是多元信仰中的一元主导信仰,它以科学性、崇高性去宽容一切美好的、合理的、进步的原则或方面;用批判性和超越性去排斥那些落后的、腐朽的、反动的原则或方面。在多元信仰并存的时代,吸取精华,不断丰富、完善自身,这是当代中国马克思主义信仰建构的目标所在。

2. 马克思主义信仰建构的路径

(1)正确把握理论导向是马克思主义信仰建构的主要条件。唱响主旋律,培育时代精神。任何一个时代都需要精神支柱和动力。在现实社会,崇尚什么、反对什么、追求什么,具有时代精神的旗帜应该鲜明地矗立在人们的心中。当代中国的马克思主义哲学是时代精神的精华,是在当前特定的社会历史阶段对生活意义的追求和理论把握,并且不断地批判性反思和表征着时代的意义。当代中国的马克思主义哲学要义不容辞地担负起精神导航的重任。马克思主义信仰的建构不能离开时代精神的培育,唱响主旋律、培育时代精神是马克思主义信仰建构的客观要求。弘扬先进文化,树立正确的舆论导向。弘扬先进文化是舆论的主要任务之一。信仰属文化领域,先进的文化体系和正确的舆论导向对建构马克思主义信仰具有重要意义。先进文化的前进方向,就是党的理论、路线、纲领、方针、政策和各项工作,必须努力体现发展面向现代化、面向世界、面向未来的民族的、科学的、大众的社会主义文化,促进全民族思想道德素质和科学文化素质的不断提高,为我国经济发展和社会进步提供精神动力和智力支持。要坚持以科学的理论武装人,以正确的舆论引导人,以高尚的精神塑造人,以优秀的作品鼓舞人。在当今多元并存的文化中,我们必须继承一切优秀的文学艺术遗产,批判地吸收其中一切有益的东西,作为我们此时此地人民生活中的文学艺术创造时的借鉴。文化和舆论应发挥它的导向功能,为人们宣扬、保留优秀的、合理的成分,剔除落后的、消极的、反动的部分,给人们以精神、思想的引导,使之树立正确的价值取向和信仰,塑造21世纪的人文精神。

(2)完善社会主义制度建设是马克思主义信仰建构的必要条件。建立公平效率原则是建立健全合理的社会制度体系的基本原则。它是马克思主义信仰所追求的理想制度的现实体现。共产主义理想既要有以效率原则为基础的人类顺应和改造自然的高度发达的生产力,又要有以公平原则为基础的人与人、人与社会的和谐共处。健全社会规范体系是马克思主义信仰落到实处的根本保证。社会规范体系是协调人与人、人与社会的关系，是建立良好的社会秩序的根本保证。因此，社会规范都有一定范围和一定程度的约束力。从约束力范围来看，应建立合理而规范的体制和机制，建立健全经济体制、政治体制、法律体制、文化教育体制等。从约束力程度来看，应包括"软约束力"，即德治，如合适的道德与信仰等；还应该包括"硬约束力"，即法治，如严格健全的法律体系等，二者缺一不可。必须把依法治国与以德治国结合起来。健全完善的社会规范体系是建立在效率和公平原则基础之上，在马克思主义指导下，保持德治与法治相统一的、合理而规范的制度体系。

(3)加强马克思主义信仰教育是马克思主义信仰建构的重要条件。从人类社会历史发展来看，每一个社会形态中，信仰教育都占有十分重要的地位。在西方，封建社会及其以前，主要是宗教信仰教育。在中国古代，儒家的教化就是一种政治信念和道德信念的教育。由此可见，每一种信仰，每一个社会意识形态，都力图在社会上传播本阶级的信仰，力图吸收更多的信仰者，从而实现这一信仰改造世界的力量。

马克思主义信仰教育在当代中国是必要的，加强信仰教育是信仰选择的需要。在生活实践中，人们离不开信仰，人的特定的精神需要是人们进行信仰选择的内在根据。然而，由于主体的理性思维、意志状态、文化素养、生活环境等多种因素的影响，具有相同需要的主体往往在特定情况下选择了不同的信仰对象，从而形成了不同的信仰。信仰的不同，决定了不同的人生追求，特别是在当今社会马克思主义信仰面临挑战，社会上的各种价值原则和价值观念与人的价值需求发生碰撞时，则会在信仰选择上产生困惑。对于那些没有选择能力的人则会造成信仰空白，或者仅凭直觉或情感盲目选择，从而贻害终生。马克思主义信仰教育可以帮助人们理解马克思主义理论，增强社会凝聚力。所以，加强马克思主义信仰教育，使人们具有科学的信仰既势在必行，又是刻不容缓的。马克思主义信仰发展的过程并不是一帆风顺的，人们的思想中不可避免地会存在一些对马克思主义的误解和困惑。因此，释疑解惑的马克思主义信仰教育不仅可以发展马克思主义理论，而且可以使人明辨是非、增强凝聚力，保证社会主义沿着正确的方向不断发展。

人们不能没有科学的信仰，社会主义中国不能没有马克思主义信仰。人类文明进步的历程就是挑战以及对挑战的回应过程。可以说，只有在挑战、困惑、辩证发展的过程中，才能真正地检验马克思主义理论和信仰的正确性，才能真正体现出它勃勃的生机和活力。

第二节 马克思主义是社会主义核心价值体系活的灵魂

一、马克思主义的内涵

(一)马克思主义是发展着的科学理论

马克思主义从诞生至今,仅有160多年的时间。尽管马克思主义诞生的时间不长,但是我们需要认识到,一种理论要不要坚持,能不能坚持,关键在于它正确与否,对现实是否具有指导作用。我们把马克思主义作为立党立国的指导思想,作为社会主义核心价值体系的灵魂,归根到底是因为马克思主义是科学的理论,它深刻揭示了人类社会发展的内在矛盾、本质和规律,是迄今为止最科学、最先进、最严密的理论体系,为人们认识世界、改造世界提供了科学的世界观和方法论。

1. 马克思主义是严密而完整的科学理论体系

马克思主义是关于自然界、人类社会和人类思维发展普遍规律的科学,是关于工人阶级、劳动人民和全人类解放的科学,是关于建设社会主义和实现共产主义的科学。马克思主义是在19世纪四五十年代的社会实践过程中产生出来的科学认识的理论体系。马克思主义是一个博大精深的理论体系,它科学地揭示了自然、社会和思维发展的一般规律,揭示了工人阶级和广大劳动群众摆脱剥削、压迫与贫困,争取自身解放的一般条件,揭示了千变万化、错综复杂的客观世界中稳定的、同一的、本质上不变的一面,所以它又是"伟大的认识工具",为工人阶级和广大劳动群众认识世界、改造世界提供了正确的立场、观点和方法。马克思主义具有科学性,它始终严格地以客观事实为依据;马克思主义具有阶级性,它公开宣称是为无产阶级服务的,是无产阶级的精神武器。马克思主义是在总结人类实践所取得的伟大成果的基础上产生的。马克思主义总是在把握客观情况的变化、总结人民群众的先进经验、吸取当代科学文化最新成果的基础上,不断丰富和发展。马克思主义从一开始就与大机器生产开创的世界历史相联系,与无产阶级迫切需要认清历史的必然性并明确自己所担负的历史使命相适应,与自然科学的伟大发现和人类一切优秀文化成果的发展相关联。马克思和恩格斯作为马克思主义的创始人,在经验的自然科学积累了大量的实证知识材料,从而为一种崭新的哲学思维的形成开辟道路之际,及时地进行了概括和总结,并把它运用到指导无产阶级的革命运动中去,发现了社会历史领域不以人的意志为转移的客观规律性,创立了马克思主义哲学。马克思主义哲学的创立为分析资本主义经济运行规律和论证科学社会主义提供了唯一科学的世界观和方法论。运用马克思主义哲学这一科学的世界观和方法论去分析以往社会潜伏着的，而在资本主义生产方式发展中愈来愈公开、愈来愈有力地发挥作用的商品生产规律，形成了马克思主义的政治经济学。与此同时，预示人类从必然王国进入自由王国的飞跃，形成了科学社会主义理论。

自马克思主义诞生以来，一些非马克思主义思想流派就一直在质疑其科学性。特别是20世纪末东欧剧变以来，这种质疑更是甚嚣尘上。众所周知，马克思、恩格斯在《共产党宣言》中向全世界宣布"资产阶级的灭亡和无产阶级的胜利是同样不可避免的"，提出了著名的"两个必然"理论，对世界历史进程产生了巨大而深刻的影响。然而，进入20世纪以来，世界发生了当年马克思、恩格斯想象不到的巨变。一方面，社会主义在一些经济文化落后的国家变成了现实，其中有些国家在经历了曲折的发展道路后又转向了资本主义；另一方面，发达资本主义国家也今非昔比，社会相对繁荣稳定。面对这种情景，一些反马克思主义、反社会主义的人欣喜若狂，他们宣称："历史终结了"，历史最终以资本主义的全面胜利而告终。

面对资本主义和社会主义出现的新情况，我们必须"用历史的眼光，用百年的尺度去阐释"马克思关于社会主义命运的预言的科学性。那种认为社会主义已走到尽头的说法，实际上是对社会主义形而上学理解的结果，也就是斯大林模式对社会主义的理解，实质上就是从马克思主义经典作家所描述的根本区别于资本主义的社会主义的基本特征出发，把社会主义的本质理解成抽象的规定，并从改造生产关系入手，认为建立起纯之又纯的公有制、高度集中的计划经济体制和高度集权的政治体制，就是实现了社会主义。这样理解社会主义实际上是抛开了马克思主义的价值理想，如此也就抛开了社会主义最吸引人之处。因此，苏联解体与社会主义灭亡是两个完全不同的概念。

2. 马克思主义只有在实践中才能不断发展，具有强大的生命力

马克思主义最显著的特征是实践性。马克思主义的理论体系特别强调实践在人们认识中的地位和作用。马克思主义哲学在哲学史上第一次把科学的实践观引入认识论，从而强调人的认识要以实践为基础，并且认为人的认识一点也不能离开实践，实践是联结主体和客体的唯一桥梁，是人从主观的观念经过实践走向客观真理这个认识过程的根本环节。人们正是通过实践活动认识了世界，又以对世界的认识指导人的实践活动并改造了世界。马克思主义哲学强调理论要付诸实践，变为群众的行动，化为改造世界的物质力量，同时马克思主义从它产生迄今，100多年来一直指导着无产阶级共产主义运动的胜利前进。马克思主义之所以具有强大的生命力，就在于它的科学性。马克思主义的普遍真理和中国及世界其他各国革命的具体实践相结合,使占世界人口四分之一的中国和其他社会主义国家继俄国十月革命胜利之后,又取得了一系列伟大的胜利,从而使这些国家进入新的更高的历史发展阶段,即共产主义初级阶段。马克思主义是在吸取人类科学、思想意识的结晶的基础上建立起来的,它从来都不是一个自我封闭的系统,而是一个开放、变化、发展着的体系,也正因为如此,才保证了它在100多年间常盛常新。马克思主义认为,任何科学理论,都是对客观事物本质和规律的正确反映,而这都只是事物的共性和一般,只是事物的一个方面,现实的事物都是共性和个性、一般和个别的辩证统一。这就决定了在运用马克思主义解决实际问题时,必须把共性和个性、一般和个别结合起来,也就是要求理论联系实际,而绝不能把马克思主义看作可以用来应付一切实际问题的现成公式。因此,它摒弃关于终极真理等形而上学的提法,强调真理是一个过程,必须从实践经验中汲取丰富的养料,在实践中不断证实、纠正和发展自己的理论。马克思主义是以实践为基础的科学性和革命性相统一的理论体系。马克思主义的实践性规定了它的真理性、科学性,因为它强调理论来自实践,并随时接受实践的检验;马克思主义的实践性又规定了它的革命性,因为它强调在实践中对现存事物进行革命,对实践的唯物主义者即共产主义者来说,全部问题都在于使现存世界革命化,实际地反对和改变事物的现状。在马克思主义的理论体系中,建立在实践基础上的科学性和革命性是统一的。科学性是革命性的必要前提和保证,革命性是科学性的必然结论和归宿。马克思主义的实践性,规定了马克思主义理论发展的必然性。马克思主义的产生,绝不意味着人类优秀思想发展的结束,而是开辟了真理在更高阶段上继续向前推进的道路。马克思主义也从来不自诩为包罗万象的、最终的知识体系,而是把自己看作实践基础上不断发展着的创造性科学。实践性内在包含着创造性和发展的必然性。承认实践性,就必须承认创造性和发展的必然性,而否认创造性和发展的必然性,就必定抛弃实践性。正因为如此,马克思主义产生迄今100多年以来,一直随着实践的发展而丰富发展,在新的历史条件下,它不仅没有失去自己的作用,反而更富有历史的和现实的价值。20世纪初,以列宁为首的俄国共产党人,面对历史条件发生的重大变化,敏锐地把握了时代赋予社会主义革命的历史机遇,为20世纪社会主义国家的诞生与初步巩固奠定了理论基石和实践经验。他们不仅在理论上提出社会主义可能在经济文化落后的一国或多国首先取得胜利的新结论,而且在实践上成功地领导了俄国十月社会主义革命并取得胜利。俄国十月革命是在科学社会主义理论指导下取得的,它不仅使科学社会主义的理论在俄国变成了现实,而且俄国生动具体的实践又使这一理论获得了生机和活力。十月革命的胜利,标志着科学社会主义理论在近70年的曲折斗争历程中取得了辉煌的成就，使社会主义理论变为现实的社会主义制度。这是以列宁为首的俄国共产党人为社会主义事业做出的一个极为突出的成就。列宁在从事社会主义事业的过程中，全面而准确地把握了马克思主义的原本精神，既坚定不移地坚持马克思主义基本原理，又毫不动摇地发展马克思主义，从而在理论与实践的结合上向前推进了马克思主义，使社会主义事业顺利发展并取得成功。毛泽东在延安整风运动中系统地阐述了理论联系实际的思想。他指出：要有目的地去研究马克思列宁主义的理论，要使马克思列宁主义和中国革命的实际运动结合起来，是为着解决中国革命的理论问题和策略问题而去从中找立场，找观点，找方法的。他说："真正的理论在世界上只有一种，就是从客观实际抽出来又在客观实际中得到了证明的理论，没有任何别的东西可以称得起我们所讲的理论。"这就要求在理论与实际的结合中，不能拘泥于已有的现成的理论结论，而必须与时俱进，开拓创新，才能不断取得新的发展。与时俱进是马克思主义认识论的鲜明特色。马克思主义是人类几千年文明的结晶，是对世界和人类社会及其发展规律的科学认识和把握。辩证唯物论揭示的认识规律是"实践，认识，再实践，再认识"，循环往复，以至无穷。马克思主义是实践的理论，其旺盛的生命力正在于可以不断从实践中吸取新的营养而不断升华。实践需要理论的指导，理论需要在实践中产生、完善和检验。实践没有止境，人的思想解放没有止境，马克思主义的发展也没有止境。新的规律认识了，新的历史问题解决了，新的理论诞生了，又会随着实践的发展，出现更新的历史问题、更新的规律需要解决和认识，新的理论就会应运而生。如此循环前进，不断推动马克思主义的发展。

（二）马克思主义包含崇高的价值追求

马克思主义是以实践——首先是物质资料生产——为基础的科学性与人民性的统一、真理与价值的统一的理论。我们之所以坚信马克思主义，并以它作为实现自己奋斗目标的思想基础和凝聚人心的精神支柱，不仅仅因为它是客观真理，更因为马克思主义理论具有崇高的价值追求。

马克思主义之所以同时是一种崇高的价值追求，是因为它不仅仅着眼于对人与人、个人与社会相互关系的日常行为规范的探讨和分析，不仅仅是具体的道德论说，而是把崇高的道德追求和价值追求隐含在理论思考的出发点中，隐含在对社会历史发展的客观、冷静的剖析之中，隐含在对社会未来发展目标的热烈追求之中。马克思、恩格斯深入工人阶级之中，深刻洞察了工人阶级的悲惨命运，对资本主义社会条件下的剥削和被剥削现象进行了无情的鞭笞。马克思、恩格斯还深刻地揭露和批判了资本主义所谓的自由、平等、正义观念的虚伪性。马克思指出，资产阶级所倡导的人权和公民权即平等、自由、安全、财产，实质上就是资产阶级的特权。资产阶级所谓的各阶级平等,是欺骗人的谬论,实际上是做不到的。在马克思、恩格斯看来,资本主义所谓的自由是虚伪的自由。"不要用自由这个抽象字眼来欺骗自己吧!这是谁的自由呢?这不是每个人在对待别人的关系上的自由。这是资本榨取工人最后脂膏的自由。"①

马克思、恩格斯将毕生的精力奉献给了人类解放的伟大事业。他们通过对资本主义弊端的深刻揭露,通过对资本主义内在矛盾的深入分析,为无产阶级的解放和发展找到一条科学的道路。在他们看来,无产阶级只有通过革命的手段摧毁资本主义制度,建立共产主义社会,才能解放全人类和自身。

马克思、恩格斯之后的马克思主义者在社会主义实践中,始终秉承马克思主义的社会价值理想,坚持着马克思主义的根本价值原则。列宁把对社会主义终极价值目标的强调与达到目标的途径、手段、方法的重视有机地结合在一起。他痛切地批判了那些一味引经据典的教条主义者,反复强调马克思主义不是教条,而是行动的指南。为苦难深重的俄国人民寻找一条幸福之路,不再受地主、资本家的压迫和剥削,这是列宁终生的价值理想和奋斗目标。正是因为抱定这样的价值理想和目标,列宁没有拘泥于马克思主义的经典文本,而是采取机动灵活的策略,对具体情况做具体分析。

追求社会公平、建构公正的社会秩序,从而使社会底层民众的权益得到维护和发展,并以此作为社会主义文明超越资本主义的优越性所在,这是以毛泽东为代表的中国共产党人为之奋斗不息的价值目标。以毛泽东为代表的中国共产党人,始终关注民众的疾苦,要求全党牢固树立为人民服务的宗旨,并依据全心全意为人民服务这一价值观的核心原则,提出了共产党人应有的生死观、荣辱观、幸福观等。毛泽东关于全心全意为人民服务的思想,贯穿于共产党人价值观的始终。邓小平坚持人民群众是价值主体的基本观点,始终把国家的兴旺和人民的福祉放在首位。他将"人民拥护不拥护""人民赞成不赞成""人民高兴不高兴""人民答应不答应"作为衡量是非、功过、得失的基本着眼点,作为制定各项方针政策的出发点和归宿。不仅如此,邓小平还将发展社会生产力,提高人民生活水平提升到社会主义本质的高度来理解。为此,邓小平在1992年的南方谈话中,完整地提出了"三个有利于"的标准,把生产力标准同人民群众的根本利益联系在一起。以江泽民为代表的第三代领导集体,提出了"三个代表"重要思想。同毛泽东思想、邓小平理论一样,"三个代表"重要思想包含着崇高的价值追求,充分体现了马克思主义的价值关切。"三个代表"重要思想指出,中国共产

---

① 马克思,恩格斯. 马克思恩格斯全集(第4卷)[M]. 北京:人民出版社,1958:457.

党必须始终代表中国最广大人民的根本利益。相信谁、依靠谁、为了谁，是否始终站在最广大人民的立场上，是区分唯物史观和唯心史观的分水岭，也是判断马克思主义政党的试金石。党的十六大，以胡锦涛为代表的党的第四代领导集体，将马克思主义人民群众价值主体的观点发展到一个新阶段。其中，科学发展观强调坚持以人为本，把人民群众作为推动发展的主体和基本力量，以满足人民群众不断增长的物质文化需要为发展的根本出发点和落脚点，要求从人民群众的根本利益出发谋发展、促发展，不断满足人民群众日益增长的物质文化需要，切实保障人民群众的经济、政治、文化权益，让发展成果惠及全体人民。在新的历史时期，以习近平为总书记的党中央集体提出了"实现国家富强、民族振兴、人民幸福"的中国梦，这体现了党的新一代领导集体崇高的价值追求。

总之，从马克思、恩格斯创立马克思主义，到列宁创建世界上第一个社会主义国家，一直到马克思主义中国化的一系列理论和实践成果，既表明马克思主义的科学性，同时也充分展现了马克思主义的崇高价值理想。160多年来，在马克思主义的指引下，马克思主义的忠实实践者始终站在劳动人民的立场上，积极为人民谋取幸福。可以说，一部马克思主义的发展史，既是一部马克思主义忠实理论者不懈探索真理的历史，也是一部马克思主义忠实实践者永不停息地为人民谋幸福的历史。

(三) 马克思主义是中国人民的历史选择

马克思主义之所以被确立为我们党的指导思想，并成为社会主义核心价值体系的灵魂，不仅仅在于它是科学，并包含着崇高的价值追求，更重要的是中国的历史和人民选择了马克思主义——历史证明它是符合社会发展趋势和掌握了社会发展规律的理论。中国的革命实践和建设实践，反复证明了马克思主义的科学性和真理性，也证明了将马克思主义作为我们的根本指导思想，是基于中国历史和国情所做出的必然选择。

实践证明，只有马克思主义才能救中国。1840年帝国主义列强用炮舰打开了古老中国的大门，闭关自守的东方古国痛苦地跨入近代的门槛，中国也从此陷入了民族危机之中。如何挽救民族危亡，实现国家的独立和民族的解放，成为时代的最强音。一批先进人士怀着救国救民的真诚愿望，向西方国家寻找济世良方。但是无论是洋务运动的"中学为体，西学为用"的思想，还是维新派的维新主张，抑或是以孙中山为代表的资产阶级革命派的主张，都不能拯救当时多灾多难的中国。这些努力之所以失败，是因为他们的选择不符合中国当时的国情。要改变中国封建专制主义统治和帝国主义的殖民侵略，需要一个更为先进的科学思想来指导。

正当中国人民为救亡图存而感到困惑的时候，俄国十月革命给人们送来了马克思列宁主义。十月革命开辟了人类历史的新纪元，开辟了无产阶级革命的新时代，从而在社会主义的俄国和被奴役的东方之间架起了一道桥梁，建立了一条从西方无产者经过俄国革命到东方被压迫民族的新的反对世界帝国主义的革命战线。中国的先进分子从俄国十月革命的胜利中，看到了中国新的出路不是资本主义而是社会主义。以十月革命为契机，马克思主义在中国犹如春风化雨，迅速而广泛地传播开来，被人们接受和认同，进而成为中国共产党的理论基础和指导思想，成为主导中国亿万人理想、情操和人生价值的思想文化规范，并融入中国人民的精神生活之中。中国共产党坚持把马克思主义基本原理同中国实际相结合，指导中国革命、建设和改革，将一个四分五裂、贫穷落后的旧中国建设成为民族独立的新中国，进而成为人民生活总体上达到小康水平、综合国力大幅提升、各项事业蓬勃发展的崭新国家。中国的历史发展进程，以具体生动的实践和无可争辩的事实，充分证明了马克思主义理论的威力。可以说，坚持以马克思主义为指导，是党和人民的选择，是中国历史发展的必然选择。

中国改革开放的历史经验进一步证明，马列主义、毛泽东思想、中国特色社会主义理论是指导中国人民胜利实现社会主义现代化的伟大理论。正是因为我们党坚定地坚持马克思主义的指导地位不动摇，坚持用发展的马克思主义指导实践，我国跨世纪的发展才具有了最根本的保证。

从马克思主义被确立为我们党的指导思想的过程中，我们至少可以得出下列基本的结论：没有找到马克思主义，中国的革命就不可能成功；找到马克思主义，如果不与中国的具体国情相结合，革命和建设也会遭受挫折；一旦马克思主义与中国的实际相结合，就会产生巨大的积极变革力量。中国共产党人选择马克思主义是正确的，现在和今后继续坚持马克思主义的指导地位是正确的。建设社会主义核心价值体系，首要的任务就是要在全党和全社会坚定对马克思主义的信仰，进一步巩固马克思主义在我国意识形态领域的指导地位。

二、马克思主义在社会主义核心价值体系建设中的指导作用

(一)马克思主义阐明了物质生产和精神生产的关系，为当前正确处理物质文明建设和精神文明建设的关系提供了理论基础

马克思主义唯物史观揭示，任何人类历史的第一个前提是有生命的个人的存在，而人们为了能够创造历史，首先必须能够吃、喝、住、穿，然后才能从事政治、科学、艺术、宗教等活动。所以，直接的物质生活资料的生产便构成一个民族或一个时代的一定的经济发展阶段的基础，人们的国家制度、法的观念、艺术

以至宗教就是在这个基础上发展起来的。没有物质的生产，便没有精神的生产；物质生产发展到什么程度，精神生产便达到什么水平。根据物质生产决定精神生产的规律，在构建社会主义核心价值体系的实践中，我们必须坚持以经济建设为中心，大力发展社会生产力。同时，一定要把文化建设和经济建设联系起来，使文化与经济同步发展，促进物质文明建设与精神文明建设共同发展。

（二）马克思主义阐明了精神对物质的巨大反作用，为提高社会主义核心价值体系建设提供了有力的理论支持

马克思主义深刻指出：历史进程中的决定性因素归根到底是物质生活的生产和再生产。但是对历史进程发生影响的还有上层建筑的各种因素，其中包括政治、法律、哲学和宗教的理论和观点。政治、法律、哲学、宗教、文学、艺术等的发展以经济发展为基础，但它们也对物质生产发生影响。并不是只有经济状况才是原因，才是积极的，而其余的一切都不过是消极的结果。思想文化对经济的影响同样存在，甚至能够对物质生产产生巨大的反作用。马克思主义这一基本原理昭示我们在强调经济建设的同时，也必须要高度重视思想道德建设，形成全社会共同的理想与信仰，构建完善的社会主义核心价值体系，为中国特色社会主义发展提供精神动力支持，并保证中国特色社会主义沿着正确的方向发展。

（三）马克思主义发现了在人类社会发展过程中精神生产和物质生产可能会出现不平衡现象，为建设社会主义核心价值体系提供了巨大的精神力量

马克思主义指出：精神生产的状况一般说来取决于物质生产的状况，但精神生产也不一定完全和物质生产的发展成正比。在有的国家、有的时候，物质生产很发达，但精神生产并不一定就发达。在有的国家、有的时候，物质生产虽然比较落后，但精神生产并不一定就落后，相反，它也可能比较发达，甚至走在其他国家前面。这一发现告诉我们：我国虽然还处在社会主义初级阶段，在经济上暂时还比较落后，但文化发展也存在着许多有利条件，在建设中国特色社会主义的进程中，我们更应以马克思主义为指导，立足当代中国的实际，从古今中外的优秀文化成果中汲取营养，使社会主义核心价值体系不断完善，形成全民族奋发向上的精神力量和团结和睦的精神纽带。

（四）马克思主义阐明了对待人类文化遗产和其他优秀文化成果的科学态度，为批判继承文化遗产和其他优秀文化成果提供了正确的理论和方法论原则

马克思主义指出：人们自己创造自己的历史，但他们并不是随心所欲地创造，并不是在自己选定的条件下创造,而是在直接碰到的、既定的、从过去继承下来的条件下创造。这种条件也包括文化条件。历史的连续性决定了文化的连续性,批判地继承人类文化遗产是人类文化发展的规律之一。社会主义核心价值体系不是在空地上建立起来的,它不能离开人类文明发展大道,而是在批判继承人类以往文明成果的基础上发展起来的。马克思主义理论之所以具有历史性的意义,就是因为它并没有抛弃资产阶级时代最宝贵的成就,而是吸收和改造了几千年来人类思想文化发展中的一切有价值的东西。马克思主义是如此,社会主义核心价值体系建设也要如此,它不但要批判地继承中国传统文化,而且要吸收借鉴人类优秀文明成果,只有在这个基础上才能构建起来。

总之,马克思主义理论把人类社会看作一个整体,生产力、生产关系、经济基础、上层建筑、意识形态等都是社会发展的有机组成部分,各部分紧密联系、相互作用,推动历史向前发展。社会主义核心价值体系建设是中国特色社会主义建设的重要组成部分,马克思主义关于社会发展的理论特别是关于精神文明和意识形态领域建设的思想,为我国社会主义核心价值体系建设提供了重要的指导。

第三节 大学生马克思主义信仰教育的路径选择

一、大学生马克思主义信仰教育的现状

(一)大学生马克思主义信仰教育的问题

大学生马克思主义信仰教育主要是指"高校以爱国主义教育为依托,对在校大学生进行马克思主义的科学信仰教育,使其拥有中华民族优良的传统道德观念、高尚的情操及健康的心理素质"。当前我国高校也在积极努力实施马克思主义信仰教育的相关政策,通过理论与实践相结合的教育方式,进一步强化马克思主义信仰教育,但由于经济全球化背景下所形成的信仰多元化的现状,使马克思主义信仰教育的难度加大,马克思主义信仰教育的内容落后于时代的发展,马克思主义信仰教育的环境弱化。产生上述问题的原因主要有以下几个:

1. 理论根源

有相当一部分专业教师与学生混淆了马克思主义信仰与宗教信仰,对当代马克思主义信仰的内涵、根据和信仰的政治边界等不甚了解。有一部分教师和学生

甚至不能区分马克思主义哲学和马克思主义基本原理；还有一部分教师和学生不能从整体上理解马克思主义思想，对马克思主义的理解片面，混淆马克思主义三个组成部分和马克思主义之间的关系等。这些理论上的混乱必然对大学生树立马克思主义信仰产生不利影响。

2. 现实根源

大学生的马克思主义信仰受世俗化生活方式和消费主义价值观的影响而有所削弱。当今社会，大众文化日益繁盛，市场化水平不断提高，使得大学生的文化价值选择趋向多元化，甚至还有人放弃了马克思主义信仰。尤其是在大众文化土壤上盛开的所谓三朵"恶之花"——拜金主义、享乐主义和虚无主义，正日益在高校文化意识形态阵地蔓延，对当代大学生的马克思主义信仰形成了严重的威胁。另外，由于平面媒体、网络媒体中大众文化的日益强势，那些世俗化的生活方式在部分大学生中相当受欢迎。近年来，随着人们生活水平的提高，大学生消费倾向也急剧增长，这在一定程度上刺激了大学生的消费主义价值观，直接结果就是部分大学生认为物质的满足是生活的意义和追求目标，精神理想极度空虚。在当前高校中，那种以"仁者爱人"及"重义轻利"为核心的传统价值观和社会主义所提倡的马克思主义和共产主义价值观受到严重冲击。

3. 信仰教育主体

影响青年学生的市场化改革中的利益驱动及社会转型期出现的价值观多元同样也致使部分高校教职工对马克思主义理论的认识发生偏差，将实用主义渗透到马克思主义的信仰之中，出现了这样一种现象：有些马克思主义理论教育的工作者，也开始怀疑自己所研究的理论在当前时代的生命力和有效性，认为自己所从事的马克思主义理论工作缺乏实效性；甚至有些马克思主义理论教师还持有一种"学科自卑心态"，认为在当今社会条件下，从事马克思主义教学与研究是一项没有前途的工作。这些现象的出现都严重威胁着马克思主义信仰教育。大学生马克思主义理论教育者要想以理服人，就必须做到政治立场鲜明，马克思主义信仰坚定，对马克思主义深信不疑。如果教师不是一个坚定的共产主义者，如何让学生具有坚定的共产主义信仰？不仅如此，马克思主义理论教育者还应该具备深厚的理论功底，才能深刻地说明问题，让学生信服。

(二)大学生马克思主义信仰教育的意义

1. 马克思主义信仰教育是培育共产主义新人、培养社会主义事业合格建设者和接班人的必然要求

大学生是民族的未来，国家的希望。我国是社会主义国家，必须坚持马克思主义在意识形态领域的指导地位。大学生作为社会主义和共产主义的实践者，只有具备坚定的马克思主义信仰，才能认清共产主义实现的长期性，才能正确看待社会主义事业发展过程中的曲折，才能坚信共产主义必然胜利，才能增强自身的使命感和责任心，才能最大限度地调动情感和意志投入共产主义的伟大实践中，并发展和完善马克思主义。正如邓小平所说："如果我们不是马克思主义者，没有对马克思主义的充分信仰，或者不是把马克思主义同中国自己的实际相结合，走自己的道路，中国革命就搞不成功，中国现在还会是四分五裂，没有独立，也没有统一。对马克思主义的信仰，是中国革命胜利的一种精神动力。"[1]因此，加强大学生的马克思主义信仰教育就成为培育社会主义事业合格建设者和接班人的必然要求。

2. 马克思主义信仰教育是大学生抵御西方不良社会思潮，坚定共产主义信念的思想武器

"青年兴，则国家兴；青年强，则国家强。"青年大学生是未来的新生力量。谁拥有青年，谁就拥有未来。随着经济全球化的深入发展，文化与政治、经济和科技相互交融，各种思想文化相互激荡。与此同时，西方一些国家以其强大的经济基础为后盾，借助现代化的网络等信息传播手段加强对他国青年在意识形态、价值观念上的渗透和影响。如主张"民族国家主权过时论""人权高于主权""全球民主化论"的全球主义思潮，以宣扬"怀疑主义""虚无主义"为主的后现代主义思潮，都在一定程度上冲击着大学生科学信仰的确立和正确价值观的形成。马克思主义信仰教育就是要让大学生学会用马克思主义的立场、观点和方法分析、评价和批判西方社会思潮，看清西方社会思潮的本质，使其认识到在阶级社会里作为政治、经济反映的社会思潮无不带有鲜明的阶级烙印。当代西方社会思潮任一流派的兴起都可以从当代资本主义的经济政治矛盾中找到根据，其本质是资本主义社会矛盾的反映。因此，马克思主义信仰教育是解开青年大学生思想谜团、抵御西方不良社会思潮的思想武器，是青年大学生正确认识资本主义社会，认清西方宣扬的所谓人权、民主、自由的本质，提高政治鉴别力和政治敏锐性，坚定共产主义信念的思想武器。

3. 马克思主义信仰教育是大学生正确认识中国特色社会主义实践、提高中国特色社会主义事业信心的科学指南

中华人民共和国成立60多年来，中国共产党人与时俱进地将马克思主义基本

---

[1] 邓小平. 邓小平文选(第3卷)[M]. 北京：人民出版社，1993：63.

原理同中国具体实际相结合,深刻认识、科学回答了"什么是社会主义""怎样建设社会主义""建设什么样的党""怎样建设党""实现什么样的发展""怎样发展"等重大理论和实践问题,形成了中国特色社会主义理论体系,开辟了中国特色社会主义道路。中华人民共和国成立以来的60多年,是中国特色社会主义事业蒸蒸日上的60多年,是人民当家做主、地位不断提升、民主权利日益得到保障的60多年,是民生状况得到明显改善的60多年。这些都充分展现出马克思主义指导下人民幸福指数的提升,充分证实了马克思主义的正确性和中国特色社会主义事业的长久生命力。马克思主义信仰教育就是要让大学生深刻认识到中国特色社会主义是历史的创举,中国特色社会主义实践的伟大成就是历史的丰碑,中国特色社会主义所破解的是世界性的历史难题,社会主义走向共产主义是历史的必然趋势,进而提升大学生对中国特色社会主义事业的信心,为中国特色社会主义事业的进一步发展贡献自己的青春和才华。

二、大学生马克思主义信仰教育的路径

(一)加大马克思主义信仰理论研究力度

麦克里兰认为,第二次世界大战以后,欧美资本主义面对马克思主义强大影响力,意识形态的研究"在西方,尤其在美国,再度大为流行"[①]。正是由于他们的关注和重视,促使了许多反马克思主义、反社会主义信仰的著作出现。以新自由主义为例,仅哈耶克的著作就有《通向奴役之路》《法律、立法与自由》《自由宪章》《个人主义与经济秩序》及《自由秩序原理》等。这些激烈批判马克思主义、社会主义信仰和鼓吹新自由主义的著作,还使哈耶克获得了诺贝尔经济学奖。而这些作品好多都翻译成中文在中国出版,有的流传甚广,颇受欢迎,甚至一版再版,不但学者阅读,就连一些普通群众也在阅读。反观我国,除了马克思主义经典著作外,尚缺乏与新自由主义等信仰相抗衡并对西方现代思潮产生较大影响、研究中国化的马克思主义信仰的新的力作。这就必然会导致一种现象的出现,那就是大学生马克思主义信仰边界缩小而自由主义信仰边界扩大。从这个角度上讲,加强对马克思主义信仰内涵、根据和信仰政治边界的深层次研究是十分必要的,还应创新批判反马克思主义的理论体系、逻辑体系和话语体系,进而抢占意识形态制高点,将国内外反马克思主义信仰的话语优势地位打破,加强马克思主义的信仰决心,扩大马克思主义的信仰群体。

---

① [英]大卫·麦克里兰. 意识形态[M]. 孔兆政,蒋龙翔,译. 长春:吉林人民出版社,2005:10.

(二)突出高校思想政治课马克思主义信仰教育的作用

要充分发挥高校思想政治课的阵地作用,让大学生理性认识社会主义优于资本主义。不断改进和创新大学生马克思主义信仰教育的方式和方法。教育过程中,要理论联系实际,理论与实践教育相结合是马克思主义中国化、时代化、大众化的内在要求,也是检验教育效果的最佳方式。充分发挥辅导员教师应发挥的关键作用。教育要体现出大学生的层次性,展现马克思主义的开放性,掌握好大学生接受马克思主义信仰的深浅度。

1. 加强马克思主义信仰教育队伍建设

马克思主义信仰教育队伍的素质,是做好大学生马克思主义信仰教育的主体性要件,是提升马克思主义信仰教育有效性的重要环节。因此,必须提高马克思主义信仰教育队伍的能力,以充分发挥其在马克思主义信仰教育中的主体性、创造性和权威性。因此要加强以下几方面的建设:

(1)坚定的马克思主义信仰。坚定的马克思主义信仰,是马克思主义信仰教育者立身、治学、执教和管理之本,是搞好工作的强大精神动力。信仰坚定,才会有在信仰教育的岗位上建功立业的决心和行动;信仰坚定,才能产生从事信仰教育的自豪感,产生正确阐释和宣传马克思主义的责任感;信仰坚定,才能言而由衷,言行一致,做一个彻底的马克思主义者,进而提升说教的权威性和可信度,增强马克思主义信仰教育的效果。

(2)扎实的马克思主义理论功底。马克思主义信仰教育说服力、可信度的增强,需要教育队伍具备扎实的理论功底。理论功底扎实才能有所创新,不断提高由理论体系向教学体系转换的能力;理论功底扎实才能把握精神实质,不断提高研究和回答现实问题的能力,从而凸显马克思主义的科学性和实践性,提升马克思主义信仰教育的有效性。

(3)良好的师德师风形象。著名教育家叶圣陶先生曾指出,"教育工作者的全部工作就是为人师表。"马克思主义信仰教育者的为人师表不仅表现在知识的渊博上,还要表现在道德的高尚和作风的优良上,从而实现其知识魅力与人格魅力的有机统一,增强马克思信仰教育的有效度。

2. 开设马克思主义经典阅读课

拓展大学生自身人文素养的途径,要加大支持力度,从资金、宣传、氛围等方面给予全面的制度性安排。高校要加强对马克思主义研究,开发富有创造性的马克思主义著作与读物,要把政治性和公众性结合起来,坦然承认信仰的政治意识形态性,通过历史强化马克思主义意识形态工作的重要性和艰巨性。

3. 提高教学技术

高校思政教育效果不明显，可提升的空间极大，在马克思主义信仰教育中，要充分挖掘其在社会实践中显示出来的强大力量，结合马克思主义中国化的案例，生动真切地剖析马克思主义的真理价值，理性与非理性相结合，把以理服人和以情感人结合起来。

(三)融马克思主义信仰教育于校园文化建设

在高校校园文化建设中，高校文化建设中的意识形态领域一定要由社会主义核心价值体系主导，校园文化一定要用开放和建设性的心态去建设，对其他优秀的思想文化也应兼收并蓄。马克思主义必须占领高校校园文化建设的前沿阵地。建设和谐校园，应该重视舆论和媒体的作用，在当前校园文化建设上争取舆论阵地，用马克思主义统领校园文化建设。切实加强对大学生思想文化阵地的建设和领导，加强阵地意识，从根本上抵制各种有害文化和腐朽生活方式对大学生的腐蚀，从根本上阻止各种错误的思潮和言论的传播。在当代，人们越来越关注网络媒体的重要性。网络媒体的普及为丰富马克思主义教育形式提供了平台，调研表明，高校的思想政治理论网站在部分高校非常成功，反响强烈。可以在网站内专门开辟时事动态、理论学习、党团活动、网上党校等板块和专题，联系实际，贴近生活，达到马克思主义信仰的宣传效果，使广大师生乐于接受。

(四)积极占领网络阵地，增强马克思主义信仰教育的穿透力和影响力

网络是一把双刃剑，既能够传播先进的思想、巩固社会主义制度，也易于散布落后甚至反动的思想，动摇大学生对马克思主义信仰的坚定性。思想领域的阵地马克思主义不去占领，非马克思主义、反马克思主义就会占领。积极占领网络阵地是新形势下巩固马克思主义指导地位，加强马克思主义信仰教育，抵制西化、分化政治图谋和各种错误思潮的必然选择。网络时代充满了"话语霸权主义"，西方一些反华势力，也正在充分利用现代传媒手段宣扬西方的意识形态，加紧实施西化、分化战略。在这种情况下，必须注重互联网的舆论宣传，在遵循"积极开展、充分利用、加强管理、趋利避害"的原则下不断增强马克思主义教育的网上战斗力和影响力，使之成为马克思主义信仰教育的新阵地。首先，要构建网络信仰教育基地。其次，开展网络马克思主义信仰专题教育，开展网上"热点、难点"问题讨论。最后，开展网上自我教育活动，如网上科普课堂、网上技术革新课堂、网上学术讲座、网上辩论赛、网上知识竞赛、网上人文素质修养讲座，都能巧妙地渗透进教育理念与价值导向。

  总之,当代大学生在复杂的社会环境之下有了许多新的变化,出现了前所未有的新问题,这些都足以引起高校所有教育工作者的重视。这些问题的妥善解决需要教育工作者一方面加强自身建设,树立以身传教的意识;另一方面要加强学生的马克思主义信仰教育,从正面积极地解决大学生思想观念变化的问题。

第四章 大学生共同理想教育

中国特色社会主义共同理想是社会主义核心价值体系的主题。大学生是祖国的未来和希望，他们的共同理想状况如何，直接关系着中国的未来，大学生只有具有坚定的共同理想和信念才能健康成长。本章阐述了共同理想是社会主义核心价值观的主题，论述了大学生共同理想教育面临的问题与挑战，探索了增强大学生共同理想教育时效性的途径。

第一节 共同理想是社会主义核心价值观的主题

一、共同理想的内涵

在新时代，我国人民的共同理想，就是中国特色社会主义共同理想。具体地说，是指在党的领导下，坚持中国特色社会主义理论体系，坚持党的基本路线、基本纲领和基本经验，不断发展和完善社会主义基本经济制度和基本政治制度。坚持依法治国和以德治国方略相结合，促进物质文明、政治文明、精神文明、生态文明全面协调可持续发展，把我国建设成为富强、民主、文明、和谐、美丽的社会主义现代化强国，最终赢得与资本主义发达国家的比较优势，使社会主义制度的优越性充分地显示出来，为人类和平、发展与进步事业做出伟大贡献。简而言之，就是实现祖国强大、民族复兴、人民幸福、社会和谐、世界安宁。

(一)共同理想的内容与特性

1. 共同理想的内容

中国特色社会主义共同理想包括了社会经济、政治、文化、日常生活等各个方面的理想状态，并且指出了追求和实现这个理想目标的道路是中国特色社会主义道路，方式是坚持中国共产党的领导。这个共同理想集中体现了当今世界和中国发展的新变化、新特征和新要求,准确反映了人民群众的根本利益、共同愿望和普遍追求,集中表达了当代中国人民的美好追求、美好向往和美好理想。具体包括以下五层含义:

(1)坚持中国共产党的领导。回望党成立以来的奋斗史、中华人民共和国的创业史、改革开放史,艰辛的历程、辉煌的成就雄辩地证明,中国共产党是我国革命、建设和改革事业当之无愧的领导者。展望未来,实现中国的现代化和中华民族的伟大复兴,必须毫不动摇地坚持中国共产党的领导,这是我国各项事业继往开来、兴旺发达的根本保证。

(2)坚定不移地走中国特色社会主义道路。社会主义制度在中国的建立,是中国历史上开天辟地的大事。党的十八大指出,"全面建成小康社会,加快推进社会主义现代化,实现中华民族伟大复兴,必须坚定不移走中国特色社会主义道路","中国特色社会主义道路,就是在中国共产党领导下,立足基本国情,以经济建设为中心,坚持四项基本原则,坚持改革开放,解放和发展社会生产力,建设社会主义市场经济、社会主义民主政治、社会主义先进文化、社会主义和谐社会、社会主义生态文明,促进人的全面发展,逐步实现全体人民共同富裕,建设富强民主文明和谐的社会主义现代化国家"。坚定不移地走中国特色社会主义道路,就要按照"五位一体"的总体布局推动社会全面发展。这"五位一体"的总体布局,对应着全国人民的经济、政治、文化、社会、生态权益。特别是通过生态文明建设,我们党和国家在实现当代人利益的同时,也给自然留下更多修复空间,给农业留下更多良田,给子孙后代留下天蓝、地绿、水净的美好家园。

(3)坚持中国特色社会主义理论体系。党的十七大报告指出:中国特色社会主义理论体系,就是包括邓小平理论、"三个代表"重要思想以及科学发展观等重大战略思想在内的科学理论体系。党的十八大进一步强调:"中国特色社会主义理论体系,就是包括邓小平理论、'三个代表'重要思想、科学发展观在内的科学理论体系,是对马克思列宁主义、毛泽东思想的坚持和发展。"党的十九大再次强调,"改革开放以来我们取得一切成绩和进步的根本原因,归结起来就是开辟了中国特色社会主义道路,形成中国特色社会主义理论体系,确立了中国特色社会主义制度,发展了中国特色社会主义文化"。形成中国特色社会主义道路、中国特色社会主义理论体系、中国特色社会主义制度,是党团结人民90多年奋斗、创造、积累的根本成就,必须倍加珍惜、始终坚持、不断发展。

(4)以实现中华民族伟大复兴为己任。中华民族是一个历史悠久的伟大民族与文明古国，在数千年的历史长河中，创造了十分辉煌的文明，为人类发展和进步做出了举世公认的重要贡献。近代以来，中国沦为半殖民地半封建国家，人民深受"三座大山"的压迫。为拯救民族存亡，中国人民进行了长期探索和斗争，许多志士仁人为之流血牺牲，但都没能改变中国人民的悲惨命运。中国共产党勇敢地担负起实现中华民族伟大复兴的庄严使命。党团结和带领全国各族人民完成了民族独立、人民解放的历史任务，为实现民族复兴奠定了最重要的基本前提。社会主义制度在我国的确立，开启了我国在社会主义道路上实现中华民族伟大复兴的历史征程。党的十一届三中全会以后，我们找到了建设中国特色社会主义的道路，实现民族伟大复兴的事业获得了新的强大生机。中华人民共和国成立60多年来，我国社会主义建设取得了举世瞩目的成就。民族伟大复兴需要一代代中华儿女前赴后继、共同奋斗。当代中国各族人民，要树立为祖国繁荣富强贡献力量的远大志向，在为实现中华民族伟大复兴的奋斗中谱写壮美的篇章。

(5)实现中国特色社会主义共同理想奋斗目标。中国特色社会主义共同理想奋斗目标的实现，必须以习近平新时代中国特色社会主义思想为指导，全面落实经济建设、政治建设、文化建设、社会建设、生态文明建设五位一体的总体布局，促进现代化建设各方面协调，促进生产关系与生产力、上层建筑与经济基础相协调，不断开拓生产发展、生活富裕、生态良好的文明发展道路。

2. 共同理想的特性

(1)中国特色社会主义共同理想是内容的丰富性与综合性的统一。社会是一个综合系统，人们某一方面的社会理想不能脱离整体性的社会理想。中国特色社会主义理想是关于中国社会发展的综合性、系统性的社会理想，预设了未来中国社会发展的整体图景。它不仅是个人或特定人群的理想得以寄托、发展和实现的大背景，对个人或特定人群的理想具有整合作用，而且也对人们的专门性社会理想具有统摄作用，人们关于社会的某一领域的理想，最终也要受到这一总体理想的制约。一言以蔽之，我们的个别理想都是以中国特色社会主义共同理想为背景的，我们的个别理想的科学定位、顺利实现，都离不开对中国特色社会主义共同理想的把握；此外，中国特色社会主义共同理想也不是天外来物，在一定意义上，它仍是对当今中国无数的个体理想、群体理想、专门性理想的高度抽象、概括和综合，体现了个别理想中最先进、最科学、最符合广大人民利益的那些共同因素，所以它既具有高度的综合性，又具有广泛的现实基础。中国特色社会主义共同理想的内容是十分丰富的。它是全面的，系统涵盖了对社会各个方面的发展预想，向人们描绘了中国未来社会经济、政治、文化、社会生活等各个方面的理想状态。

它是实践的,不仅向人们展现了发展目标,而且给人们提供了实现这个目标的指导思想、领导力量、价值取向以及路径选择,体现了理想与现实、目的和手段、实践与价值的统一。它是理想与信念的统一,不仅把现阶段党的最低纲领和人民群众的共同理想统一起来,而且把共产党人的信仰和中华民族追求民族复兴的历史理想统一起来,把社会主义社会的共同理想同广大人民群众的现实愿望和美好憧憬统一起来。和谐社会是人们对社会建设的理想要求,也是中国特色社会主义共同理想的本质属性和重要内容。习近平新时代中国特色社会主义思想是实践的产物,具有科学性和真理性。贯彻落实习近平新时代中国特色社会主义思想既是建设中国特色社会主义的根本要求,也是实现中国特色社会主义共同理想的根本途径。

(2)中国特色社会主义共同理想是阶段性与整体性的统一。中国特色社会主义共同理想是一个具体的阶段性理想。我们对共产主义远大理想的追求是一个漫长的过程,在这个过程中,有若干个阶段性理想。与远大理想相比,阶段性的理想更为具体,因而它可以成为一定历史时期人们普遍追求的比较现实的理想目标。中国特色社会主义共同理想昭示我们:要在中国特色社会主义道路上,在21世纪头20年,全面建成小康社会,再继续奋斗几十年,到21世纪中叶基本实现现代化,把我国建设成为富强、民主、文明、和谐、美丽的社会主义现代化强国。这样一个现实的目标,最能直接地激发我们的奋斗热情。当然,中国特色社会主义事业是一个漫长的过程,21世纪中叶之后,中国特色社会主义道路还将继续向前延伸,中国特色社会主义事业还将进一步向前推进,我国社会将进入新的发展阶段。到那时,中国特色社会主义共同理想还会增添新的内容。

(3)中国特色社会主义共同理想是历史趋势与时代性的统一。一方面,社会主义、共产主义代表了人类社会的发展方向和进步潮流。从历史发展规律看,不可否认资本主义社会的出现是历史的进步,它极大地解放和发展了生产力。但是在以资本主义私有制为基础的资本主义社会里,存在着生产资料的私人占有与社会化大生产之间的矛盾,这一矛盾在资本主义内部是无法根本解决的,资本主义制度必然成为生产发展的桎梏,人类社会要想继续向前发展,就必须建立以生产资料公有制为基础的社会主义社会。从人民群众的根本利益看,资本主义社会人剥削人、人压迫人、人被社会所异化的性质,是与人民群众的根本利益相违背的。随着社会的发展,人们将不断对这种社会制度进行变革,直至走向没有剥削和压迫的共产主义社会。所以说,社会主义、共产主义代表了人类社会发展的历史趋势,虽然世界社会主义运动会遭受到这样或那样的挫折,但是社会主义必将胜利的历史趋势是不可改变的。

另一方面，社会主义绝不是教条，在社会主义的具体实践中，又必须从本国的历史条件和国情出发，建设符合本国国情的社会主义。我国将长期处于社会主义初级阶段，在这个初级阶段，不仅要解决生产力不发达的问题，还要解决社会主义制度不成熟、不完善的问题，对政治体制、经济体制、民主法制等进行不断的改革和完善；不仅要大力发展物质文明，还要建设以社会主义核心价值体系为根本的社会主义文化；不仅要坚持社会主义的基本要求，还要坚持从中国实际出发解决中国的个性问题。这就决定了我们要建设的社会主义具有更多的中国特色、更多的中国现时代的特征。总之，对中国特色社会主义，只要我们从人类社会发展规律的高度来认识它，就会发现它的历史必然性，发现它必然胜利的规定性。同时，只要我们从中国社会当前所处的历史场域中来认识它，我们就会理解它的中国特色和时代特征，就会理解它的独特性和具体个性。进而就会看到，中国特色社会共同理想既体现了这种历史的必然性，又反映了这种时代的特殊性，是历史必然性与时代特殊性的科学统一。

（二）共同理想的本质属性与作用

1. 共同理想的本质属性

构建社会主义和谐社会，是中国共产党把马克思主义基本原理与当代中国实际相结合，科学分析我们党所面临的机遇和挑战，从中国特色社会主义事业总体布局和全面建成小康社会全局出发所做出的重大战略决策，是我们党对中国特色社会主义认识不断深化的必然结论。"社会和谐是中国特色社会主义的本质属性"这一论断表明，既不能脱离社会主义去理解社会和谐，也不能脱离社会和谐去理解社会主义，中国特色社会主义与和谐社会是内在统一的，社会和谐必须在推进中国特色社会主义的历史进程中才能实现，同时，要以社会和谐的状态保障中国特色社会主义不断得到深化和推进。

（1）实现社会和谐是一个分步骤持续推进的长期历史进程。构建社会主义和谐社会既是从我国社会发展的实际提出的现实任务，又是从社会主义本质出发提出的长远奋斗目标。我们要认识到，构建社会主义和谐社会是一个贯穿中国特色社会主义事业全过程的长期历史任务，不可能一蹴而就，也不能急于求成。我们必须从目标与现实相统一的角度把握社会主义和谐社会建设，立足现实，着眼长远，量力而行，尽力而为，有重点、分步骤、分阶段地持续推进，才能实现社会和谐的目标和任务。

（2）在推进中国特色社会主义事业的历史进程中实现社会和谐。社会和谐是科学社会主义的应有之义，是我们党不懈奋斗的目标。社会主义作为人类历史上一种崭新的社会制度，具有追求社会和谐的历史必然性。但是，在当代中国要实现社会和谐，需要找到一条既符合社会主义本质又符合中国国情的道路，这就是中国特色社会主义道路。构建社会主义和谐社会必须坚持中国特色社会主义道路。中国特色社会主义规定了构建和谐社会的政治方向和历史路径，同时也提供了根本的政治前提和社会制度保证。社会和谐是中国特色社会主义的本质属性，从根本上说，离开了社会主义就不可能实现真正的社会和谐。只有把构建社会主义和谐社会作为贯穿中国特色社会主义事业全过程的长期历史任务和全面建设小康社会的重大现实课题，和谐社会才会真正成为广大人民群众的福祉和追求目标。中国共产党的领导和社会主义制度，既是构建社会主义和谐社会的"根本政治前提"，又是其"最根本的政治保证"。

(3) 在社会和谐中推进中国特色社会主义事业。构建和谐社会是中国特色社会主义总体布局的重要组成部分，构建和谐社会的进程必然会极大地推进中国特色社会主义事业。中国特色社会主义发展是一个长期的历史过程，在这个过程中，不可避免地要出现各种社会矛盾和冲突，如果不妥善解决这些矛盾和冲突，就会影响、阻碍中国特色社会主义事业的发展。因此，构建一个和谐、稳定的社会环境，是中国特色社会主义事业发展的内在要求。

目前，我国社会总体上是和谐的，但是也要清醒地看到，我国已进入经济发展新常态和改革攻坚的关键时期，经济体制深刻变革、社会结构深刻变动、利益格局深刻调整、思想观念深刻变化，这种空前的社会变革在推动中国特色社会主义建设取得了巨大成就的同时，也引起了许多影响社会和谐的矛盾和问题。忽视和否认这些矛盾，或者不能妥善处理、解决这些矛盾，都可能危及中国特色社会主义事业的健康发展。构建社会主义和谐社会的战略思路，是解决中国特色社会主义建设中的矛盾和问题的正确方针，是我们党从实际出发提出的治国理政的新思路，即以经济建设为中心，加快经济发展，增强解决社会矛盾的经济实力，同时又清醒地分析面临的新情况、新矛盾、新问题，按照民主法治、公平正义、诚信友爱、充满活力、安定有序、人与自然和谐相处的总要求，努力形成社会全体成员各尽其能、各得其所而又和谐相处的局面。

2. 共同理想的作用

(1) 精神支撑作用。中国特色社会主义共同理想具有巨大的精神动力和精神支柱的作用，体现了当代中国最广大人民群众的共同利益和根本要求。邓小平指出："光靠物质条件，我们的革命和建设都不可能胜利。过去我们党无论怎样弱小，无论遇到什么困难，一直有强大的战斗力，因为我们有马克思主义和共产主义的信念。有了共同的理想，也就有了铁的纪律。无论过去、现在和将来，这都是我们的真正优势。"①这是党和中国革命历史经验的深刻总结。今天，中国共产党领导人民追求的中国特色社会主义，是在生产力高度发展基础上最终实现共同富裕的社会主义，是公平正义、民主法制、诚信友爱、充满活力、安定有序、人与自然和谐相处的社会主义。我们大力发展社会生产力，努力增加社会物质财富；不断完善公有制为主体、多种所有制经济共同发展的基本经济制度，逐步实现社会公平正义；不断加强社会主义精神文明建设，逐步实现人的全面发展；不断加强社会主义民生法制建设，保障人民当家做主；不断加强社会建设，逐步实现社会和谐，都是为了实现最广大人民群众的根本利益，也都反映了我们的共同理想和愿望。

(2)导向作用。中国特色社会主义共同理想发挥着重要的导向作用，是动员全国各族人民团结奋斗的精神旗帜。理想信念，是一个政党治国理政的旗帜，是一个民族奋力前行的向导。共同理想在我们的革命、建设和改革事业中，发挥着方向引导作用，是进行革命、建设和改革的重要思想保证，为政党及其所有成员指明前进的目标和方向，使全体党员拥有共同的理想和追求。毛泽东早年就指出："主义譬如一面旗帜，旗子立起了，大家才有指望，才知所趋赴。"②社会主义和共产主义的伟大事业，是全体人民共同的伟大事业，必须依靠全体人民为之共同奋斗，中国特色社会主义共同理想正是引导我国各族人民共同奋斗的思想旗帜。

(3)整合和激励作用。中国特色社会主义共同理想作为中国现阶段实实在在的奋斗目标，具有巨大的整合功能和激励作用。共同的理想和信念，是全党全国人民团结的思想基础，是激励我们勇往直前的精神力量。建设中国特色社会主义这一共同的理想和追求，把党在社会主义初级阶段的目标、国家的发展、民族的振兴与个人的幸福紧紧地联系在一起，把各个阶层、各个群体的共同愿望有机地结合在一起，极具广泛性和包容性，具有强大的感召力、亲和力和凝聚力。不论哪个阶层、哪个利益群体的人们，都认同和接受这个共同理想，并且努力为之奋斗。

建设和发展中国特色社会主义是亿万人民的事业，只有广大人民群众积极投身到建设中国特色社会主义伟大事业中来，全民族的共同理想才能实现。要自觉

---

① 邓小平. 邓小平文选(第3卷)[M]. 北京：人民出版社，1993：144.
② 毛泽东. 毛泽东早期文稿[M]. 长沙：湖南出版社，1990：554.

地把个人理想融入中国特色社会主义共同理想之中,把个人奋斗融入实现社会主义现代化的共同奋斗之中,在实现国家富强、民族振兴、人民幸福、社会和谐的过程中,实现自己的人生理想。要树立正确的世界观、人生观、价值观,正确处理国家、集体、个人三者的关系,做到局部利益服从整体利益、个人利益服从国家利益。要适应时代的发展要求,脚踏实地,发奋学习,增长才干,不断增强为祖国和人民服务的本领。要有实现理想的坚定信念和百折不挠的进取精神,关键时刻不动摇,危难关头挺得住,始终能经受住困难和挑战的考验,为实现中国特色社会主义共同理想不懈奋斗。

二、中国特色社会主义共同理想主体地位的体现

(一)中国特色社会主义共同理想是马克思主义的理论归宿和实践主题

从马克思主义理论的归宿来看,社会主义理想是其追求的价值目标。马克思主义理论中最重要的部分就是科学社会主义,它是以马克思主义哲学和政治经济学为理论依据的,是关于无产阶级革命运动手段与目标的学说,是全部马克思主义理论的归宿。中国共产党把马克思主义作为自己的指导思想,其最终理想仍是实现共产主义,现实理想则是建设中国特色社会主义。从马克思主义中国化的历史进程来看,建设中国特色社会主义是当代中国的实践主题。马克思主义是我们认识和改造世界的强大思想武器,是指导中国革命、建设和改革的行动指南。坚持马克思主义基本原理同中国具体实际相结合,这是我们党在成长和发展过程中得出的基本经验。在新民主主义革命时期,我们党把马克思主义基本原理和中国国情相结合,开创了具有中国特色的革命道路,实现了中华民族的独立;在改革开放的新时期新阶段,党领导人民开辟中国特色社会主义道路,确立中国特色社会主义共同理想,架起了通往共产主义远大理想的桥梁。

(二)社会主义荣辱观体现中国特色社会主义共同理想的基本行为准则

社会主义荣辱观强调的热爱祖国、服务人民、崇尚科学、辛勤劳动、团结互助、诚实守信、遵纪守法、艰苦奋斗等内容,体现了社会主义道德的根本要求,体现了马克思主义的世界观、历史观、人生观和价值观,它与中国特色社会主义共同理想的价值取向和行为准则是相吻合的。这是对我国民族精神与时代精神的概括、总结和发展,是社会主义的集体主义价值观、为人民服务价值观、以人为本价值观等社会主义社会主导价值观的具体化,是服从和服务于实现中国特色社

会主义共同理想这个时代主题的。可以说,中国特色社会主义共同理想处于社会主义核心价值体系的中心位置,把马克思主义指导思想与民族精神和时代精神,与社会主义荣辱观紧紧地联系在一起。社会主义核心价值体系是当代中国文化的"魂",中国特色社会主义共同理想则是"魂"之主题。

(三) 中国特色社会主义共同理想体现民族精神和时代精神的价值功能

改革开放以来,我国经济社会发展取得举世瞩目的伟大成就,但也出现了一些问题。一些人对中国发展道路产生怀疑,新自由主义和历史虚无主义思想抬头,对以爱国主义为核心的民族精神提出了挑战。同时,一些人放大改革开放中出现的问题,出现了否定改革开放的声音,甚至主张走回头路,这对以改革创新为核心的时代精神形成了挑战。因此,大力弘扬和倡导以爱国主义为核心的民族精神和以改革创新为核心的时代精神,在当前显得特别紧迫和重要。必须强调的是,爱国主义不是抽象的、空洞的,而是具体的、真实的,在当代中国,爱国主义就是热爱中国特色社会主义;高扬爱国主义、社会主义旗帜,就能最大限度地凝聚和动员全民族的力量,推动中华民族实现伟大振兴。解决时代问题的强大精神武器是改革开放,创新是民族进步的灵魂、是党和国家长盛不衰的根本保证。全社会的改革态度与改革立场的坚定,全民族的创造精神和创新能力的迸发,是实现中国特色社会主义共同理想的强大精神动力。

第二节 大学生共同理想教育面临的问题与挑战

一、大学生共同理想教育面临的问题及其原因

(一) 大学生共同理想教育面临的问题

在我国现代化建设进程中,一些大学生由于信仰尚未确立,在受到社会诸多因素影响时,对共同理想出现了迷茫困惑。尽管这种现象的出现是多种因素综合作用的结果,但共同理想教育存在的问题是导致大学生对共同理想淡漠的主要原因。

1. 高校共同理想教育与实际联系不够密切

理论联系实际是马克思主义最主要的基本原则之一,是思想政治教育有效性的保证,理论联系实际对于作为高校思想政治教育重心的共同理想教育有更加重

要而深远的意义。社会主义现代化建设是一个向前发展的过程，各种新生事物如雨后春笋般不断涌现，并且在当今的互联网时代大背景下，信息传播的速度更是今非昔比，所有这些新形势都在要求当今的高校共同理想教育要做到理论联系实际、教学与时俱进。① 然而，理论脱离实际的问题还是存在于某些高校的共同理想教育中，例如教育中注重形式、忽视效果，使共同理想教育达不到预先设定的效果，失去了作用；共同理想教育内容单调滞后跟不上形势；共同理想教育方式方法生硬，不能培养学生的自主性和积极性。相关调查显示，就大学生对思想政治教育的看法而言，近半数的学生认为"不太切合实际，效果一般"，少数的学生认为"切合实际，效果很好"，还有极少数的学生分别选择了"脱离实际，效果不好"和"敷衍了事，没有效果"；另外，对于当前加强大学生共同理想教育，约三分之一的大学生"非常赞成，认为很有必要"，大多数的大学生表示"赞成，但形式主义太多，需要改进"。由此表明，大学生愿意接受共同理想教育，然而学生们并没有被共同理想教育所打动，共同理想教育在塑造学生美好心灵和情操信仰方面还存在问题。

2. 高校思想政治理论课的主渠道作用发挥得不够

思想政治理论课是加强大学生共同理想教育的有效途径，是共同理想教育的主渠道、主阵地。但是，由于目前思想政治理论课教学方式方法手段落后于时代，教学内容滞后，不能紧扣学生思想脉络，缺乏吸引力和说服力，教学中只注重教材的学习，而且从书本到书本，从理论到理论，不能帮助学生解决他们面临的各种困惑、苦恼和疑难问题，不能将共同理想的内容有机地贯穿在政治理论课的教学中。教师在教学过程中重知识传授，轻思想情操的渗透；重学生的思想政治教育课成绩，忽视教书育人。因而大学生普遍反映理论课生硬呆板，太空洞，缺乏现实基础，不能激发其深层次的思考。大学生理想信念及教育现状调查显示，只有极少部分学生对思想政治理论课"很有兴趣"，大多数大学生"不感兴趣"，只是"为了学业，强迫自己学"。大学生对思想政治理论课不感兴趣，处于应付考试的境地，大大地影响了共同理想教育的效果。

3. 高校共同理想教育缺乏层次性

其一，理想与信念是有层次性的，而中国特色社会主义共同理想教育中往往会忽略这一点，大学生的理想信念教育与共同理想教育既存在联系也有区别，前者是从大学生个人理想的培养着手，后者则是将大学生的理想与信念教育提升到

---

① 刘川生. 增强大学生日常思想政治教育的实效性[J]. 北京青年工作研究，2009(2)：21-22.

了新的高度，如果对共同理想理解不到位，将其与一般性的理想信念教育混淆，将共同理想降级为个人理想或者道德理想进行理解与施教，就会导致主题不明确，失去导向性。

其二，大学生群体思想政治素养存在差异性。大学生受自身阅历以及对思想政治理解能力的影响，必然存在思想政治素养上的差异。作为教师一般都会喜欢理解能力强的学生，然而这部分学生往往占班级中的少数，如果把对于小部分觉悟高的学生的高要求扩展到对全体学生的一致要求，最后不仅无法产生理想效果，反而会使许多学生产生挫败感，从而影响到学习与理解中国特色社会主义共同理想的信心。①

4. 高校共同理想教育理念滞后，主体意识不突出

目前，高校对大学生共同理想教育存在着重教轻育、重知轻能的现象，即教师只重视教材内容的讲解灌输，基本特点是教师说教。这种对学生的单向教育模式，把学生置于被动接受的地位，忽视了学生在教育过程中的主体地位，把共同理想教育当作教学而不是教育，当作专业知识的传授而不是精神心灵的沟通互动，没有认识到共同理想教育不是简单的教学内容的灌输，而是价值观念和政治信仰的认同，思想情操的渗透，美好心灵的培育，因此造成大学生没有较好地发挥自我教育的主动性、能动性和创造性，自我教育、自我约束、自我提高能力不强，教育效果不明显。

5. 学校、家庭在共同理想教育方面存在不足，且不能形成合力

学生管理的相关部门在学生管理和学风建设方面比较重视，对理想信念教育的重要性则缺乏认识，措施不到位，只是在必要时应付上级主管部门的检查，即便是高校学生思想政治教育的主渠道——思政课教学也缺乏针对性和实效性。家庭教育对家庭成员的成长有着潜移默化的影响，家长的言行、观念等时刻影响着青少年理想信念的形成。目前的家长望子成龙、望女成凤，关心孩子的学习成绩胜过孩子的健康成长，忽视孩子的信仰培养是共性问题。加之许多家长自身的思想政治素质参差不齐，有时也不能进行正确的思想政治引导，甚至起相反的作用。此外，大学生远离家庭，家长对他们的情况不了解，对他们的影响和教育根本无的放矢，或者心有余而力不足，学校和家庭在理想信念教育方面很难有效配合，这也是共同理想教育存在的一个严重问题。

---

① 陈树文，方建. 高校加强中国特色社会主义共同理想教育应注意"三个结合"[J]. 思想理论教育导刊，2010(9)：85-89.

(二)大学生共同理想教育存在问题的原因

1. 大学生共同理想教育的指导思想存在缺陷

（1）从高校领导到管理机构再到教学实施单位，共同理想教育的重要性并没有被真正提升到全体认同和付诸实践的高度。高校中，学生的科研能力、创新能力总是被排在第一位，接下来是学生的专业技能，最后才是对于学生思想道德层面的文化软实力的关注和构建。基于这种认知上的偏差，高校对学生共同理想教育的要求一再降低，不去主动发掘潜藏在大学生思想中的蛀虫，面对已经发现的问题，解决流于表面，没有系统的反思总结，只是简单地归咎于社会环境的弊端，归咎于现阶段我国社会条件下的必然现象，而没有从高校自身入手寻求有效的解决方法。

（2）对大学生共同理想教育的内在逻辑和运行机制缺乏深入探究，如工作机制中领导者如何制定教育内容；作用机制中教育者如何组织教育教学，发挥教育功能；接受机制中如何激发学生的主观能动性；外化机制中怎样引导学生进行实践；评价机制中如何做到定性定量。搞不清楚这些问题就会导致共同理想教育在实施过程中出现缺失。

2. 大学生共同理想教育的主客体自身存在不足

从共同理想教育的教育者(教师)角度来看，存在着一些自身缺陷和落伍现象。在社会主义挫折与低潮中，一些人信仰动摇，理想沉沦；面对改革开放深入推进中的一些消极现象，一些教育工作者随波逐流，理想信念淡薄、价值观趋于多样化；一些教育工作者在改革开放新形势下，对大学理想信念教育的教育内容和方式方法没有头绪，比较困惑。由于教育者认识欠缺，底气不足，教学教法上严重的概念化说教使讲授内容枯燥而抽象，只能使共同理想教育停留在说大话、说套话、说空话上，这很容易使理想教育客体产生厌倦情绪。另外，大学生自身理想信念教育也存在着先天不足的问题。部分在校的大学生从小娇生惯养、养尊处优，独立思考能力较差，从小到大都是在父母安排的"理想"目标下生活，心理承受能力较脆弱、艰苦奋斗的意识淡薄，导致他们在人生价值观及理想信念方面出现种种缺陷。另外，目前在校的大学生大都是出家门进校门，迫于升学的压力，没有接触社会，也未系统地接受理想信念教育，这导致他们对理想信念的价值认识不到位或较模糊，使他们的理想信念淡化。

3. 共同理想教育资源缺乏，教育方式传播手段单一

随着高等教育的普及，高校近些年不断扩招，为更多青年学子提供受教育机会的同时,也带来了高校基础设施、师资队伍、教育经费等硬软件资源不足的问题,如思想理论课都是采取百人大课堂教学法,一名辅导员对学生的配置比例为1∶500,这样的资源现状根本不能满足现实需求,也达不到理想的教学效果。另外,高校长期以来对于共同理想教育的传播主要是通过课堂讲授,对网络、博客、论坛、手机等新媒体的应用不足,对校刊、校报、宣传栏、广播站、海报等传统方式的应用缺乏吸引力和影响力,尤其是对社会这一"第二课堂"的利用不够,共同理想教育的开展平台太过狭隘,急需拓宽。

4. 共同理想教育的内容滞后,过分抽象

共同理想教育的内容是理想得以生成的根基和土壤。理论和现实的丰富性、复杂性,意味着共同理想教育在内容上的丰富性,更意味着共同理想的形成确立是一个理论和现实分析批判的复杂过程。现阶段,对大学生进行共同理想教育主要是指培养大学生对马克思主义和共产主义理论的真理性认识,加强中国特色社会主义理论的理解和树立正确的世界观、人生观和价值观,深化对中国历史、文化和国情的认识。但目前大学生共同理想教育的内容设计存在两个方面的问题:一是内容往往滞后于形势,不能及时把党的最新理论成果融入思想政治教学,故而难以及时把握学生的思想动向,有效地提高共同理想教育的针对性和实效性。二是过分强调学科知识的学理性和系统性,过于强调理论基础知识而不注重实践,忽视现实,使得内容过分抽象,缺乏对中华优秀传统文化、中国国情的了解与感悟。这些应该说是阻碍学生的学习兴趣和教学实效性的主要原因。

二、大学生共同理想教育面临的新挑战

(一)意识形态多元化影响大学生对中国特色社会主义共同理想的认知

改革开放以来我国经济与社会的蓬勃发展推动着国内外文化的交流和融合,这对开阔人们的视野、推动我国文化发展起到了积极的作用,与此同时也产生了许多新兴的思想潮流和价值观念,让人眼花缭乱。[①] 这种文化多元化的发展使现今人们的思维方式变得更独立、更多维度,思考结果趋同的可能性也越来越小,形成了意识形态多元化的局面。这种形势使一元化的指导思想面临着严峻的挑战,正如我们看到的,大学生中出现了对共同理想认同的弱化现象。目前我国社会出现的意识形态多元化状况主要缘于文化信息广泛传播导致的文化信息多元化。在信息文化传播媒体尚不发达的时代,大学生获得新信息的渠道很少,主要集中在

---

① 刘明. 论社会变迁中的政治信仰认同[J]. 新德育·思想理论教育:综合版, 2007(1):8-11.

报纸杂志、电视广播等传统媒体上，政府对这些文化传播媒体是很容易控制的。在国家政策的正确指引下，大学生获得的信息往往都是正面的、积极的，不良信息的传播能够得到有效抑制，社会和学校宣扬主导价值观比较有效。然而，随着我国社会的发展、科技的进步，互联网与现代信息技术的广泛应用使人类社会进入一个文化信息多元化的时代，这个时代的特点是以计算机网络为信息传播的重要媒介，以全球日益开放的文化为背景，人们获取与传播信息超越了传统地域与时间等多方面的限制，文字、音频、视频等传播形式空前多样化，内容极其多元化。信息文化的快速传播，一方面对人们的生活以及社会的发展起到了积极的作用，另一方面也给不良文化信息的传播提供了土壤，这对学校共同理想教育也产生了重大影响。共同理想是一种一元化的价值观，一元化与多元化的矛盾在很大程度上影响着共同理想教育。在现今多元化信息时代底色的衬托下，出现了各种各样的价值理念和思维方式，严重挑战了占主体地位的价值观念，甚至出现了一些错误的思想观念，如价值相对主义。一些落后腐朽的思想也趁机重新露头，腐蚀共同理想价值观。所以在这样的大背景下，学校的共同理想价值观念教育必然会受到冲击，学校共同理想教育的效果也会被弱化。

(二)西方意识形态渗透导致少数大学生对中国特色社会主义前途缺乏信心

随着经济全球化发展，西方敌对势力通过多种形式进行意识形态渗透，导致少数大学生社会主义、共产主义的理想信念发生动摇。思想上的困惑和理想上的迷失，使得他们质疑社会主义制度的优越性，怀疑党的正确领导，对中国特色社会主义前途缺乏信心。

(三)经济和社会发展中的一些现象影响高校共同理想教育的形成

改革开放以来，我国经济取得了举世瞩目的成就，政治、文化、科学教育、卫生医疗等领域也突飞猛进，人民生活水平不断提高，中国在世界上的地位不断提升。奥运会的成功举办、汶川地震等大型自然灾害的从容应对、航天领域不断取得新进展等，充分显示了一个发展中国家的大国风采，也凸显了社会主义制度的优越性，有力地证明了中国特色社会主义道路在中国的正确性，这些都为大学生共同理想教育提供了很好的素材。但与此同时，我们也应该看到，随着改革开放和市场经济化的深入，社会上也产生了一些负面的社会现象，这些暂时出现的不和谐的负面现象都在不同程度地影响着当代大学生共同理想的形成。

经济和社会发展中的少数负面现象对大学生共同理想形成的影响主要体现在以下三个方面：

1. 市场机制影响当代大学生的价值取向

市场经济是我国为了发展国家经济而从资本主义经济体制中借鉴过来的东西，改革开放后取得的巨大社会进步、人民生活水平的迅速提高，已经证实了实行社会主义市场经济体制的正确性，但市场体制与生俱来的对经济利益追逐的特性使得功利性思想在社会上蔓延，影响了青年一代的价值观念。在市场经济大潮的影响下，有的大学生开始贪图物质享受，"做个有钱人"成为其人生目标，更有甚者，为了个人眼前利益，做出了违背社会公德甚至违法犯罪的事情。

2. 一些社会问题影响着当代大学生的中国特色社会主义信念

改革开放后，我国的社会和经济发展迅速，但社会发展不够均衡，沿海地区经济发展迅速，内陆尤其是中西部地区发展相对缓慢。在经济发达地区，社会财富分配不均、贫富差距过大等现象都可能使大学生对中国特色社会主义产生怀疑。另外，贪污腐败问题也是大学生比较关注的社会问题，个别干部的作风不正、好大喜功、以权谋私，有悖于人民的利益，破坏了党和政府在人们心目中的形象。很多大学生片面地关注这些社会阴暗面，并把它扩大到整个社会，认为党和政府存在很大问题，不再信任党和政府，对党的路线和方针政策产生迷茫和困惑。

3. 理想与现实的矛盾冲击共同理想教育

大学生共同理想教育不像其他科学文化教育那样以掌握相应的理论知识为目的，而是要使大学生认同中国特色社会主义道路，接受并树立社会主义价值观，坚定中国特色社会主义信仰。中国特色社会主义共同理想表达的是我国不远的未来要达到的美好愿景，目前我国正处于社会主义初级阶段，社会发展程度还处在一个相对较低的层次，理想和现实的矛盾客观存在，当理论与现实不符时，理论就可能面临着困境。

(四)实用主义侵蚀共同理想教育

目前在高校中，培养全面的社会主义事业接班人更多的只是作为一种口号，而没有真正成为高校教育的根本宗旨，多数高校以社会、市场及当前热点、焦点为目标，培养与其需求相适应的"人才"。在这样一种教育观的指导下，培养的这些"人才"有很强的模仿能力，能够准确无误地理解和执行"他者"的意图和要求。他们能自觉学习当前较为实用的科技知识、技能，接受实用主义的教育，压抑着自己的独特、优秀想法，使自己能够适应当前的需要，这样的"人才"确实做到快速、高效，但缺陷也相当明显。这些"人才"慢慢地丧失思想、模糊理想，创造力和想象力逐步凋谢，最后变成一个实用的"工具"，使共同理想教育不断萎缩甚至名存实亡。共同理想教育更多的是要培养有高尚情操、远大理想、优秀素质的社会主义建设者和接班人，它并不会给予受教育者谋生的技能和实用的技巧，也不一定会与当前的社会需求相挂钩。当前，部分大学生以有好的就业，能取得高收入、高享受为求学的首要目标，他们不主动接受共同理想信念教育，不会主动学习研究中国特色社会主义科学理论。许多高校基本定格在实用的知识教育、技能培养上，而没有把高校当作中国特色社会主义事业共同理想教育的重要场所。

第三节 增强大学生共同理想教育实效性的途径

一、大学生共同理想教育的现状

(一)大学生共同理想教育取得的成就

1. 多数大学生认同中国特色社会主义共同理想

认同是在中国特色社会主义政治生活过程中产生的一种情感和认知上的归属感，这种归属感能把全体社会成员凝聚、团结起来，共同建设中国特色社会主义事业。随着中国特色社会主义核心价值体系的广泛宣传，共同理想作为其重要的组成部分，也不断地深入人心，尤其在高校中的学生中共党员身上得到体现。从目前的情况看，我国当代大学生的理想信念状况，主流是积极的、健康的，越来越多的青年学生向党组织递交了入党申请书，越来越多的大学生党员在高校学生工作中发挥着重要的作用。高校学生的思想政治状况是积极、健康、向上的，主流是好的。高校学生拥护和支持党的大政方针，对党和政府的工作给予充分肯定，对以习近平同志为总书记的党中央高度信任，对新一届中央领导集体的工作评价客观并给予充分肯定；能理性看待国家改革、发展中遇到的问题；具有较强的民族自尊心和责任感。绝大多数当代大学生认同中国特色社会主义共同理想，作为中国特色社会主义事业的建设者，拥护社会主义制度，拥护党的领导，坚定地走中国特色社会主义道路，具有高度的责任心和强烈的使命感，愿意为实现中华民族的伟大复兴而奋斗。当代大学生是一个富有个性的群体，思想活跃，注重参与，崇尚务实，容易接受新鲜事物。共同理想教育在适应社会发展需要、适应新时期大学生思想状况方面取得了一定成效。

2. 多数大学生对建设中国特色社会主义取得的成绩持肯定态度

中国实行改革开放政策40年来,社会生产力得到极大的解放和发展,我国的综合国力显著提高,极大地提高了中国的国际竞争力、创造力及其国际地位,极大地促进了中国特色社会主义各项事业的建设。建设中国特色社会主义取得的成绩毋庸置疑,对当代大学生来说,这些成绩都被他们深深地看在眼里、感受在心里、体验在生活里。正是由于社会的进步、人民生活条件的改善、精神文化的丰富,大学生们深深地感受到中国特色社会主义事业的繁荣昌盛,多数大学生对建设和发展中国特色社会主义取得的成绩持肯定态度。

3. 多数大学生认同中国特色社会主义基本经济制度和分配制度

党和政府经过在中国特色社会主义道路上的多年摸索后,形成了一条适合我国经济发展的道路,即完善以公有制为主体、多种所有制经济共存的市场经济制度,逐步建设和完善宏观调控体系,行政管理体制和经济法律制度,保证社会主义市场既开放统一又有序竞争的良好局面。几十年社会主义建设所积累的雄厚家底和建设经验与充满活力的市场经济相结合,形成一股强大的、新的发展优势,这个优势是西方国家所没有的。这就是中国经济高速、健康、科学发展的基础和出发点。社会主义市场经济的稳定持续健康发展激励了大学生投身中国特色社会主义经济建设的热情。"优胜劣汰""市场经济强调竞争""只有改革才能发展社会主义""只有创新才是生存之道""科技是第一生产力""贫穷不是社会主义""发展才是硬道理""市场起决定作用",各种市场经济的观念充实着大学生的头脑。所以,凭借对社会主义市场经济敏锐的洞察力,他们不但能够主动求知求学,并且能够根据时代特征及时调整、更新、更正自己的观念和行为模式,积极参与改革开放、献身社会主义事业。

(二)当前大学生共同理想的问题

1. 部分大学生更看重现实理想与个人理想,表现出理想信念的相对主义

关于现实理想与远大理想、个人理想与社会理想的关系,大部分大学生对理想各层面的关系有清醒的认识、科学的判断。关于人生的追求,仍有一部分学生非常推崇西方的相对主义思潮,崇尚随心所欲,将理想仅仅看成个人欲望的表达和个人的自我实现,并在追求这种欲望化的自我实现过程中,把他人、社会看作谋取成功的工具和手段。这些学生不相信人们会有统一的意志和追求,不接受共同的、最高的理想信念,只承认个人的理想和信仰,最终形成理想信念的相对主义。

2. 关于理想的实现因素和实现途径，大学生的选择表现出理想信念的现实主义倾向

当代大学生具有努力奋斗、提高素质、追求理想的意识和决心，相信个人能力和素质对于理想实现具有重要意义。但是，在当今多元化的人情社会中，大学生也看到了"家庭背景和社会关系""机遇"等因素在理想实现道路上的重要作用。这一现象折射出当代大学生受社会现实的负面影响，不能正确认识理想信念实现的不确定因素，在理想面前变得日趋现实。受此影响，在追求人生理想的路上，一部分大学生认为"有志者立长志，应该执着追求，将远大理想化为坚定信念"，一部分大学生认为"识时务者为俊杰，应根据现实情况不断调整理想，追求成功"，还有很少一部分大学生认为"实现理想是有捷径可走的，重点要在现实生活中寻找机遇"，"追求理想不如享受现实，走一步算一步"。

3. 部分大学生缺乏更有力的信念支撑，表现出理想信念的模糊性特点

在政治态度和政治立场上，绝大多数学生的表现积极坚定，他们认为共产主义远大理想有科学的依据，社会主义必然代替资本主义，社会主义现代化建设一定能成功，能否坚持马克思主义的指导地位是社会主义事业兴衰成败的关键，坚持中国共产党的领导是中国特色社会主义事业不断发展的根本保证，中国必须坚定不移地走中国特色社会主义道路。但由于大学生没有经过社会实践的磨炼，靠书本灌输形成的这种政治信仰显得十分脆弱和不稳定，容易在对待马克思主义信仰的问题上陷入新的困惑。部分学生认识不到建立社会主义市场经济是一场史无前例的深刻变革，是各种利益格局的大调整，认识不到目前社会条件下反腐斗争的长期性和艰巨性。尤其是在经济全球化思潮的冲击下，为数不少的学生对社会主义前途命运的认识还是较为模糊的，甚至可以说是混乱的。这种认识模糊还体现在大学生对入党问题的认识上。关于大学生入党的动机，有的学生认为是为了实现共同理想和远大理想，有的学生认为是为了更好地为人民群众谋利益，还有的学生因为"入党是一种荣誉""可以谋求仕途发展""可以增强就业竞争力"。很显然在这种动机下加入党组织的学生理想信念是模糊的。

4. 部分大学生在职业的选择上有较强的功利性

"实业家"成为当代大学生的普遍追求，"英雄人物""科学家"等则成了当代大学生择业的"冷门"。虽然这些人都从不同的方面为社会做出了贡献，但大学生的这种选择表现出较为明显的功利性特点。如果过度追求个人利益，就会导致大学生的人生信念取向逐渐失去必要的文化和道德约束，被市场经济原则所取代，将现实生活的一切都市场化、功利化，从而失去自我，失去人生的方向，最终导致极端个人主义、功利主义盛行。

二、增强大学生共同理想教育时效性的路径

以理想信念教育为核心对大学生进行世界观、人生观和价值观教育，必须始终帮助大学生认清、理解并信仰中国特色社会主义道路和中国特色社会主义理论体系。在当前新的形势下，大学生理想信念教育的特定性和具体性愈加明显。为了解决当代大学生对共同理想的认识方面所存在的问题，需要针对问题的症结，从多种渠道增强大学生共同理想教育的实效性。

(一)以科学理论指导共同理想教育

理论是旗帜，为实践指明方向。要增强和改进大学生共同理想教育，在实践中树立共同理想，必须要加强科学理论教育，在当下的中国，即要加强大学生对马克思列宁主义、毛泽东思想、中国特色社会主义理论体系教育。没有理论上的成熟，就不会有政治上的坚定。只有具备了较高的马克思主义理论素养，才能牢牢把握当今世界发展的大趋势，坚定共同理想和共产主义理想。

1. 要坚持不懈地用马克思主义中国化最新成果武装大学生头脑

进行理想教育，离不开对马克思主义理论的学习。只有努力学习马克思主义的理论，我们才能逐步深入地理解马克思主义世界观和社会发展规律；只有努力学习马克思主义的理论，我们才能掌握正确的方法论，才能分析和解决社会主义实践中的问题，才能使我们对社会主义的前途充满信心，从而把理想变成为社会主义现代化建设而奋斗的实际行动。在新时代，中国特色社会主义理论体系不断丰富和发展，要把社会主义核心价值体系融入思想政治教育全过程，构筑社会共同理想信念与道德规范。因此，在价值观念多样化的情况下，引导大学生特别是学生中的党员用马克思主义的立场、观点、方法认识国情、认识世界，对于树立中国特色社会主义共同理想尤为重要。建设中国特色社会主义是包括大学生在内的整个中华民族的事业，要使当代大学生认识到自己的利益所在，把共同理想作为自觉的追求，这就需要用马克思主义特别是马克思主义中国化的最新成果武装头脑。有了这个科学思想武器，就能使当代大学生正确认识资本主义社会基本矛盾及其发展趋势，认识社会主义事业的长期性、艰巨性、复杂性和社会主义制度的强大生命力。只有从社会主义建设规律和人类社会发展规律的高度来认识当今世界的变化及趋势，把共同理想建立在科学的基础上，中国特色社会主义才会成为当代大学生的共同理想。

2. 加强以爱国主义、集体主义、社会主义为核心的思想道德教育

在革命、建设和改革实践中，中国共产党始终坚持对广大群众进行爱国主义、集体主义、社会主义思想教育，引导人们确立正确的世界观、人生观、价值观，树立社会主义、共产主义理想。爱国主义、集体主义、社会主义已经成为推动中国社会发展、实现中华民族复兴的精神动力。在当前高校的共同理想教育中，也必须注重爱国主义、集体主义、社会主义的教育。在共同理想教育中，要把爱国主义、集体主义、社会主义教育统一起来，充分利用我国长期积累的理论资源、历史资源、现实资源，组织大学生进社区、下农村、到工厂，开展时代感强、形式新颖、内容鲜活的主题教育活动。在爱国主义、集体主义和社会主义教育中，要让学生认识到，爱国主义是大学生应具有的最起码的政治态度和责任，爱国主义和社会主义本质上是统一的，集体主义是社会主义的基本价值准则，中国特色社会主义是当代中国发展进步的旗帜，是全党全国各族人民团结奋斗的旗帜。

3. 加强社会发展史教育

进行共同理想教育，还离不开学习社会发展史。现实当中的一些问题，不联系以往的经验做历史的分析，认识往往不深刻。不论从事什么工作，学一点历史特别是近代史现代史，不仅能开阔视野，丰富知识，端正思想方法，更重要的是能使人们理解我们民族的光辉历史和革命传统，理解近百年来中华民族反帝反封建的英勇斗争，理解当代世界的进步、矛盾和人类的前途，从而提高民族自尊心、自信心和自豪感。高校思想政治理论课是大学生思想政治教育的主渠道，大力推动中国特色社会主义理论进教材、进课堂、进大学生头脑，让大学生做到真正地理解和运用。同时，加大党的基本理论、基本路线、基本纲领和基本经验教育的力度，开展中国革命和建设的历史教育、国情与世情教育，引导大学生认清社会发展趋势，牢固树立中国特色社会主义理想，使大学生自觉地运用马克思主义的立场、观点、方法审度世界形势、观察国情，分析问题与解决问题。

4. 重视开展优秀传统文化教育

传统文化是中华民族在几千年的社会历史实践过程中所创造的精神财富的总和，包括政治制度、经济生活、宗教礼俗、学术思想、科学技术等。对大学生进行传统文化教育，既是高校素质教育的重要内容，也是高校思想政治教育的重要任务。优秀传统文化的教育，能够提升大学生的思想道德境界，激发大学生的爱国情感，增强民族自豪感，对大学生共同理想教育有着重要的作用。

(二)发挥高校在共同理想教育方面的作用

1. 创新高校思想政治理论课教学,发挥好共同理想教育的主渠道作用

高校开设的思想政治理论课应该也必须是大学生共同理想教育的主阵地、主渠道。要发挥好思想政治理论课在共同理想教育中的应有作用,就必须紧跟时代的变迁、形势的发展,根据大学生的特点,对思想政治理论课进行不断的调整改革。

(1)思想政治理论课教学要始终围绕一个核心,即把共同理想教育作为要解决的核心问题。各门课程要根据各自的特点,从不同的视角进行共同理想教育。

(2)深入进行思想政治理论课改革。在教材编写上,应从学科建设的高度来调整充实教材,时刻把握时代发展的脉搏,解答学生关心的热点、难点问题。在教学手段上,运用声、光、色、画等多种现代科技手段,切实增加思想政治教育吸引力,提高学生的学习兴趣。在考核方式上,改革传统的以闭卷考试为主的方式,把考核目标加以分解、细化。在教学力量配置上,要让辅导员担任一定的思想政治课教学,结合学生的思想实际进行理想信念教育。

2. 加强思想政治教育队伍建设

共同理想教育的有效开展,离不开思想政治教育队伍的默默付出,在价值多元化背景下,要使共同理想教育得到最大程度的发展,就需要我们提高思想政治教育者的素质,加强辅导员队伍的建设。

(1)提高思想政治教育者的自身素质。当代大学生身处价值多元化的大背景之下,时时刻刻受到西方社会思潮的冲击,这在一定程度上增加了大学生共同理想教育的难度。在这种情况下,要使大学生社会主义共同理想教育取得良好的效果,就必须不断提高思想政治教育队伍的自身素质。思想政治教育者素质的提高,不仅是思想政治道德素质和科学文化素质的提高,更重要的是信息素质的提高。在技术高度发达的社会中,各种信息交互渗透,教育者要有甄别信息的能力,及时澄清不客观、错误的信息,把客观正确的信息传输给学生。

(2)建设一支优秀的辅导员队伍,做好大学生教育管理工作。在辅导员管理过程中,学生的生活、学习受到辅导员的影响,因此,要想教育好学生,辅导员自身需要具备良好的素质。一是自身要有坚定的政治方向和马克思主义理论素养,以有效解决大学生的"四信"问题;二是要有管理学知识和专业研究能力,从理论与实践两个方面提高工作水平。

3. 加强校园文化环境建设

积极向上的校园文化对于大学生的共同理想教育具有极大的熏陶作用。推进共同理想教育，必须大力加强校园文化建设，构建体现社会主义基本原则、时代潮流和特色的校园文化，形成良好的校园风尚，把共同理想教育与智育、体育结合起来，互相推进。校园建筑装饰、雕塑造型、园林绿化、道路布局等，要对学生身心的陶冶、气质的凝练、思想的形成起到良好的作用。因此，要创建审美化、人格化、体现专业特色的校园环境，积极改善学校的教育、教学条件，发挥校园建筑设施的育人功能。另外，还要营造健康的校园舆论环境，引导大学生树立正确的共同理想与人生目标。学校要坚持马克思主义主导地位，抵制资本主义、封建主义意识形态的侵袭，弘扬爱国主义、集体主义和社会主义主旋律，倡导社会主义价值观和中华民族传统美德，为大学生营造积极向上的舆论氛围；要突出"四有"新人的育人标准，形成有利于大学生全面发展的舆论导向。

4. 理论教育与社会实践相结合

理论联系实际是提高思想政治教育时效性的根本原则和方法，加强大学生中国特色社会主义共同理想教育必须坚持理论联系实际的原则。

(1)要联系学生的思想实际，解决学生的思想困惑。开展共同理想教育，使大学生树立起对中国特色社会主义的信仰，要结合他们的思想实际，消除其思想疑虑，澄清其思想认识。在市场经济的影响及多元文化的冲击下，一些学生的思维视角、思想观念、价值取向等发生某些偏差是正常的，因为他们还年轻，世界观仍具可塑性，只要引导得好是能回到正确方向的。理论教育者有责任指引他们运用辩证唯物主义和历史唯物主义的观点，在多种思想意识和价值观念中进行比较、鉴别和选择，再通过他们自己的独立思考，真正从思想上相信当前中国人民的共同理想是科学理性，合乎国情，顺应民心的。当前，重点要把中国特色社会主义最基本的观点和社会的难点、焦点问题以及学生关注的热点问题结合起来进行教育，解决困扰学生思想认识的现实问题。

(2)要联系学生的现实需要，解决学生的成才问题。每个大学生的实际情况不尽相同，因此我们的共同理想教育不能千篇一律地空洞说教，必须联系学生实际，具有针对性，才会收到实效。大学生的思想觉悟、理论水平、道德修养、文化素质等都具有层次性差别，相应地，我们的共同理想教育要分门别类、分层施教。开展共同理想教育，树立大学生对中国特色社会主义的信仰，要联系大学生普遍关心的成才问题，要把中国特色社会主义教育与学生的成才目标、成才途径结合起来，让大学生明白为什么要坚定中国特色社会主义的信念，怎样在人生中激发这种信念的力量,实现个人和社会的双赢,让他们真切体会到接受共同理想教育是自身成才的内在动力。

(3)要联系学生的实际困难,把解决思想问题和解决实际问题结合起来。面对来自贫困家庭的大学生,学校不光要鼓舞他们战胜暂时的生活困难的勇气,更要设身处地地帮助他们解决实际困难,让这些学生感受到社会主义国家与社会主义大学的温暖,从而生发出对社会主义的热爱与信仰。当前,重点要把加强共同理想教育与做好贫困学生的资助工作和毕业生的就业服务指导工作结合起来,让广大学生特别是贫困学生感受到,正是由于中国特色社会主义建设的巨大成功,政府才能提供各类资助确保他们顺利完成学业,让广大毕业生既感受到高等教育的发展增加了就业的压力,也体会到中国特色社会主义建设事业为他们提供了充分展示才华的大舞台。

高校要积极开展社会实践,增强大学生的社会责任感和奉献意识,通过各种参观考察,学习艰苦创业、开拓进取的奋斗精神。要根据大学生的特点,组织开展科技扶贫、文化下乡、青年志愿者活动,如组织大学生到改革开放的前沿城市进行考察或到工矿企业、农村搞社会调查活动,以祖国的沧桑巨变和改革开放的真实面貌,帮助、启发大学生认识社会,了解国情,增强大学生建设祖国、振兴中华的责任感,坚定中国特色社会主义共同理想的信念;组织大学生参观伟人故居、历史博物馆、烈士纪念馆、革命展览馆,进行爱国主义和革命优良传统教育,使大学生坚定只有社会主义才能救中国,只有社会主义才能发展中国的信念,增强使命感;开展志愿者活动和社区援助活动,让大学生在活动中增强为人民服务的意识,增进与人民群众的感情,体会到自己的人生价值,从而树立正确的择业观,使共同理想不断得到升华。总而言之,要让大学生深入社会实践中,感受社会的发展和需要以及国家建设的巨大成就,增强奉献意识,自觉地学习科学文化知识,加强思想修养。

(三)积极利用新媒体进行大学生共同理想教育

网络的普及和发展不仅为包括共同理想在内的思想政治教育提供了传统教育模式所没有的先进的手段、丰富的内容,还拓宽了思想政治教育的领域,为思想政治教育提供了新的平台,思想政治教育必须积极利用网络这一新的载体。随着校园网开始建立,各类思想政治教育网站也开始建设,把现实中的思想教育活动延伸到网络空间。但是,网络思想政治教育中的信息传递以单向为主,教育者和受教育者缺少互动,因而效果难以评估。之后,校园 BBS 以及以强国论坛、天涯社区为代表的一些网络论坛逐渐显示出强大的社会舆论影响力。BBS所形成的网络新社区具有显著的虚拟性、交互性和自组织，因此德育工作的难题主要在于教育者如何在虚拟社群中发挥影响，如何对网络舆论进行引导。2005年以来，以博客、播客、微博、微信等为代表的"个性化"网络技术蓬勃兴起，尤其在青年学生中得到广泛应用。新的网络技术的主要特点是信息传播的个人化，不良信息传播的隐蔽性加大，传统媒体的新闻权威性和影响力被大大消解。

因此，开展共同理想教育，必须密切关注网络思想政治教育的新形势，积极利用各种网络技术，探索目标明确、内容丰富，集政治性、娱乐性、观赏性、交互性于一体的共同理想教育形式，增强共同理想教育的辐射力、吸引力、感染力。

第五章 大学生民族精神和时代精神教育

民族精神与时代精神是激励一个民族奋发图强、振兴祖国的强大精神力量,大力弘扬以爱国主义为核心的民族精神和以改革创新为核心的时代精神,具有重要的理论与实践意义。本章主要论述了民族精神和时代精神是社会主义核心价值体系的精髓、以爱国主义为核心的大学生民族精神教育以及以改革创新为核心的大学生时代精神教育。

第一节 民族精神和时代精神是社会主义核心价值体系的精髓

一、大力弘扬民族精神与时代精神

民族精神是一个民族赖以生存和发展的精神支柱,时代精神是时代发展的潮流和方向。民族精神和时代精神都是社会实践的产物,同时也只有在社会实践中才能体现其自身价值。要立足建设中国特色社会主义伟大实践,以历史的责任感和现实的紧迫感,把大力弘扬和培育民族精神和时代精神摆在社会主义文化建设的重要位置,为不断把中国特色社会主义推向前进提供精神原动力。

(一)民族精神和时代精神是中华民族的强大精神支柱

民族精神是民族文化最本质、最集中的体现。以爱国主义为核心的民族精神,既植根于我国的优秀传统文化之中,又同我党在长期革命、建设和改革中形成的优良传统相融合,深深熔铸在国人的民族意识、民族品格、民族气质之中,熔铸在中华民族的生命力、凝聚力和创造力之中,成为各族人民团结一心、共同奋斗的价值取向和力量源泉。时代精神体现了社会的发展方向,引领着时代潮流。以改革创新为核心的时代精神,是马克思主义与时俱进的理论品格、中华民族富于进取的思想品格与改革开放和社会主义现代化建设实践相结合的伟大成果,已经深深地融入我国经济、政治、文化、社会、生态文明建设的各个方面,成为各族人民不断开创中国特色社会主义事业新局面的强大精神力量。

民族精神和时代精神相辅相成、相融相生。时代精神离不开民族精神,需要从民族精神中汲取养分;民族精神也离不开时代精神,需要用时代精神丰富自身的内涵,二者统一于中华民族的精神品格之中。中华民族生生不息、薪火相传、奋发进取,靠的就是这样的精神;中华民族抵御外来侵略、赢得民族独立和人民解放,靠的就是这样的精神;在新的历史时期,抓住机遇,加快发展,由贫穷走向富裕,靠的也是这样的精神;建设社会主义和谐社会,实现全面建成小康社会的宏伟目标,还是要靠这样的精神。要把弘扬和培育民族精神和时代精神作为发展社会主义先进文化极为重要的任务,使全体人民始终保持昂扬向上、奋发有为的精神状态,不断增强民族自尊心、自信心和自豪感,凝聚起实现中华民族伟大复兴的强大精神力量。

(二)深入开展中华民族悠久历史和优秀传统教育,增强民族自尊心、自信心和自豪感,不断振奋民族精神

伟大的民族精神和时代精神不能自发地产生和传承,必须通过坚持不懈的倡导和实践,通过广泛的宣传和深入的教育才能产生并传承下去。由民族精神和时代精神的民族性所决定,弘扬和培育民族精神和时代精神,必须使国人对自己生于斯长于斯的这个民族有一个深切的了解,正视自己民族的历史和现实,正视自己民族几千年来创造的灿烂文明和曾经遭受的屈辱苦难,正视自己民族今天的发展成就。如果对自己的民族缺乏了解和理性分析,爱国之情就无从产生,民族精神和时代精神就无从发扬。必须注意到,现在有不少的年轻人,对于中华民族过去饱经忧患的历史、争取独立和解放的历史不了解、不熟悉,这就向我们提出了一个任务,必须加强国情教育,加强爱国主义、社会主义教育,加强民族精神和时代精神教育。

中华民族具有5 000多年的悠久历史,是世界上少有的伟大民族,创造了经久不衰的中华文明,体现出崇高的民族精神、民族气节和优良道德,不仅孕育了无数杰出的政治家、思想家、文学家、艺术家、科学家、教育家、军事家,而且留下了丰富的文物史迹、经典著作。

从秦汉到清初,中华民族一直是世界上的强国。中国的"四大发明"曾经让世人有口皆碑,中国的丝绸之路曾经为西方带去东方文明,中国的唐诗宋词曾经在世界文学史上占有一席之地,中华民族不愧为伟大的民族,中国人民不愧为伟大的人民。这是弘扬和培育民族精神和时代精神的深厚历史底蕴。然而从

16世纪开始,特别是经过18世纪产业革命后,欧洲资本主义国家走在了世界的前面,中国却因封建集权统治的强化和闭关锁国,使经济和社会的发展步履蹒跚。

1842年中英签订的《南京条约》,使中国逐步沦为半封建半殖民地社会。差不多整整一个世纪,西方列强掀起了瓜分中国的狂潮,使近代成为中国有史以来最为水深火热、悲惨的时代,是中华民族史书中最为屈辱的一页。但是,热爱祖国、勤劳勇敢、自强不息、艰苦奋斗的中国人民,为争取民族独立和国家富强的奋争也在波澜壮阔地进行着。洪秀全提出了"有田同耕,有饭同吃,有衣同穿,有钱同使,无处不均匀,无人不饱暖"的绝对平均主义救国方案;康有为提出了实行君主立宪制的救世方法;孙中山提出了建立资产阶级共和国的救国设想。这些虽然都没有最终改变中华民族的历史命运,但都在一定程度上推动了中国历史的发展。

中国共产党成立后,中国革命的面貌焕然一新,中华民族有救了,中国人民有救了。90多年来,几代中国共产党人始终以实现中华民族伟大复兴为己任,坚持把马克思主义基本原理同中国具体实际相结合,团结带领全国各族人民不懈奋斗,战胜各种艰难险阻,不断取得革命、建设、改革的伟大胜利。我国相继实现了从半殖民地半封建社会到民族独立、人民当家做主新社会的历史性转变,从新民主主义革命到社会主义革命和建设的历史性转变,从实行高度集中的计划经济体制到实行充满活力的社会主义市场经济体制的历史性转变,综合国力大幅跃升,人民生活明显改善,国际地位显著提高,中华民族巍然屹立于世界民族之林。这是中国共产党人认识世界、改造世界的伟大创举,是根本改变中华民族命运、深刻影响人类历史进程的伟大变革。实践证明,没有中国共产党就没有新中国,就没有中国特色社会主义。办好中国的事情,关键在中国共产党。

要通过中国历史特别是近代史、现代史的教育,使人们了解中华民族自强不息、百折不挠的发展历程,了解我国各族人民对人类文明的卓越贡献,了解我国历史上的重大事件和著名人物,了解中国人民反抗外来侵略和压迫、反抗腐朽统治,争取民族独立和解放,前仆后继、浴血奋斗的精神和业绩,特别是了解中国共产党领导全国人民在革命、建设和改革中为实现民族独立与人民解放,为实现国家繁荣富强与人民共同富裕而英勇奋斗的崇高精神和光辉业绩。要通过学习、了解中华民族的光辉历史和优秀传统文化,激发人们的民族自尊心和自豪感,不断振奋民族精神,使民族精神在改革开放和社会主义市场经济条件下得以弘扬,形成深厚的社会土壤与高度的民族自觉。

(三)结合时代和社会的发展要求,吸取世界各民族的优长,不断丰富和发展民族精神,形成带有时代特色的新的时代精神

民族精神是时代精神的积累和沉淀,因此也需要一个随着时代的进步而不断丰富的过程。在历史实践中形成的以爱国主义为核心的团结统一、爱好和平、勤劳勇敢、自强不息的伟大民族精神,特别是我党领导人民在革命、建设和改革的各个历史阶段所创造的丰富精神财富,已经成为民族精神的重要组成部分。民族精神作为一种精神力量,具有穿越时空的影响力,在今天仍然是全面建设小康社会、推进社会主义现代化建设的精神支柱。因此,必须把民族精神与时代和社会的发展要求结合起来,吸取世界各民族的优秀文化成果,为民族精神赋予新的内容,并发展成为带有时代特色的时代精神。

当前,经济全球化进程速度加快。全球化作为一种社会现象,它不仅是经济领域中产品与资本的跨国流动,而且是以信息为载体的各种文化和思潮在全球范围内的传播。这就要求人们既要大力弘扬中华民族的伟大民族精神,也要借鉴世界各国人民创造的先进文明成果,博采众长,为我所用,创造出新的时代精神,使民族精神得到丰富和发展。

(四)把大力弘扬民族精神和时代精神纳入精神文明建设的全过程,每一位炎黄子孙都要做民族精神和时代精神的建设者、培育者和弘扬者

弘扬和培育民族精神和时代精神,是社会主义精神文明建设的一项重要任务。当前,迫切需要把培育民族精神作为社会主义精神文明建设的一个重点,渗透到各种群众性精神文明创建活动中。要充分调动广大人民群众的积极性,使民族精神和时代精神的培育进工厂、进农村、进社区、进机关、进学校。要尊重群众的首创精神,不断从群众的实践中发现和总结行之有效的办法和经验,加以提高和推广,把民族精神和时代精神的培育广泛而深入地开展起来,取得成效。

民族精神和时代精神的培育,是千百万群众广泛参与的实践活动。每一位中华儿女,每一位炎黄子孙,都有责任、有义务,也有力量、有条件为弘扬和培育民族精神和时代精神贡献自己的力量,成为民族精神和时代精神的建设者、培育者和弘扬者。

弘扬伟大的民族精神和时代精神,不是空洞的口号,而是随时随地都可以在人们的实际行动中体现出来。如在国家安危、民族存亡的紧要关头,能够挺身而出、舍生忘死、前仆后继,同仇敌忾;在面对困难和挫折、面临挑战和考验的关键时刻,能够坚定果敢、团结奋斗、开拓创新、勇往直前;在国家、集体利益与

个人利益发生矛盾的时候，能够顾全大局、公而忘私、毫不利己、无私奉献；在他人生命、财产遇到危难的时候，能够见义勇为、扶危济困、团结互助、和衷共济；在日常的学习工作中，能够勤奋学习、爱岗敬业、任劳任怨、做出成绩；等等。这些都是弘扬和培育民族精神和时代精神的具体体现。

爱国主义永远是鼓舞中国人民团结奋斗的一面旗帜，改革创新永远是推动我国社会历史前进的巨大力量。弘扬和培育以爱国主义为核心的民族精神和以改革创新为核心的时代精神，是提高全民族整体素质和加强社会主义精神文明建设的基础性工程，是引导人们树立正确理想、信念、人生观、价值观的共同基础，是建设社会主义核心价值体系的重要内容。要努力把人民群众的爱国热情和创新精神引导和凝聚到建设中国特色社会主义的伟大事业上来，努力建设富强、民主、文明、和谐的社会主义现代化国家。要让以爱国主义为核心的民族精神和以改革创新为核心的时代精神，一代一代地发扬光大，使每一位炎黄子孙都成为民族精神和时代精神的弘扬者、培育者、实践者，在伟大的民族精神和时代精神激励下，为实现中华民族的伟大复兴而奋斗。

二、弘扬和培育民族精神与时代精神的路径

（一）完善价值规范系统

价值规范系统是一个民族、一个国家、一种文化的重要组成部分，是维护其价值理念的重要载体、途径。价值规范不同于法律、法规等以国家强制力量作为后盾的规范，而是依托民族文化、国家精神而形成的一种自觉的制约。可以说，任何一种文化都包含着与自己文化属性相对应的价值规范系统。弘扬和培育以爱国主义为核心的民族精神、以改革创新为核心的时代精神，除了明确其价值理念与思维方式之外，还应不断完善与之相对应的价值规范系统，使之形成一系列的规范明示，使人们能够明辨是非、善恶、荣辱。

中华人民共和国成立之后，在不同的历史条件下都形成了具有各自特色的价值规范系统。1949年通过的《中国人民政治协商会议共同纲领》第42条明确提出了中国全体公民必须共同遵循的五种基本道德规范：爱祖国、爱人民、爱劳动、爱科学、爱护公共财物。20世纪下半叶，形成了以为人民服务为核心，以集体主义为原则，以"爱祖国、爱人民、爱劳动、爱科学、爱社会主义"为基本要求，以培育四有新人为目标的社会主义道德规范体系。与此同时，明确提出了建立与社会主义市场经济相适应、与社会主义法律规范相协调、与中华传统美德相承接的社会主义道德体系建设的基本方针。进入21世纪，《公民道德建设实施纲要》提出了

"爱国守法、明礼诚信、团结友善、勤俭自强、敬业奉献"20字公民基本道德规范。以"八荣八耻"为主要内容的社会主义荣辱观的提出，进一步完善了社会主义道德规范体系。社会主义荣辱观涵盖了爱国主义、集体主义、社会主义思想，体现了中华民族传统美德和时代要求，反映了社会主义世界观、人生观、价值观，明确了当代中国最基本的价值取向和行为准则，是马克思主义道德观的精辟概括，是新时期社会主义道德的系统总结。

建设完善价值规范体系，就是要进一步建设社会主义核心价值体系。社会主义核心价值体系以理论层面为主导，统领理想、精神、道德等不同层面，四者相辅相成、相互促进，构成了一个完整的体系。社会主义核心价值体系的四个方面基本内容，即马克思主义指导思想、中国特色社会主义共同理想、以爱国主义为核心的民族精神和以改革创新为核心的时代精神、以"八荣八耻"为主要内容的社会主义荣辱观，相互联系、相互贯通，共同构成辩证统一的有机整体。坚持马克思主义在意识形态领域的指导地位，牢牢把握社会主义先进文化的前进方向，对于弘扬与培育以爱国主义为核心的民族精神和以改革创新为核心的时代精神都有着积极的互补作用。

党的十九大明确强调"坚持社会主义核心价值体系"。社会主义核心价值体系将马克思主义、社会主义先进文化与民族优秀文化传统、人类一切有益的文明成果充分吸收融合在一起，充分调动积极因素，凝聚力量、激发活力，打牢了全党全国各族人民团结奋斗的思想道德基础，形成全民族奋发向上的精神力量与团结和睦的精神纽带，为构建社会主义和谐社会提供了精神指引。社会主义核心价值观是社会主义核心价值体系的核心内容，在新时代，建设社会主义核心价值体系，就要矢志不渝地培育和践行社会主义核心价值观。

(二)健全舆论引导机制

所谓"舆论"，是指公众的言论，对人们的行为有支撑、约束作用，有多样性与变动性等特点。其形成的过程一般为：①问题的发生；②意见的表露；③意见的扬弃与综合。舆论是社会心理的反映和时势的晴雨表，可预测社会动向，是调节决策科学化的有力杠杆。按范围可分为社会舆论、阶级舆论与集团舆论。按性质分，有进步舆论、保守舆论、反动舆论等。新闻媒介具有反映舆论、引导舆论的社会功能。舆论作为一种意识形态，对社会价值观调控、个人价值观形成、社会风气转变都有着重要的作用。舆论发展的新动向给弘扬与培育民族精神与时代精神带来了新的挑战。

1. 要坚持弘扬主旋律与保持多样性的统一

所谓主旋律是指由统治阶级主导宣传的，符合统治阶级利益的文化、艺术作品的主要精神或基调。在当今中国，弘扬主旋律就是要坚持社会主义核心价值体系，就是要巩固马克思主义指导地位，坚持不懈地用马克思主义中国化的最新理论成果武装全党、教育人民，用中国特色社会主义共同理想凝聚力量，用以爱国主义为核心的民族精神和以改革创新为核心的时代精神鼓舞斗志，用社会主义荣辱观引领风尚，巩固全党全国各族人民团结奋斗的共同思想基础。说到底，就是用社会主义核心价值体系来武装全党，教育人民，为追求社会主义现代化而不懈奋斗。弘扬主旋律，就是要用以爱国主义为核心的民族精神和以改革创新为核心的时代精神来引导大众文化。

文化的多样性越来越得到世人的关注。2005年10月，第33届联合国教科文组织大会通过了《保护和促进文化表现形式多样性公约》，界定了"文化多样性"的含义。文化多样性被定义为各群体和社会借以表现其文化的多种不同形式，这些表现形式在文化内部及文化间传承。文化多样性不仅体现在人类文化遗产通过丰富多彩的文化表现形式来表达、弘扬和传承的"多种方式"，也体现在借助各种方式和技术进行文化艺术创造、生产、传播、销售和消费的"多种方式"。文化多样性有广义和狭义之分。广义的文化多样性是指以不同国家、不同民族为对象，在各种不同的物质生态环境基础上创造和发展起来的不同的文化体系，狭义的文化多样性是指一个地区或国家的文化现状的丰富程度。

当前，我国的文化多样性发展呈现出新的情况。随着网络技术的发展，特别是以互联网为载体的各种新型传播媒介的出现，大众文化开始呈现出多样性的发展态势。"互联网＋"已成为中国互联网经济新的增长点，尤其是随着"微信"这一信息传播媒介的出现，改变了传统社会信息编辑和传播权利的集中化，每个信息传播的接受者都有可能成为信息的制造者与传播者，每个人都有可能成为信息传播的中心、成为信息传播的重要媒介。网络可以使每个人都可能拥有一支影响近两亿人的"麦克风"，任何人可以在任何时间、任何地点通过任何方式来传播任何内容，触发社会热点话题，并迅速聚集信息，形成社会舆论，信息传播更加迅速和透明，信息交融更加复杂，大众可以以更加迅捷的方式接受新的信息，以主人翁的姿态参与到对国家的管理与维护中。这改变了以往管理者与大众之间信息不对称的局面，同时也更便于管理者掌握民情民意。

但是，随着信息文化交融的出现，信息多元化管理的难度也增加了，西方腐朽的思想文化、反党反社会主义的思想、不实信息、造谣诽谤等信息以多种形式对人产生着潜移默化的影响。因此，在网络时代，人们一方面要做好与"腐朽反动落后"斗争的积极准备；另一方面也需要改变思路，积极面对文化日益多样化的局面，在加强对网络管理的同时，以平等姿态积极参与到互联网的活动中去，以生动活泼的形式大力弘扬主旋律，传播积极的思想文化，建立交互平台，使之成为能与群众交流沟通的渠道，建立起文化引导的主动权。

2. 要坚持舆论导向与舆论监督的统一

舆论导向又称舆论引导，是一种运用舆论操纵人们的意识，引导人们的意向，从而控制人们的行为，使他们按照社会管理者制定的路线、方针、规章从事社会活动。它包括三方面内容：一是对当前社会舆论的评价；二是对当前社会舆论及舆论行为的引导；三是就某一社会事件制造舆论。正向舆论能够对社会发展起到推动和促进作用，负向舆论则对社会发展起到破坏和阻滞作用。用社会主义核心价值体系来整合多样化的思想观念和多样化的社会舆论，对提高党的执政能力、巩固党的执政地位至关重要。要牢牢把握舆论导向，正确引导社会舆论。要做到这点，就要坚持党管媒体的原则，增强引导舆论的本领，掌握舆论工作的主动权；坚持党全心全意为人民服务的宗旨。把体现党的意志与反映人民的心声统一起来；切实改进报刊、广播、电视等的宣传方法，克服公式化、概念化的倾向，不断增强主流媒体宣传的吸引力和感染力；在发挥传统媒体作用的同时，着力抓好互联网、智能手机等新型媒体的运用和管理，使之成为意识形态工作的新平台，抢占思想舆论阵地的制高点。

舆论监督是指新闻媒体运用舆论的独特力量，帮助公众了解政府事务、社会事务和一切涉及公共利益的事务，并促使其成为沿着法制和社会生活公共准则的方向运作的一种社会行为。舆论监督有着自下而上的特征，因而具有不可忽视的力量。相当数量的公民针对某一与自身利益相关的问题自发地形成具有共同倾向性的意见和看法，以拥护或反对、赞扬或谴责的方式对某一公共问题做公开的评价。随着传播范围的扩大，更多的人被席卷进来，并逐渐形成更广大的社会范围内共同关注的话题，进而对国家的决策部门形成一种压力。

1987年，在党的十三大上，党中央第一次明确提出"舆论监督"的概念，并明确表示："重大情况让人民知道，重大问题经人民讨论。"新闻舆论的监督，实质上是人民的监督，是人民群众通过新闻工具对党和政府的工作及工作人员的监督，是党和人民通过新闻工具对社会的监督，不应仅仅看成是新闻工作者个人或是新闻单位的监督。在社会主义市场经济条件下，舆论监督作为社会主义监督机制的一个重要组成部分，具有越来越大的社会作用。舆论监督能够及时发现现实的问题、群众的不满、社会的焦点，需要大力倡导舆论监督的引导和批判作用，让舆论监督为现实开路，为人民说话。

弘扬和培育以爱国主义为核心的民族精神和以改革创新为核心的时代精神，要将舆论导向与舆论监督统一起来。一方面要对符合民族精神、时代精神的人物、事件大力宣传，使之渗透到人民的生活与意识之中；另一方面要通过舆论监督，将人民的意见和愿望表达出来，将那些代表民族精神与时代精神的人物、事件挖掘出来，同时也将那些落后于时代的观念、行为加以曝光与批判，从而在弘扬和培育主旋律的基础上，实行正确的舆论监督。

（三）强化教育养成机制

弘扬民族精神与时代精神是一种教育实践活动，一种精神的养成离不开教育。教育具有广义与狭义两种理解。广义上的理解是从社会的角度来定义教育，认为教育的对象是人，教育的内容必须是对社会有益的，因此凡是可以增进人们的知识和技能、影响人们的思想品德的活动都是教育。狭义上的理解是从个体的角度来定义教育，往往把教育等同于个体的学习或发展过程。因此，教育主要指学校教育，是教育者根据一定的社会或阶级的要求，有目的、有计划、有组织地对受教育者身心施加影响，把他们培养成一定社会或阶级所需要的人的活动。

马克思主义的教育理念基于人的全面发展思想，指出了环境与教育的辩证关系，提出了在实践基础上的教育观。马克思在《关于费尔巴哈的提纲》中说："关于环境和教育起改变作用的唯物主义学说忘记了：环境是由人来改变的，而教育者本人一定是受教育的。因此，这种学说一定把社会分成两部分，其中一部分凌驾于社会之上。环境的改变和人的活动或自我改变的一致，只能被看作是并合理地理解为革命的实践。"[①]马克思主义的实践与环境统一的教育理念揭示了教育的本质，为进行具体的教育活动提供了科学的方法论依据。

第二节　大学生以爱国主义为核心的民族精神教育

一、民族精神

（一）民族精神的内涵

民族精神反映的是在长期的历史进程和积淀中形成的民族意识、民族文化、

---

① 马克思，恩格斯. 马克思恩格斯选集(第1卷)[M]. 北京：人民出版社，1995：55.

民族习俗、民族性格、民族信仰、民族宗教、民族价值观念和价值追求等共同特质，是民族传统文化中维系、协调、指导、推动民族生存和发展的精粹思想，是一个民族生命力、创造力和凝聚力的集中体现，是一个民族赖以生存、共同生活、共同发展的核心和灵魂。

第一，民族精神是动员和凝聚民族力量的基础。民族精神作为民族生命力、创造力和凝聚力的集中体现，在动员和凝聚民族图生存、求发展中发挥着重大作用。民族生命力在民族精神中突出地表现为该民族的遗传能力，也就是这个民族的特殊性格和品质，经久不息，永不中断；民族创造力在民族精神中突出地表现为该民族的创新能力，也就是这个民族成功地完成某种创造性活动所表现出的新颖、独特的心理品质；民族凝聚力在民族精神中突出地表现为该民族对民族人文文化的认同力和向心力，也就是这个民族在生死存亡时刻所表现出的综合国民素质。

今天，在中国这样一个有近14亿人口的多民族国家，如果缺乏民族凝聚力，就会成为一盘散沙，国家就很难保持统一和稳定。民族精神具有强大的社会凝聚力和社会整合功能，是国家发展和稳定的精神基础。只有坚持弘扬和培育高尚的民族精神，才能把全国人民的精神振奋起来，才能把社会各方面的力量凝聚起来，为了一个共同的理想和目标而奋斗。同时，民族精神作为人们在改造客观世界和实践活动中形成的一种强大的精神力量，不仅是持续推进物质文明建设的巨大动力，而且在一定条件下还可以转化为强大的物质力量。

第二，民族精神是增强民族自尊心、自信心、自豪感的支柱。民族精神是一个民族自尊心、自信心、自豪感的凝结，是一个民族生存发展的思想基础和内在动力，是全民族的精神支柱。毛泽东同志曾表示，人总是要有点精神的。一个民族更是如此，民族的团结和凝聚离不开民族的精神支柱，民族要前进要发展，离不开民族的精神支撑。在民族遭遇苦难、处于生死存亡的重要关头，民族精神所起的关键作用更是明显。

面对当今经济全球化、政治多极化、文化多元化、信息网络化的大趋势，精神文化的闭关自守几无可能，西方发达国家的文化渗透正在同经济扩张、政治霸权和军事威慑结伴而来，世界上的各种思想文化相互激荡。在这种错综复杂的形势下，大力弘扬和培育民族精神，在广大人民中树立自信、自立、自强意识就显得尤为重要和紧迫。

第三，民族精神是衡量一个国家综合国力强弱的标准。一个国家综合国力的强弱，既要看生产力是否发达，物质财富是否丰富，也要看民族精神是否高昂向上，积极进取。民族精神则是一个国家文化的基础，是一个国家的文化在漫长的历史发展中所形成的独特的精神财富。

民族精神之所以是衡量一个国家综合国力强弱的标准，首先是因为民族精神具有强大的社会凝聚力和社会整合功能，是国家稳定和发展的精神基础。其次是因为民族精神在一定条件下可以转化为强大的物质力量。正是由于这种民族精神和各族人民的团结奋斗，中华民族才能在非常困难的条件下，战胜各种艰难险阻，巍然屹立于世界民族之林。此外，民族精神是国民素质的综合体现，是民族综合素质的核心。人类社会发展的历史表明，一个民族的发展水平不仅取决于经济发展的水平，而且取决于民族的综合素质。建设中国特色社会主义最终取决于国民整体素质的提高，这是一个民族兴旺发达、永不枯竭的动力。

(二)爱国主义是中华民族精神的核心

爱国主义体现了人民群众对自己祖国的深厚感情，反映了个人对祖国的依存关系，是人们对自己故土家园、民族和文化的归属感、认同感、尊严感与荣誉感的统一。它是调节个人与祖国之间关系的道德要求、政治原则，在中华民族五千多年的历史发展中，爱国主义始终以其巨大的凝聚力和向心力，维系着中华民族的独立和统一。

1. 爱国主义的内容

第一，热爱祖国的大好河山。祖国的大好河山，是人们世代生息、繁衍的广袤土地，是生于斯、长于斯的故土家园。爱国主义者首先要爱养育他的土地。"保我国土""爱我家乡"、维护祖国领土的完整和统一，是每一个爱国者的神圣使命和义不容辞的责任。爱这片土地就要保护她、建设她。祖国的每一块领土都养育着中华儿女，也许她不够美丽，也许她还有残缺，但无论怎样，都不能阻挡对她的爱。爱祖国，爱祖国的土地是不需要理由的。在当今国家发展之中，更要热爱和珍惜这一片土地。在国家的建设过程中，协调、平衡人与自然的关系，不因为暂时的政绩要求而破坏她。经济的发展模式尽量采取人与自然和谐发展的方式，珍惜祖国的山川河流、田野矿藏，更好地保护、改造这片国土，尽可能地治理、改良不足之处。这种对故土家园、祖国山河的热烈、深沉、充满责任的爱，是爱国主义的最基本要求。

第二，热爱自己的骨肉同胞。爱自己的同胞就是爱人民群众。人是一个国家发展的主体，在这片幅员辽阔、物产丰富、山河壮丽的国土上，世世代代生存着勤劳、勇敢、善良、智慧的亿万人民。他们共同创造了祖国悠久的历史、灿烂的文明、进步的制度，使祖国文化源远流长、繁荣昌盛。爱国爱民、忧国忧民、拯国救民、强国富民从来就是联系在一起的，因此，热爱祖国最根本的是热爱那些创造了悠久历史和灿烂文明的各族人民，爱国必爱民，爱民定爱国，这是爱国主义的基本含义和集中表现。对人民感情的深浅程度，是检验一个人对祖国忠诚程度的试金石。

第三，热爱祖国的灿烂文化。祖国的灿烂文化是使祖国的山河具有了深厚的人文底蕴的宝贵的精神财富，是中国和中华民族的"胎记"，是中华民族得以延续的"精神基因"，是培育民族心理、民族性格和民族精神的"摇篮"，是结成民族凝聚力的土壤。热爱自己祖国的优秀文化，也是爱国主义的基本要求。无论一个人走多远，无论人与人之间多么隔绝，祖国灿烂文化和历史传统的认同会把人们的心连在一起。

第四，热爱自己的国家。无论在什么样的社会中，国家都是维护社会共同体的秩序、安全、主权和稳定，维护祖国的大好河山、骨肉同胞、民族的灿烂文化的强大政治机构。国家是祖国这一社会共同体的必然存在形式，因此，爱祖国必然要求爱国家，爱国家是爱祖国的政治原则。国家的兴旺发达是一个人、一个家庭、一个社会得以兴旺发达的最根本原因。在强大的国家中，民族、家庭、个人会安居乐业、幸福健康；在衰败危亡的国家中，国民则不可避免地沦入贫困潦倒、流离失所的境地。国家的进步和发展是每个人的进步和发展的政治前提。因此，爱国主义必然要求爱国家。

2. 爱国主义的时代价值

爱国主义是中华民族继往开来的精神支柱，是维护祖国统一和民族团结的纽带，是实现中华民族伟大复兴的动力，是个人实现人生价值的力量源泉，具有重要的时代价值。

第一，爱国主义是中华民族继往开来的精神支柱。爱国主义是鼓舞人们为自己祖国的繁荣富强而无私奉献的巨大精神动力，是推动人们为祖国的荣誉和尊严、民族的繁荣和昌盛、人民的富裕和幸福而奋斗不息的巨大精神力量。在新时代，爱国主义促使祖国人民高举社会主义的伟大旗帜，团结全国各族人民、港澳同胞、台湾同胞、海外侨胞等，建立最广泛的爱国统一战线，充分集中和发挥整个民族的智慧和力量，为建设社会主义现代化强国做出贡献。作为新时代的大学生，要发挥爱国主义的伟大精神，勇于承担起建设富强、民主、文明、和谐、美丽的社会主义现代化强国的历史责任，努力为中华民族发展史续写新的光辉篇章。

第二，爱国主义是维护祖国统一和民族团结的纽带。我国是一个地域辽阔的多民族国家,不论历史上出现怎样的分裂局面,爱国主义的情怀都能把各族人民重新统一在一起,建设强大的祖国。历史证明,一旦各族人民紧密团结在爱国主义的旗帜之下,就会出现一个强盛的国家,否则中国将会是一个积贫积弱的国家。可见爱国主义精神是国家强盛的重要纽带。爱国主义不仅紧密地团结了国内各族人民,而且也强有力地吸引了由于种种原因远离祖国怀抱的人们。

第三,爱国主义是实现中华民族伟大复兴的动力。1840年,帝国主义用大炮轰开了中国的大门,中国进入耻辱的近代社会。无数爱国志士发愤图强,努力探索和寻找民族复兴的道路。最终,中国共产党领导中国人民建立了社会主义新中国,实现了民族解放,为中华民族的伟大复兴奠定了坚实的基础。爱国精神继续发挥着推动中华民族建设国家的巨大动力作用。"人心齐,泰山移",无数中华儿女奋发图强,在中国社会的各个层面推动中国特色社会主义国家的建设。尤其是改革开放40年以来,中国社会的巨大进步使中国成为世界瞩目的明星。这更加激起全国各族人民和港澳台同胞以及广大海外同胞爱我中华、建我中华、强我中华的爱国热情。

第四,爱国主义是个人实现人生价值的力量源泉。爱国是一种责任,也是实现人生价值的重要条件。爱国主义为人的成长指明了方向。爱国主义者会自主地把自身的价值取向同社会价值取向相结合,自动地把个人理想融入社会理想中。人生价值只有与社会理想统一的时候才能实现。爱国主义是推进个人为个人理想而奋斗的重要动力,历史上一切建大功、立大业、对人民做出贡献的人,大都是赤诚的爱国主义者。

二、大学生民族精神培育面临的问题与挑战

(一)大学生民族精神培育面临的问题

1. 大学生民族精神培育的目的性不明显

当代大学生民族精神培育目的的确定应当随着大学生主体意识的觉醒,既要考虑当前社会发展的需要,也要照顾到当代大学生自身的特点和需要,应该把二者统一起来。也就是说,大学生民族精神培育的目的要兼顾社会价值和个体的主体价值,唯有如此,当代大学生的民族精神培育才能提高实效性。而很多高校在进行大学生民族精神培育的时候,往往偏重于社会价值尺度,忽略受教育者的主体价值尺度。实际工作中,部分高校只注重对上级领导机关有关指示的贯彻,虽然实际教育活动有可能会开展得很热闹,但是高校相关领导和培育工作却忽略了当代大学生民族精神传承方面实际存在的问题及发展需求,因

而其进行的相关培育和开展的相关活动在帮助当代大学生传承民族精神方面收效甚微。

2. 大学生民族精神培育的内容空泛平淡，时代性不强

一方面，当代大学生对民族精神的具体内涵了解不够。另一方面，对大学生进行民族精神培育的内容缺乏时代感，不能紧跟时代的发展要求，不能及时反映国内国际形势的变化需要。北京大学对大学生进行了精神状况的专题调查，调查内容涉及民族精神核心认知问题。其中一个问题是：民族精神的内涵是什么？知道正确答案的学生只占被调查者的四成。经过分析发现，选项主要集中在三个方面：爱国主义、勤劳勇敢和自强不息。这也确实是自古以来积淀形成的中华民族精神的主要内涵，为大学生所普遍认识。相对而言，"团结统一、爱好和平"这两个时代感极强的理念却没有得到大学生普遍认同，故而也就没有前三者更有受众体。这在一定程度上说明，民族精神培育的内容与时代要求存在差距。

3. 大学生民族精神培育体系不够健全，部分大学生人文精神缺失

在世界科技迅速发展和激烈竞争的挑战下，在高校的科学教育中，盛行的是一种唯知识、唯技术的教育，而人文教育没有得到相应的重视，导致部分大学生人文精神的缺失。大多数学生认为读书的主要原因是升学的需要，只有极少数大学生完整地读过四大名著。多数大学生认为必读的书主要是四六级等考试用书和学习用书，对于今后找工作有用的书他们也乐于去读；对于一些红色经典小说，很多大学生认为人物虚假，政治成分太强，说教味太浓，背景远离今天的生活。

4. 大学生民族精神培育新的方式方法的运用不够

这个问题突出体现在对网络等新的教育形式运用不充分。当前，大学生几乎都是网络爱好者，我国大学生不论是上网的人数还是时间在世界各国中高居榜首。网络对当代大学生的影响在某种程度上已经超过了传统媒介，如广播、电视、报纸等。这种情况下，运用网络对当代大学生进行包括中华民族精神教育在内的思想政治教育是必要的。但实事求是地说，我国对民族精神培育的相关网络教育仍处于初级阶段，方式简单、教育效果不明显。网络思想政治教育中使用的各类资源和教学软件、课件，无论从制作质量，还是知识涵盖范围都不是很高，内容也较为单调，不能完全体现网络教育的主动性和交互性的特点，致使各学校的教育网站对大学生的吸引力和影响力非常有限，点击率一般都较低。至于通过微博、微信等新形式与大学生进行及时交流，对大学生进行民族精神教育，做得就更差。

在当代大学生普遍通过网络获得信息的情况下，如果不能有效地运用网络对当代大学生进行民族精神培育，无疑是一个很大的缺憾。

(二)大学生民族精神培育面临的挑战

1. 多元文化对大学生民族精神培育的消极影响

随着全球化的不断推进，不同文化之间的相互交流、合作与碰撞产生了比以往任何时候都要多的文化思想和价值理念，大大丰富了人们的思想精神。在此基础之上，不同国家间的文化传播与交融，不可避免地产生了不同思想观念的相互冲突与吞噬。处于改革开放进程中的中国正以更加开放、更为包容的姿态融入世界经济全球化的潮流。伴随西方"和平演变"政策的反复进行，"西化"和"分化"图谋更加隐蔽，发达资本主义国家现在正以"文化扩张"的文化输出方式逐步取代武力输出方式。伴随许多好莱坞影视大片的疯狂涌入，以及西方发达资本主义国家通过新闻广播和大众餐饮等各种途径进行的西方文化渗透，自由主义、功利主义、民主社会主义、消费主义等各种思潮对我国传统文化形成强大冲击，使一些中国大学生沉浸在狂欢与世俗的幻想中不能自拔。在大家的这种狂欢和世俗的幻想中，发达国家不费一枪一弹就将大量的财富纳入了自己的口袋，同时实现了弱化我国大学生民族意识的目的。

2. 网络信息化对大学生民族精神培育系统的消极影响

众所周知，我们今天所使用的网络是在西方发达国家的主导下建立起来的，可以这么说，没有西方发达资本主义国家的推动，就没有今天的网络世界。但是西方发达资本主义国家这样做并不是学雷锋做好事，而是要利用网络这一新型工具达到自己的目的，实现自己的利益最大化。这从网络最初产生于美国的军事领域就可以看出来，网络的军事价值从它诞生的那一刻起就始终存在，只是现在更加隐蔽、更加多样化，但有一点是不变的，那就是要维护和实现发达资本主义利益的最大化。因而，网络信息化对当代中国，尤其是大学生的影响是值得我们高度关注的。特别是大学生正处在人生发展的关键时期，如果过分相信西方国家宣传的所谓的"自由、民主、平等"，无论是对当代大学生自己还是对国家，都是一种伤害。

3. 全球化对大学生民族精神培育的消极影响

(1)全球化致使大学生民族意识弱化。民族意识是民族精神的核心。在全球化时代，大学生的民族意识会出现弱化的趋向。全球化对每个国家来说，都是一柄双刃剑，既是机遇也是挑战，全球化的发展使世界各国有了更加密切的联系，政治、经济和文化等互相渗透、互相影响。马克思早就指出这一点："由于开拓了世界市场，使一切国家的生产和消费都成为世界性的了。过去那种地方的和民族的自给自足和闭关自守状态，被各民族的各个方面的相互交往和各方面的相互依赖所代替。"①全球化是一个自然历史发展过程，某种意义上讲，也是一个进步的历史过程。然而，在此过程中也会产生一些负面影响，使当代大学生的民族意识弱化。

(2) 全球化致使大学生的民族文化认同淡化。自中国加入世界贸易组织以来，全球化成为中国人最为关注的重要问题之一。全球化过程是以经济全球化为先导，经济交流扩大、文化交流扩大，西方文化快速涌入中国，全球化中以美国为首的西方国家对我国意识文化和政治加紧渗透，它们经济发展水平高，社会制度完善，科学技术水平高，网络信息技术强，从而使我国的民族文化受到前所未有的危险。当代大学生的文化、道德、精神、价值观等方面也发生了变化，全球化对当代大学生民族文化认同的消极影响，体现在部分大学生身上。大学时期是一个人思想走向成熟与升华的重要时期，西方文化的渗透改变着大学生的思考方式、生活方式甚至价值观，"外国的空气更甜美"的观念侵蚀着中国当代大学生。更有甚者，认为西方的政治、经济、文化模式更适合中国。这些都是全球化带来的负面影响，全球化已贯穿在当代大学生的日常生活之中，而这种思想还在不断增长。如果放任全球化对于大学生的负面影响持续下去，会使他们对于民族文化的认同和忠诚逐渐淡化，甚至导致中华民族几千年的文化精髓无法传承下去，这是文化全球化带给中华文明的严峻考验。

(3) 全球化致使大学生的民族传统美德缺失。

一方面全球化消解了部分当代大学生的勤俭自强观。勤俭自古以来就是中华传统美德的核心内容之一，根本上体现了中华民族精神风貌。然而，经济全球化时代背景下，西方的享乐主义思潮、消费主义思想通过形形色色的方式和渠道渗入、传播，潜移默化地影响着我国当代大学生，致使他们中的一部分人更多地关注自我，甚至是放纵自己、过度消费，使得勤俭自强的精神消失殆尽。

另一方面全球化弱化了部分当代大学生的奉献精神。全球化的实质是西方主导的西方化过程，而西方国家的国家性质是资本主义，其特点是利益至上，尤其是资本家的利益。资本主义国家的核心价值观是自由主义，而自由主义的逻辑前提就是人性好利的假设，追求利益最大化。在经济全球化过程中，这种自由主义思潮也随之而来，严重冲击了中华民族代代传承的奉献精神。在这种形势下，有些大学生开始质疑奉献精神，觉得中华民族传统的奉献精神和社会现实利益诉求存在严重矛盾，这导致奉献精神在无形中大打折扣。

---

① 马克思，恩格斯．马克思恩格斯选集(第1卷)[M]．北京：人民出版社，1995：276．

三、大学生民族精神培育的内容与途径

(一)大学生民族精神培育的主要内容

1. 坚持以爱国主义教育为核心

爱国主义是一种传统,一面旗帜,是中华民族千百年来恒久不变的情愫,一直以来都是高校进行思想政治教育的主旋律。爱国主义精神是中华民族的"文化血统"得以世代相传的主脉,爱国主义教育是贯穿思想道德教育的主线。爱国主义是民族精神不可分割的重要组成部分,是引领中国人民团结奋斗的一面旗帜,是推动社会迅猛发展的巨大力量,是各族人民团结互助的共同精神支柱。爱国主义是中华民族精神的核心,是中华民族精神的集中体现,中华民族精神的内涵都是紧紧围绕着爱国主义丰富和发展的。

(1)爱国主义是中华民族进步发展的精神支柱。爱国主义传统在中华民族发展的历史长河中源远流长。从先秦至明、清,再到社会主义的新中国,尽管时空变幻,沧海桑田,但是由我国各族人民在保卫祖国、建设家园的伟大斗争实践中凝练爱国主义精神,以其巨大的感召力、向心力和凝聚力,始终维系着中华民族全体成员的意志和信念,成为鼓舞人们不断开拓进取、上下求索,创造中华文明新成就的强大精神动力。江泽民同志指出:"在我国历史上,爱国主义从来就是动员和鼓舞人民团结奋斗的一面旗帜,是各族人民共同的精神支柱。"爱国主义是国家几千年发展进步的重要力量源泉,是民族生生不息的强大精神支柱。中华民族的进步与发展,正是因为有了爱国主义这一强大的精神支柱,才将56个民族紧紧地联系在一起,鼓舞人们为伟大祖国的繁荣昌盛而努力奋斗。

(2)爱国主义教育是把民族精神贯彻落实到大学生思想行为的主要形式。民族精神是一个国家的灵魂,是一个民族赖以生存和发展的精神支撑。为了更好地培育和弘扬中华民族精神,使每个大学生对本民族的历史传统生发强烈的自豪感,对本民族的未来充满信心,需要对其进行以爱国主义为核心的民族精神教育。爱国主义教育,是培育和弘扬以爱国主义为核心的中华民族精神的有效途径,是把民族精神具体落实到大学生思想行为的主要形式。爱国主义教育,是与国俱存又与时俱进的历史现象和国际现象。"对全民族和全体人民来说,首先要抓好爱国主义教育。"[①]青年是祖国的未来,也是爱国主义教育的重点,教心必先知心。学校教育,德育为首;德育之中,爱国为先。加强高校的爱国主义教育,

---

① 中央宣传部.毛泽东邓小平江泽民论思想政治工作[M].北京:学习出版社,2000:124.

逐步培育大学生国家至上的观念和中华民族精神，既是教育创新的题中应有之义，也是保证社会主义祖国永不变色的重要基础，是对青年学生进行民族精神教育的主要形式。

2. 注重中华民族优秀传统文化教育

要想使人们热爱自己的祖国，把民族的力量聚集到一起，前提是这个国家和民族的成员要具有一种强烈的民族认同感，在认同感中一个重要的要素就是共同的记忆，这种共同的记忆就是共同的历史文化。在人类的历史长河中，中华文明是世界文明史上唯一没有中断并持续至今的文明。历史的优秀文化哺育了民族精神，民族文化是民族精神最初的表现形式。传承与保持传统文化对一个国家和民族而言，其意义不仅在于知识的传承与保存，还在于精神的延续上。因此，在弘扬和培育民族精神中，要重视中华传统文化的基础性作用，以中华民族优秀传统文化为重点，增强大学生对本民族历史和文化传统的认识，增强民族自信心和自豪感，培养民族使命感，将中华文化弘扬于世。

(1)中华民族优秀传统文化蕴含着伟大的民族精神。中国优秀传统文化是经过几千年历史发展积淀下来的文化遗产，博大精深、源远流长，凝聚了中华民族共同的文化心理和价值取向，它在促进民族团结、融合、统一和发展中所起的巨大凝聚作用是无与伦比的。代代中国人从这个文化精神宝库中汲取营养，传承、演绎和丰富了伟大的民族精神。或者说，代代中国人正是在学习与传承民族文化的过程中，民族认同、民族自信才得以确立，从而达成了塑造民族精神的目的。民族文化是民族精神的源头活水，民族精神渗透在民族的优秀文化之中，并通过优秀文化的传播而不断发扬光大。

民族精神具体地体现在以儒家思想为主流的中华民族特有的政治、教育和伦理道德之中，体现在"威武不能屈，富贵不能淫，贫贱不能移"的民族性格之中，体现在固守优良传统而又勇于革新、自强不息的变革精神之中，体现在追求美好的"大同"世界的理想之中。中华民族五千年源远流长的灿烂文化，是培育新时代民族精神的历史出发点。抛开中国优秀传统文化，也就等于抛开了中华民族的民族精神，最终将导致民族精神的滑坡。因此，可以把优秀的传统文化称作民族精神的"载体"：一方面，优秀传统文化承载着民族精神，使民族精神有所依托；另一方面，民族精神寄寓于优秀传统文化之中，使优秀传统文化永不离开民族的灵魂，长存不衰。弘扬与培育民族精神，是继承中华民族传统文化资源精髓的最重要的方式。

(2)中华民族优秀传统文化激发大学生的民族情感。很难想象一个对自己国家、民族文化都不甚了解的人会产生民族自信心,而没有民族自信心的人又怎么会体现出伟大的民族精神。中国优秀传统文化教育的目的在于推动民族精神的培育。与之相对应,民族精神的培育对提高人们的思想道德素质也具有决定性的作用。所以,对传统文化的了解能够提高人们的民族意识、增强国家观念和道德品质。在经济全球化、文化多元化的今天,"重利轻义""崇洋媚外""精神理念弱化"等现象屡见不鲜,青年大学生常被这些消极观念所影响,被一些表象所迷惑,民族情感弱化,道德缺失。大学生是祖国和民族的希望,是国家明天的栋梁之材,更是主宰未来社会的主人,肩负着建设社会主义祖国的伟大历史使命,任重道远。要想让他们正确认识民族传统,增强民族使命感,必须通过教育来实现。深入持久的中国优秀传统文化教育,可以使大学生全面了解中华民族自强不息、百折不挠的发展历程;充分认识中华民族对人类文明做出的卓越贡献,进而引导和帮助大学生全面地把握民族精神的实质,激发大学生的民族情感,不断增强参与民族精神弘扬与培育的主动性、自觉性。

3. 强化社会责任感

民族的存在源于共同的民族文化和认同意识以及共同的情感体验。民族认同是一个民族共同心理素质的外在表现,是人我一体的情感体验,它植根于每一个民族成员的思想意识之中,表现为一种强烈的归属情感和精神冲动。按照费孝通先生的说法,就是"同一个民族的人感觉到大家同属于一个人们共同体"[1]。各个民族成员通过对共同民族文化的认同,尤其是价值观和责任感的认同,形成一种强烈的对族群的忠诚、依附和归属感,自觉成为尊重传统和维护秩序的一部分,进而成为一种自觉的社会责任感,一种对祖国统一、民族团结、社会进步的追求和努力。这种社会责任感,作为民族精神的有力支撑,把整个民族动员起来、组织起来,自觉地投身于为祖国、民族共同利益而奋斗的伟大实践中。

(1)强烈的社会责任感是大学生的优良传统。历史铸就的中华民族精神,具有巨大的历史震撼力和时空穿透力,其包含的价值取向,闪耀着人文精神的光辉。有了对本民族历史文明的认同,对民族精神的信仰,民族的存在就有了一种目标、一种理想、一种向往,民族成员就具有了责任感和使命感的自觉。这种对国家、民族和社会的责任意识,是我国自古就有的优良传统。如今,在中国共产党的正确领导下,中国在经济、外交、科技等方面都取得了突出的成就,尽管人们也经

---

[1] 费孝通. 费孝通民族研究文集[M]. 北京:民族出版社,1988:12.

历了"非典"、汶川地震等灾害的困扰，但在全体社会成员的共同努力下，人们战胜了困难，靠的是人们对党和国家的忠诚，靠的是社会责任感。因此，要保持中华民族这种优良的传统，将这种社会责任意识和民族精神永远弘扬。

（2）培育大学生的社会责任感是现代社会的迫切要求。绝大多数青年大学生热爱伟大的中华民族，期盼民族的振兴与腾飞，渴望中华民族告别贫穷、跻身发达国家的行列，愿意为民族的发展与繁荣做出自己的贡献。但部分青年大学生缺乏社会责任感，没有把民族的使命与自己的责任联系在一起，较少考虑个人对祖国、对民族的历史责任，往往是"愿奉献于天下之大业，而不愿扫一室之尘土"。同时，在"人不为己，天诛地灭"等腐朽思想的影响下，一些大学生只注重个人得失而不顾国家利益，将忧国忧民视为杞人忧天，不少大学生只要有机会就愿意把自己的生活空间移到国外，他们似乎不在乎"寄人篱下"，祖国对他们而言更多的是一种感情寄托，而不是赖以生息的土地。忧国忧民、恋土爱国的民族精神在他们看来已经很陌生、很遥远了。针对这种情况，高校在大学生中开展爱国主义教育，就是要大力弘扬忧国忧民、热爱并建设强大祖国的责任意识，提高他们的爱国主义觉悟，引导他们树立正确的价值观，正确处理国家、集体、个人三者之间的关系，将个人的荣辱与民族的兴衰紧密地联系在一起，培育一种自觉的社会责任感和将祖国放在第一位的高尚情操，并将这种高尚的情操转化为立报国之志、学报国之才、践报国之行。

（二）大学生民族精神培育的主要途径

1. 以思想政治理论课为主渠道

思想政治理论课肩负着对大学生进行系统的马克思主义理论教育的重要任务，它是帮助大学生树立正确世界观、人生观、价值观和择业观的重要途径，亦是高校培育和弘扬民族精神的主要渠道，是学生系统地接受爱国主义教育、增强社会责任感的主要途径。高校开设的思想政治教育理论课包括马克思主义基本原理概论、毛泽东思想和中国特色社会主义理论体系概论、中国近代史纲要、思想道德修养与法律基础、形势与政策等。

通过这些课程的设置，对学生进行传统美德教育、革命传统教育、历史观教育等，让学生了解中华民族的历史和优良传统，中华民族创造的灿烂文化对人类发展的贡献，影响中国历史发展的重大历史事件和著名历史人物；了解近代以来中华民族饱经沧桑、艰苦曲折、英勇抗争的奋斗历程，特别是中国共产党领导人民进行英勇斗争，取得胜利的历史；了解民族精神在不同时期的时代特点和作用，增强对本民族的认同，培养学生的民族自信心和自豪感，培育和弘扬中华民族精神。同时，通过思想道德教育，引导学生树立正确的世界观、人生观、价值观和择业观，坚定崇高的社会主义理想信念，引导学生认识到"天下兴亡、匹夫有责"，从而意识到自身肩负的历史使命，培养学生的爱国主义情怀。高校必须重视并充分发挥弘扬民族精神的作用。

首先，应当合理安排大学生民族精神培育的内容。思想政治理论课要根据当代大学生成长成才的特点和需要，结合当今时代发展的要求，在教学中突出民族精神的核心。在相关课程设置上，要处理好教材体系的层次性和教学结构的功能性。同时，民族精神是继承性和创新性的统一，要立足中国的传统和现实，重视吸纳世界优秀文化成果与时代元素，不断丰富和拓展民族精神的内容。其次，应当适时调整大学生民族精神培育的方法。坚持理论灌输与实践教育相结合，以达到受教育对象"思"与"行"的统一；民族传统熏陶与时代气息感染相结合，使历史的厚重与时代的朝气交融于大学生的意识中；典型教育与对照教育相结合，在树立榜样中彰显主旋律，在对比中认清差距。高校要充分利用课堂和课外的优秀资源和机会，以思想政治理论课为主渠道，对大学生进行民族精神的弘扬与培育，为社会主义事业培养合格的建设者和可靠的接班人。

2. 以校园文化建设为载体

校园文化是指以学生为主体、教师为主导，在特定的校园环境中创造的与社会和时代密切相关且具有校园特色的人文氛围、校园精神和生活环境。校园文化是社会主义先进文化的重要组成部分，具有价值导向、凝聚激励、协调平衡等功能和整体性、渗透性、隐蔽性等育人特征。它对大学生世界观、人生观、价值观和择业观的形成起着重要的作用，是大学生民族精神培育的重要载体。大学生是一个朝气蓬勃的群体，他们更易于接受形式多样、生动活泼的教育形式。所以，将民族精神教育融入校园文化活动中，以校园文化为载体，培育和弘扬大学生的民族精神，能够使学生积极地参与其中，自觉地将民族精神内化为自身素质的提升，增强民族精神教育的实效性。

因此，高校应立足于当代大学生的实际，积极建设以培育民族精神为重要目标的校园文化。其一，努力营建健康向上的、有助于培育大学生民族精神的校园文化环境。校园文化环境是大学生民族精神培育的隐性课堂，学校应当充分利用校园广播、校报、宣传栏等宣传阵地渲染校园文化氛围，并进一步对大学生开展中华民族传统文化的宣传和教育，增强大学生的民族认同感与自豪感。同时，积极开展校园网络建设，用社会主义先进文化特别是反映中华民族精神的气息与素材抢占大学生的思想阵地，升华其民族情感。

其二，积极开展丰富多彩的校园文化活动以培育大学生民族精神。校园文化活动是课堂教学的延伸，是课堂教学中理论的生动演绎。大学生可以在其所见、所闻、所参与的现实活动中，有所思并有所为。通过举办以民族精神为主题的班会、党团日活动、演讲比赛、知识竞赛、辩论赛等活动，将民族精神渗透其中，潜移默化地进行民族精神培育，达到润物细无声的效果。

其三，强化校园文化建设合力，培育大学生的民族精神。学校领导思想上的高度重视和工作中的大力支持是校园文化建设的重要推动力和保障，相关学生工作管理部门及学生社团等是校园文化建设落实的主要执行者，最重要的是校园文化活动的直接参与者，广大青年学生是校园文化建设的出发点与重要归宿。这三股力量的整合，是推进大学生民族精神培育的重要保证。

3. 以社会实践活动为平台

大学生民族精神培育应当是理论教育和社会实践的统一。价值的塑造不仅仅是知识的模仿与存储，正如弗洛姆所指出的，如果教育只是要求学生"在听课的时候只注意教授的话，话与话之间的逻辑关系及其含义，并且要尽可能完整地把一切都记在笔记本上，以便课后将这些笔记背下来去应付考试。但是，所讲的内容并没有成为其思想的一部分，他们的思想领域并没有因此而更为丰富和扩展，他们把自己所听到的东西变成僵死的思想和完整的理论储存起来"①。这便忽略了价值主导型教育的根本。因此，大学生民族精神培育，不仅是理论的外在灌输，还需要通过常态化的民族精神实践活动，强化大学生的民族意识并升华其民族情感，从而实现"知"与"行"的内在统一。

高校应根据学生的现实情况开展内容丰富、形式多样的社会实践活动。对于刚入学的新生，可以从校史、校训、校歌等方面出发，增强学生对母校的热爱之情，从而升华学生的爱国主义情怀；在周末或寒暑假，组织学生针对国家出现的某些现实问题进行社会实践调查，以提高学生认识问题、分析问题的能力；还可以把社会实践和所学专业相结合，充分利用不同学生的专业特长服务社会，增强实践效果。如医科学生的社区义诊、健康咨询活动，农学学生的农业科技下乡活动，法学学生的法律常识普及宣传活动等，通过这种志愿者活动增强学生的社会责任感和服务意识。这些社会实践活动能够使大学生从中学到许多书本上学不到的知识，体悟出许多课堂上体悟不出的道理，是大学生了解国情、了解社会的窗

---

① [美]埃里希·弗洛姆. 占有还是生存：一个新社会的精神基础[M]. 关山，译. 北京：生活·读书·新知三联书店，1989：33.

口,也是大学生锻炼能力的契机、施展才华的舞台,更是大学生将民族精神真正外化于行的平台。因此,高校应筹集资金,创造条件,让大学生走向社会,让他们增强对社会主义祖国和人民群众的深厚感情,并把这种对民族的浓厚情感升华为民族精神,激励自己不断进步与完善,在社会主义的伟大实践中践行中华民族精神。

4. 以重大历史事件和纪念日为契机

各种民族传统节日、重要历史事件和纪念日等往往蕴含着丰富的民族精神教育资源,是培育和弘扬民族精神的最优时机和切入点。利用重大历史事件和纪念日为契机对学生进行爱国主义教育,这对营造民族精神教育的氛围具有特别重要的意义,是民族精神培育的现实平台和生动载体。

经过几千年来的历史沉积,我国的一些节日如春节、中秋节、端午节、国庆节、七一建党节、八一建军节等具有浓厚的民族特色和丰富的民族文化内涵,因此,要完全理解民族精神,就要深入了解民族和民族文化,以此为契机来进行民族精神教育,能够使大学生更深切地体会到民族精神和民族文化的感染力。在重要的历史事件或英烈的纪念日里,组织大学生参观具有爱国主义教育意义的场所,如烈士陵园、英雄纪念碑、革命老区等;让大学生追思民族英雄,学习他们的崇高品格和勇于献身的精神,进行革命传统教育,激发大学生的爱国热情;参观当代有卓越成就的国家工程,让大学生们了解改革开放后我国的发展变化,增强民族自信心和自豪感。

除了通过这些民族传统和历史事件来让大学生了解历史文化和革命传统外,高校还要善于抓住当下的重大事件来激发学生的爱国热情,重大事件通常是没有预期的,具有一定的突发性,在直观上可能对于一个国家甚至是一个灾难,会造成一定的消极影响。但是,正如"多难兴邦"的寓意,对这些重大事件如果善于利用,就可以转化为民族精神教育的重要资源。如2003年的"非典"、2008年的汶川地震、2010年的玉树地震和舟曲泥石流等,这些都给国家造成了巨大损失,尤其给灾区人民带来了重大的创伤。但是,人们更应看到的是,当灾难袭来,在党中央、国务院及时而正确的领导下,全国各族人民万众一心,众志成城,用中华民族不屈的脊梁为灾区人民撑起了一片蓝天。所以,高校应当适时把握教育契机,对大学生进行合理的价值引导,帮助他们提高认识,深化民族情感,让他们深刻感受到团结统一、独立自主、爱好和平、自强不息、勇于创新所凝聚的精神内核,让他们了解中华民族能够屹立于世界民族之林的底蕴所在,更让他们清楚实现中华民族伟大复兴的任重道远。

第三节 大学生以改革创新为核心的时代精神教育

一、时代精神

(一)时代精神的含义

产生于一定时空境遇中的民族精神,既是民族历史性活动的反映,也是民族现实性创造活动的反映和引领。"因此我们绝不能拘泥于传统,而应不断地、创造性地构建传统。"①意大利哲学家、历史学家克罗齐说:"一切历史都是当代史。"在某种意义上,一切民族精神都是当代精神,或者说,一切民族精神都是时代精神。

"时代"是历史唯物主义的一个重要范畴,它是以当时的社会形态(包括经济社会形态、技术社会形态、人的发展的社会形态等)的主导趋势来区分历史发展阶段的一个综合概念。依据社会存在决定社会意识的原理,马克思在《政治经济学批判导言》中提出了时代划分的方法论原则。马克思指出:"我们判断这样一个变革时代不能以它的意识为根据;相反,这个意识必须从物质生活的矛盾中,从社会生产力和生产关系之间的现存冲突中去解释……大体说来,亚细亚的、古代的、封建的和现代资产阶级的生产方式可以看作经济的社会演进的几个时代。"②

恩格斯也提出要从生产方式、交换方式、社会结构出发来把握时代精神。他说:"每一个历史时代主要的经济生产方式和交换方式以及必然由此产生的社会结构,是该时代政治的和精神的历史所赖以确立的基础,并且只有从这一基础出发,这一历史才能得到说明。"③

列宁进一步探讨了时代以及怎样正确把握时代的问题。列宁认为:"只有在首先考虑到各个时代的不同的基本特征的基础上,我们才能正确制定自己的策略;只有了解了某一个时代的基本特征,才能在这一基础上去考虑这个国家或那个国家更具体的特点。"

马克思主义经典作家关于"时代"的论述,对于把握"时代"的基本特征及其在具体民族国家的具体特点具有重要的方法论意义。"时代"概念把社会形态发展的

---

① 韩震. 思考的痕迹:文化碰撞中的思想生成[M]. 北京:北京师范大学出版社,2006:389.
② 马克思,恩格斯. 马克思恩格斯选集(第2卷)[M]. 北京:人民出版社,1995:33.
③ 马克思,恩格斯. 马克思恩格斯选集(第1卷)[M]. 北京:人民出版社,1995:257.

统一性和多样性历史地、具体地结合起来。

时代精神是历史时代的客观本质及其发展趋势在社会生活领域的反映,它集中体现在社会的意识形态中。不仅如此,在纷繁复杂的社会意识形态中,只有那些反映时代潮流、代表历史发展趋势、对社会发展产生积极影响的思想才是时代精神,它是这个时代的精神气质、精神风貌、社会时尚的集中体现。马克思说,任何真正的哲学都是自己时代精神的精华,时代精神是一个时代精神文明的标志。

因此,真正的时代精神就是在新的历史条件下,或者说,是一个社会在最新的实践中激发出来的,体现民族特点、反映社会进步的发展方向、顺应并引领时代进步潮流、为社会成员普遍认同和接受的思想观念、价值取向、道德规范和行为方式,它体现在那个时代大多数人的精神风貌、民族气质、行为规范、价值追求中,是贯穿其中的原则和灵魂。时代精神是民族精神的时代性体现,民族精神是时代精神形成的重要基础和依托。

(二)时代精神的内容

中国的时代精神是当代中国人民在文明创建活动中体现出来的精神风貌和优良品格,是激励中华民族奋发图强、民族振兴的强大精神动力,也是当今时代精神文明建设的重要内容。2001年10月,中共中央颁布的《公民道德建设实施纲要》把新时期的时代精神概括为:"解放思想、实事求是,与时俱进、勇于创新,知难而进、一往无前,艰苦奋斗、务求实效,淡泊名利、无私奉献"五个方面。党的十六届四中全会进一步提出:"加强理想信念教育,弘扬以爱国主义为核心的民族精神和以改革创新为核心的时代精神,弘扬集体主义、社会主义思想,使全体人民始终保持昂扬向上的精神状态。"党的十九大进一步强调:"广泛开展理想信念教育,深化中国特色社会主义和中国梦宣传教育,弘扬民族精神和时代精神,加强爱国主义、集体主义、社会主义教育,引导人们树立正确的历史观、民族观、国家观、文化观。"只有这样,时代精神才能产生团结奋进、生生不息的不竭动力。基于上述原则,可以将当今的时代精神内容概括为以下几点:

其一,改革创新。改革创新是社会主义核心价值体系的基本内容之一,也是实现科学发展观的必然要求,主要是指革故鼎新、除旧布新、敢闯敢试、敢于变革的精神。这种精神立足于反思传统,勇于超越本本,敢于改变现状,善于开创未来。在改革开放以来的伟大实践中,改革创新精神一直是民族进步的灵魂和社会发展的精神动力,也是我国在国际社会中持续竞争力的有力保证。

其二,民主法治。社会主义民主是建立在法治基础上的。离开法治,民主就成为空话。只有发展社会主义民主政治，保证人民依法行使民主权利，体现人民在国家中的主人翁地位，才能充分调动人民群众的积极性、主动性、创造性，形成建设社会主义现代化的强大动力，夯实社会和谐的基础。在我国，人民当家做主是社会主义民主政治的本质和核心，全面依法治国是党领导人民治理国家的重要战略。

其三，科学发展。科学发展是当代中国的鲜明主题，是人民群众的根本利益所在。科学发展观是党的十六大以来理论创新成果的集中体现，是发展中国特色社会主义必须坚持和贯彻的重大战略思想，是引领当代中国发展进步的科学理论。科学发展观顺应了当今世界的发展潮流，是对人类社会发展经验的深刻总结和高度概括。党的十九大强调要"增强科学发展本领，善于贯彻发展新理念，不断开创发展新局面。"可以说，科学发展既是实践的真实写照，又是全体人民的共识，已经成为时代精神的重要组成部分。

其四，以人为本。就是指以人民群众的利益为本。它体现了社会主义的本质，体现了党的宗旨，体现了党在新时期"权为民所用、情为民所系、利为民所谋"的时代作风。它不仅是科学发展观、习近平新时代中国特色社会主义思想的本质和核心，也是时代精神的主旋律。它要求党和政府的一切工作都要以最广大人民的根本利益为出发点和落脚点，都要把尊重人、理解人、关心人贯彻始终，都要努力为每个人的全面发展创造条件，做到以人为主体、以人为动力、以人为目的。

其五，求真务实。"求真"就是要了解实际情况，掌握事物之间的内在联系，探寻事物发展变化的客观规律；"务实"就是要时时处处坚持重实际、说实话、务实事、求实效。求真务实就是要实事求是、追求真理、掌握规律，就是要严谨扎实，大力发扬脚踏实地、埋头苦干的工作作风。

以上五种时代精神是我党在领导人民长期团结奋斗过程中所体现出的各种崇高精神的新提炼和新概括，是社会主义中国通过改革开放走向繁荣富强的时代精神。以改革创新为核心的时代精神切合时代主题、顺应时代潮流，为全面建设小康社会提供了精神动力和支撑。

(三)时代精神的核心

所谓改革创新，不是简单地改变现状，而是解放思想、破旧立新、兴利除弊、与时俱进、不间断地改造客观世界和超越主观世界的过程。社会主义要保持强大的生命力，就必须通过改革不断完善自己。

改革创新的时代精神是中国革命与建设的伟大事业与伟大的革命英雄气概相

结合的产物。

从 20 世纪 70 年代末起，中国社会进入了一个新的发展阶段。在这一阶段，以实事求是的态度，以解放思想的勇气，对过去的历史进行了深刻的总结和反思。党的十一届六中全会通过了《关于建国以来党的若干历史问题的决议》，全面客观地分析了我国所处的历史阶段，并做了清晰的科学的定位。《决议》明确指出我国社会正处于社会主义初级阶段，也就是不发达的阶段，核心任务是发展生产力，满足人民的物质和精神需要。党的十一届六中全会审时度势地对世界局势和国际环境做出了分析和预测，指出当今世界的两大主题是和平与发展。当前和今后一个阶段我国社会的核心任务是从社会主义初级阶段的国情出发，结合国际形势的发展变化，坚持"一个中心两个基本点"，逐渐建立市场经济制度。在经济、政治、文化和社会建设的方方面面，大胆尝试，大胆创新，认真研究新情况，解决新问题，总结新经验，并在马克思主义理论的指导下，不断进行理论思考和探索。

在党的十一届六中全会之后的一段时期内，党逐渐形成了邓小平理论、"三个代表"重要思想、科学发展观、习近平新时代中国特色社会主主义思想等一系列重要的马克思主义中国化的理论成果，确立了中国特色社会主义理论体系的整体框架。在这一理论体系的指导下，我国在各方面的建设都取得了巨大的成绩，经济和国家的发展建设令全世界瞩目，人民生活水平有大幅度的提高。

改革创新是这个时代的核心标志，是这个时代发展的核心和灵魂。改革，就是解放思想，不墨守成规，敢于面对现实，寻找发展的突破口。当然改革也属于知难而进的行为，要改革就不要怕付出代价，不能计较个人得失，从国家和社会发展的大局出发，从人民的根本利益出发。创新是改革的实质，其目的是要激发人民群众的内在创造力，发挥人民群众在创造生产力过程中的积极性，为人民群众的实践注入鲜活力量。同时，人民群众要实事求是，与时俱进，按照客观规律办事，思想和行动体现时代性，不能落后于时代发展。

改革开放以来，创新首先是理论创新。邓小平同志以非凡的勇气，坚持实事求是，坚持实践是检验真理的唯一标准，领导中国人民坚持走自己的路、建设有中国特色的社会主义，在实践和理论的探索中形成了邓小平理论，回答了什么是社会主义、怎样建设社会主义等一系列重大理论问题，是新时期中国化的马克思主义的杰出代表。中国的改革开放，在邓小平理论的指导下，取得了斐然的成绩。然而根据时代发展的要求，我党并没有停止理论创新的脚步，而是根据实践的需要，不断地创造和总结新经验，运用发展着的马克思主义指导我国社会的建设。

二、大学生时代精神培育面临的问题与挑战

(一)大学生时代精神培育面临的问题

1. 大学生时代精神培育的内容不够清晰

自党的十七大报告当中明确提出"时代精神"是社会主义核心价值体系精髓之一后,"时代精神"这个词引起了社会各界的广泛热议和普遍认同。当前在社会各个领域,都能看到当代大学生的身影,感受到当代大学生意气风发的蓬勃朝气,使我们越来越能够体验到时代精神的无处不在,特别是在大学生群体当中表现得尤为明显。但是,目前就大学生时代精神的具体内涵这一问题,无论是我们的党组织还是思想政治教育工作者、学者,仍然没有给出详细的、明确的、统一的答案。确定大学生时代精神的具体内容是弘扬和培育大学生具备时代精神的首要问题和关键环节,是思想政治教育工作者开展培育、引导工作的方向和指导。如果不能准确把握大学生时代精神的内容,就不能把时代精神的培育变为大学生群体的自觉行动,没有一定的思想和文化底蕴的时代精神内容,只是依靠行政命令空喊口号,是不能为广大大学生群体所接受的。明确大学生时代精神培育的内容是当务之急和矛盾的关键所在。

2. 大学生时代精神培育的机制不够健全

"机制"一词原本是指机器的构造和工作原理,现在已经广泛地应用于社会现象和自然现象之中,指社会或者自然的内部组织和运行变化的规律。无论是在社会领域还是在自然领域,机制都起着根本性和基础性的作用。在其他条件处于较为理想的状态下,如果机制处于良好运行情况,那么整个的培育过程就会有序、良好、高效地进行下去。当前,思想政治教育工作者希望把时代精神内化到大学生的思想当中,并且使时代精神外化成当代大学生的实际行动,必须要有一整套培育机制作为支撑。但是,从目前的环境来看,随着社会的迅猛发展,通信工具的多样化和网络的普及,大学生群体不再受到校园围墙的阻隔,他们获得信息的方式和途径呈现出多样化的趋势;在大学生走出去的同时,外来文化也积极地"走进来",这使得思想政治教育工作陷入困境,特别是对当前较为传统的培育机制提出挑战。在当今环境下,思想政治教育工作者仅仅依靠传统的思想培育机制可能难以达到预想的目标。原有的时代精神培育机制显现出不足,不能够紧随时代的步伐和内容的需要加以调整和完善,致使部分大学生对于时代精神的相关知识认识得不全面,理解得不到位,影响了时代精神培育的效果。

3. 大学生时代精神培育过程落实不到位

培育大学生时代精神的行为落实不到位表现在以下两种情况：

一是说得多而做得少。有的高校以行政部门决定学习什么样的内容、开展什么样的活动为准则，没有考虑当下学生的需要和接受能力，使得学生在开展学习和实践活动中裹足不前、畏首畏尾，依靠他人的决断来行动。与时俱进、开拓创新、发扬时代精神不是口号，而是实实在在、身体力行的行为，挂在口头上的时代精神便不能称之为时代精神。

二是与现实情况相脱离的盲目培育。这样的时代精神培育与现实的方向存在不一致，甚至是相反的情况。在这种思想的指导下，培育的目标、方法等往往只依据教育者的主观个人思想，带有很大的盲目性和随意行。有的高校的团委、学生工作部门对学生的具体情况没摸透，脱离客观实际，提一些不实在的口号，定一些大而空的目标，专搞"大跃进"。而大学生进步思想的形成往往是尊重思想形成的一般规律，需要一定的实践，这样盲目的培养无法到达理想的培育效果。

(二)大学生时代精神培育面临的挑战

1. 多元文化中的错误思潮通过现代传媒对大学生的时代精神进行侵蚀

文化的多元化发展已经成为改革开放和全球化的必然产物，也成为我国社会的不可否认和不可忽视的现实。一方面，文化的多元化在大学生思想政治教育过程中有其积极的作用：文化的多元化丰富了大学生的精神世界，使他们具备了广阔的国际化视野，同时也为大学生赋予了更多文化价值选择，这也增加了象牙塔中校园文化的活力，并且增进了高校思想政治教育工作的人文关怀。但是，多元文化背景下的社会对当代大学生思想政治教育工作，特别是时代精神的培育产生了许多不利的影响。

在如今思想解放、中西文化相互碰撞的文化大背景下，思想尚未完全成熟、辨别能力不足的大学生的价值观已经由改革开放前的单一化向着多元化方向发展。在这种多元文化中，裹挟着让人难以辨别的错误思潮，这更使得大学生难以做出正确的抉择，出现崇拜金钱、贪图享乐、依赖"关系"等现象。这也使得当代大学生时代精神培育的道路困难重重，甚至受到大学生的质疑和批判。在思想领域正确的价值取向不能占领，必然受到错误价值观的侵蚀。正如有学者所指出的："处于文明转型时期的中国正在出现普遍的道德失范现象，处于传统和现代的夹缝之中的中国民众正在经历着文化价值观念的剧烈冲突：个体主体意识与集体主义、功利主义、拜金主义同传统'正谊明道'的超功利主义、享乐主义、消费主义与传统节俭美德,技术批判理性与启蒙理性,后现代文化与工业文明精神,等等。"①

2. 新媒体带来的巨大变革

伴随着互联网技术、手机等媒体形式的创新发展,新媒体时代为全世界带来了巨大的变革,这种现代化的科技手段、信息媒介以覆盖面广、传播速度快、遍及生活每一个角落为主要特征,影响着当代大学生群体的思想观念与实践行为。"通过新媒体,思想教育工作者可以大规模地、主动地、快速地传播正确的思想、理论和政策,避免了信息传递过程中的衰减和失真;通过新媒体,大学生不必按传统方式在规定的时间到规定的场所接受教育,可以随时随地接受思想政治教育信息,大大提高了思想政治教育的传播效率。"②但就当前新媒体的运用程度而言,社会与高校尚未全面借助有效的、具体化的新媒体平台进行时代精神的有效培育,也未大力承担起宣传、弘扬时代精神的责任。高校教育没有有效地占领网络精神领域阵地,没有设计培育内容、组织各种系列活动,通过新媒体平台深化教育目标,因此在时代精神培育过程中没有取得显著性的成效;而在学生日常生活中作为主要信息交流平台的 QQ、微信、微博等,大都是起到信息传递、展示生活现状的功能。即使其中有通过热点新闻、时事政治来宣传社会正能量、传输党的路线方针、政策的内容,其吸引力也有限,未能抓住众多大学生的兴趣点,对时代精神的宣传与教育作用更是微乎其微。新媒体作为当今社会文化传播、思想交流的主阵地,拉近了世界文化传播的距离,同时,各国为了抢夺自己的文化传播平台,利用新颖的文娱形式吸引世界各国人民的眼球,但其传播的内容中却包含着影响人类价值观念、理想信念的落后、腐朽的文化体系,在与主流价值观、意识形态相背离的思想体系长期诱导下,大学生的正确价值观就会逐渐迷失,难以抵制外来物质利益的诱惑。

三、积极引导大学生树立以改革创新为核心的时代精神

(一)深刻认识时代精神的核心内涵

时代精神是一个社会在创造性实践中激发出来的,反映社会进步的发展方向,引领时代进步潮流,为社会成员普遍认同和接受的思想观念、价值取向、道德规

---

① 衣俊卿.论社会转型时期的生存模式重塑——关于价值重建与文化转型的深层思考[J].北方论丛,1995(4):1-8.
② 段志英.新媒体环境下大学生思想政治教育拓展研究[J].长春理工大学学报:社会科学版,2012(3):146-148.

范和行为方式,是一个社会最新的精神气质、精神风貌的综合体现。它是一个民族进步的精神动力,是马克思主义政党必须认清和把握的前进动力。

1. 时代精神传承中华民族富于进取的思想品格

中华民族在几千年的历史长河中,血脉不断、文明不衰、生机勃发,积淀了深厚的精神文化传统。古人倡导的"天行健,君子以自强不息;地势坤,君子以厚德载物",聚集了中华民族丰富的精神遗产,经历朝代的发展,演绎成了革故鼎新、独立自主、艰苦奋斗、与时俱进的改革创新精神。在这一精神推动下,我国不仅创造了闻名于世的四大发明,修建了万里长城、京杭大运河等,并且以诸子百家思想丰富了人类的精神文化宝库,由此构筑了辉煌的中华文明,推动了中国历史进步。

中华民族五千年的文明,铸造了诸多精神遗产,推动了中国历史的进步。在我党80多年奋斗的各个历史时期,一系列闪烁着时代光辉的伟人精神,正是这种富于进取的思想品格在革命、建设、改革各个时期的升华。特别是改革开放以来,在深化改革、扩大开放的历史进程中,我国人民锐意进取、敢为人先的创新精神不断迸发,与市场经济相适应的自主、平等、竞争、效率观念不断增强,共同富裕、公平正义、着眼于人的全面发展的人文精神得到普遍推崇,民主、科学、法治的观念成为广泛共识,从而形成了以改革创新为核心的时代精神。

2. 时代精神反映马克思主义与中国实际相结合的精神气质

中国共产党一贯重视时代精神的培育,并结合时代特点不断赋予其新内容。以毛泽东为代表的党的第一代中央领导集体,在把马克思主义与中国革命实际相结合的过程中,培育了包括井冈山精神、苏区精神、延安精神、西柏坡精神等在内的体现中国历史具体发展阶段要求的时代精神。中央领导集体同样重视时代精神的继承和发展,从农村联产承包责任制开始的经济体制改革,到建立经济特区的改革试验,再到"一国两制"的成功实践,充分展现了改革创新时代精神的全新成果。坚持与时俱进,大力倡导"64字创业精神",加快改革开放步伐,体现了时代的本质要求和科学精神,改革创新精神进一步弘扬光大。党中央紧紧围绕中国特色社会主义这一主题,着眼于新的实践、新的情况、新的问题,在坚持中发展,在继承中创新,提出了习近平新时代中国特色社会主义思想,丰富了马克思主义中国化的最新成果。这是中国改革创新精神的集中体现,反映了马克思主义与中国实际相结合的精神气质。

3. 时代精神体现改革开放新时期的时代特征

党的十九大指出要"勇于变革、勇于创新"。以改革创新为核心的时代精神，内涵十分丰富，主要体现为解放思想、实事求是，与时俱进、勇于创新，知难而进、一往无前，艰苦奋斗、务求高效、淡泊名利、无私奉献的精神。而在时代精神这一有机整体中，改革创新居于核心地位。因为改革创新是时代的最强音，是中华民族繁荣发展的灵魂，是国家兴旺发达的不竭动力。正是依靠改革创新精神，我国才创造了改革开放30多年来举世瞩目的辉煌成就。以改革创新为核心的时代精神展现了三个重要内涵：一是自主性，表明自主创新是战胜自我和超越自我；二是首创性，表明创新具有第一次的特征；三是先进性，表明创新必然顺乎文明之潮流，体现时代之脉动，展望历史之未来，能够独领风骚，影响深远。

以改革创新为核心的时代精神，是社会主义核心价值体系的精髓之一，是党带领人民破除一切妨碍发展的思想观念、体制机制和政策措施的不竭的动力源泉。只有深刻认识时代精神的核心内涵，才能把握引导大学生树立时代精神的要义。

(二)科学选择时代精神的教育路径

1. 在思想政治教育中升华

引导大学生树立时代精神要紧紧抓住思想政治理论课课堂教学主渠道和日常思想政治教育主阵地这两个关键环节。思想政治理论课要利用自身的理论优势，在大学生中灌输以爱国主义为核心的民族精神和以改革创新为核心的时代精神，引导大学生增强民族自尊心、自信心，增强社会责任感、使命感，使他们成为民族精神的传承者、时代精神的开拓者、社会主义的建设者。

尤其是要让大学生明确改革是当今时代最重要的主题，创新是当今时代的本质特征，正确引导学生敢于与时俱进，勇于研究新情况，解决新问题，以新思路、新方法、新技术、新发明开拓创新。日常思想政治教育要针对学生的思想实际，对症下药，有的放矢，摒弃思想政治教育的"老一套""一刀切""一锅煮"，充分体现思想政治教育的时代性，按照时代要求调整、丰富思想政治教育内容，始终瞄准当前已经出现和将来可能出现的热点难点问题，进行多角度、多层次的攻关，确保对大学生的思想政治教育内容常教常新，从而使大学生在接受教育的过程中，发扬光大改革创新的时代精神，在继承和吸收的基础上有新创造。

2. 在大学生自我教育中弘扬

大学生既是接受教育的客体，又是能动地以自己的认知诠释、选择、内化教育内容的主体。高校教育要转变观念、解放思想，启发和引导学生正确地开展自我教育，让学生主动用心地去领悟和培育时代精神。在自我教育过程中，大学生要明确当今时代是改革开放和市场经济形成与发展的新时期。在这个时期，人是真正的主体，发展是时代的主题，竞争机制是推进发展的重要方式，科技、知识、信息是促进社会与个体发展的主要资源。因此，大学生在树立以改革创新为核心的时代精神时，要树立强烈的民族忧患意识，树立竞争意识；要注意全面发展，深刻理解创新人才首先是全面发展的人才，是在全面发展的基础上创新意识、创新精神和创新能力高度发展的人才；要注重个性发展，因为个性的充分发展有利于人的自主性、灵活性和创造性的发挥。

第六章 大学生法治与诚信教育

党的十八大报告提出了富强、民主、文明、和谐，自由、平等、公正、法治、爱国、敬业、诚信、友善的社会主义核心价值观。法治与诚信作为当前我国社会主义核心价值观的主要内容，越来越多地引起了人们的关注。开展大学生法治与诚信教育不仅有利于传承和发扬中华民族传统美德和先进文化，而且有利于提高全民族的法治和思想道德水平，有利于进一步加快构建和谐社会的进程，促进物质文明、精神文明的协调发展，有利于实现中华民族伟大复兴的"中国梦"和两个一百年奋斗目标。本章主要对大学生法治与诚信教育进行阐述。

第一节 大学生法治教育

一、大学生法治教育概述

(一)大学生法治教育的概念

法治的概念发展至今已经成为"一个无比重要，但未被定义也不是随便就能定义的概念"[1]。现代法治不管是理论还是实践都源于西方现代化过程，西方法治理论的发展路径主要沿着实质法治与形式法治两条主线，而学界对于法治的定义也始终围绕着这两条主线。

从亚里士多德提出法治的定义开始，西方学者就孜孜不倦地对法治的内涵进行阐释，关于实质法治论与形式法治论的争论丰富了法治的内涵，这两种观点分别体现在国外两部比较权威的法学辞典中。在《牛津法律大辞典》中，"法治"被解

---

[1] [英]戴维·M·沃克.牛津法律大辞典[M].牛津法律大辞典翻译委员会，译.北京：光明日报出版社，1989：790.

释为:"一个无比重要,但未被定义也不是随便就能定义的概念,它意指所有的权威机构、立法、司法、行政及其他机构都要服从于某些原则。这些原则一般被看作是表达了法律的各种特性,如正义的基本原则、道德原则、公平和合理诉讼程序的观念,它含有对个人的至高无上的价值观念和尊严的尊重。"①另一部权威的法学词典《布莱克法律词典》(第8版)则将法治解释为"一项内在的法律原则;法律的至高无上地位(supremacy of law)",并间接地以寓意深邃的语言阐释称,"所有处于美国之内的人皆处于美国的法律统治之中(all persons within the United States are within the American rule of law)"。②

在我国,学者们对于法治内涵的界定更多地结合了形式法治思想与实质法治思想。高其才指出:"法治包含了许多层含义,它既是指一种治国的方略、社会调控方式,又是指一种民主的法制模式和依法办事而形成的法律秩序,还是指一种法律价值、法律精神和一种社会理想。"③孙笑侠认为法治有多层次含义,主要包含两个方面内容,即形式意义的法治和实质意义的法治,是两者的统一体。④石茂生认为:"法治的概念包含形式要素和实质要素,他从亚里士多德的法治概念出发,指出亚里士多德只揭示了法治具有的普遍守法与良法之治两大形式要素,而没有揭示隐含在其背后的限权和民主两大实质要素。而法治概念的四个要素缺一不可,任何一项的缺失都会导致概念内涵的不完整,违背法治的要求。"⑤

因此,所谓法治,是指在商品经济中产生的,以民主为前提,以自由、平等、公正、权利等观念为基础,以严格依法办事为原则,以确保权力正当运行为重点,以保护人民权利为目的的一种治国理政的方略或社会调控方式,是一种良好的法律秩序,一种具有法律价值和法律精神的社会生活方式,一种代表公平、正义、安定、和谐的社会理想,"是民主、自由、平等、人权、理性、文明、秩序、效益与合法性的完美结合"⑥。法治的内涵应该包含四个要素,即"普遍守法"和"良法之治"的形式要素,以及"保障民主权利"与"限制权力"

---

① [英]戴维·M·沃克.牛津法律大辞典[M].牛津法律大辞典翻译委员会,译.北京:光明日报出版社,1989:790.
② [美]Bryan A · Garner. Black's Law Dictionary[M].8th ed, Thomson West,2004:4151.
③ 高其才.法理学[M].北京:清华大学出版社,2011:253-254.
④ 孙笑侠.法理学[M].北京:中国政法大学出版社,1996:285.
⑤ 石茂生.论法治概念的实质要素——评亚里士多德的法治思想[J].法学杂志,2008(1):97-100.
⑥ 张文显.马克思主义法理学——理论、方法和前沿[M].北京:高等教育出版社,2003:336-340.

的实质要素。其中普遍守法是指法律具有至高无上的权威和人们对法律的广泛服从；良法之治是指必须具备一定的法制，并且法制具有善良与正义的品质；保障民主与权利即民主是法治的前提，保障民主、树立权利本位观、保护人民权利是法治的内在价值追求；限制权力则是指防止政府权力滥用，保障司法独立。

法治教育是指对特定的人群进行有目的、有计划、有组织的以传授基础性法律知识为主要内容的，着重培养其法律意识并树立法律信仰的教育活动。弘扬法治精神，进行社会主义法治教育，其本质在于弘扬社会主义法治所包容的和谐法治精神、民主人权精神、自由共和精神、公正理性精神等，并将其理念深入人心。

法治教育对我国社会主义法治建设的保障作用体现在立法、执法、司法、守法、法律监督五个方面。第一，立法方面。立法权本身作为一种国家权力，摆脱不了容易被权力腐化的本质规律，因此通过加强法治教育，使普通民众具有强烈的法律信仰并积极参与立法活动，充分表达自己的观点，从而使法律更加接近客观事实的发展规律。通过加强社会公众的积极参与，通过人民代表大会制度进行制定或修改法律的过程更加客观，使人民代表更加深入、全面地了解广大人民群众的实际情况，制定出充分反映人民意志的法律。第二，执法方面。通过加强法治教育，深入加强社会主义法治理念教育，才能使在具体行政行为中的国家相关工作人员及其相对人依法办事、依法维权，维护国家法治的正常秩序与运行。第三，司法方面，通过加强法治教育，使司法行为在保证法律面前人人平等的同时，以事实为依据，以法律为准绳，按照法律规定的权限和程序适用法律，同时接受人民群众的广泛监督，防止失职、渎职、越权等现象的发生。第四，守法方面。通过加强广泛的法治教育，使全社会的公民、社会组织等以法律为自己的行为准则，依照法律行使权利并履行相应的义务，从而真正实现法律调整社会生活的目的。第五，法律监督方面。通过加强法治教育，使国家特定机关以及普通民众对立法、司法、行政活动的合法性进行更加合理、全面、有效的监督，对保护公民的合法权益，维护社会的长治久安，维护法律权威具有十分重要的意义。

(二)大学生法治教育的内涵

大学生既属于法治宣传教育的对象，又是国民教育体系法治教育的对象，因而必须高度重视大学生的法治教育，我们这里说的大学生法治教育主要是指针对非法学专业的大学生进行的法治教育，而且，将法治教育的研究重点放在高校对大学生的教育上,除此之外的家庭法治教育和社会法治教育等方面作为大学生法治教育的环境层面来进行研究。大学生法治教育是高校对大学生进行思想政治教育的重要组成部分。大学生法治教育就是针对大学生所进行的法治教育,在这里对法治教育的主体进行了限定,因此大学生法治教育除了具有法治教育共性之外,还有其独特的个性。大学生法治教育是大学生在教育目标的指引下,对其进行法学知识的传授,并着重进行法律知识和法律素质的培养,使大学生具备使用法律指导行为的一种活动。高校大学生法治教育活动是一项系统工程,不可避免地受到一些因素制约,如教育主体、教学手段、教育环境等,必须加强教育系统内部的合力建设,确保高校大学生法治教育的真正实现。

(1)法治理念的培育。我国的法治理念基本内容是:依法治国、公平正义、服务大局、执法为民、党的领导。它是党中央结合我国经济建设、民主政治发展的实际情况,以马克思主义思想为指导,站在我国社会主义现代化建设事业全局的高度,高度概括了社会主义法治方向和思路。它是对党的领导、依法治国和人民当家做主三者有机统一的充分体现,它是对社会主义法治基本内涵、实质要求的深入认识,它是对我国国情与我国法治文明发展方向的系统反映。对大学生来说,可以从以下几个角度切入:

①建立与培养大学生的根本宪法意识。宪法意识是一种具体的法律意识,是对公民关于宪法内容、原则、理念等各方面认识的总称。它反映了公民对宪法规范、宪法理念的认识程度,反映了公民对自身宪法权利的了解及行使程度。树立宪法意识,可以为宪法的实施、法治建设的推进,国家民主的实现,提供重要的精神支撑。

②深化大学生的权利义务意识。"法以规定人们的权利、义务为主要内容,以法的实施来约束、规范人们的各种社会行为与社会关系,权利与义务渗透到法律关系的各个环节,渗入进了法律的制定与实施的整个过程。"大学生的权利义务意识,是保护权利与履行义务相互统一的整体意识。

(2)法律知识的普及。开展基础法律知识普及教育是大学生法治教育的一个重要内容,通过普及基础法律知识,以引导大学生学习法律的基础理论知识,初步认识我国的法律结构体系,提升自己的法律素养。大学生只有通过对法律知识的学习,了解了法律的基本规定,才能准确判断哪些行为是法律许可的,哪些行为是法律禁止的,才能对一种行为所引起的法律后果有正确的认识,从而使自己的行为在法律允许的范围内开展。养成尊重法律、遵守法律的好习惯。"掌握基础的法律知识，具备基本的法律素养，是一个市民，尤其是一个学生适应社会、融入社会所必不可少的基本素质……大学是培育人才的高等学府，对青年大学生法律素养的培育与提升，是其塑造人才的一个重要方面，是其所应承担的一项重要社会职责。"

(3)法律能力的提升。法律能力是指大学生利用自身所具有、所掌握的法律知识指导自己行为，处理、化解各种纠纷，追究侵权行为法律责任，维护自身合法权益、维护社会公平正义的能力。法律能力是法治国家建设要求公民必备的一项基本能力。开展大学生法治教育，在向大学生传输法律知识、提高法律素质的同时，还应在大学生知法的基础上提高其利用法律解决实际问题的能力，实现由知法向用法提升。

①守法能力。遵守法律是公民的一项基本义务，培养大学生的守法能力，能够提升他们对自身行为以及他人行为引起法律后果的预见能力，培育他们遵守法律、依照法律开展行为的守法习惯。

②维权能力。培养大学生的维权意识、依法维权能力，加深他们对法律救济程序的认识与了解，帮助他们对法律救济程序的掌握，使其学会并习惯利用法律手段来处理纠纷、化解矛盾，坚守保护自身依法享有的权益、维护社会的公平正义。

③护法能力。大学生不但要知法、懂法、守法，而且还应该维护法律，要培养大学生在现实生活中维护法律权威的能力。

二、大学生法治教育的必要性

(一)落实全面依法治国方略的需要

党中央、国务院历来高度重视法治建设和培育法治意识。自十八大党中央提出"法治是治国理政的基本方式"[①]以来，习近平总书记站在党和国家事业发展的全局高度，多次就全面推进依法治国、建设社会主义法治国家和培育全社会法治意识发表重要讲话。党的十八届四中全会在《中共中央关于全面推进依法治国若干重大问题的决定》中明确提出了"增强全民法治观念、弘扬社会主义法治精神、推动全社会树立法治意识的重大任务"。在党的十九大报告中，"坚持依法治国"，被明确作为十四条新时代坚持和发展中国特色社会主义的基本方略之一，

---

① 胡锦涛.坚定不移沿着社会主义道路前进为全面建成小康社会而奋斗——在中国共产党第十八次全国代表大会上的报告[M].北京：人民出版社，2012：27.

明确全面推进依法治国总目标是建设中国特色社会主义法治体系，建设社会主义法治国家。要实现增强全民法治观念，推进法治社会建设的总任务，就要"推动全社会树立法治意识；深入开展法治宣传教育；把法治教育纳入国民教育体系；把法治教育纳入精神文明创建内容"[①]，就此指明了公民法治意识培育的任务要求和职责归属。

大学生是国家未来法治建设的主力军。特殊的社会地位使大学生必然成为法治意识培育的重点对象。大学生是国家法治建设的主体力量，是未来国家立法、执法和司法的主要依靠者，他们是国家未来法治的建设者与接班人。开展大学生法治意识教育是推进依法治国基本方略的基础性工作之一，也是当前进一步加强我国社会主义民主法治建设的必然要求。今天的大学生，就是明天的社会主义现代化建设事业的主力军，大学生是全面推进依法治国的重要精神力量，大学生必须掌握先进的社会主义法治知识，才能确保国家法治建设的社会主义政治方向和自由民主、公平正义的价值导向。大学生法治素质在一定程度上代表着未来中国公民的法治素质。大学生的法治意识决定了大学生的法治素质和法治行为，积极的法治意识可以为社会传播健康的正能量。大学生具有较强的社会影响力，他们一般是每个家庭中知识水平较高的人，其言行对家庭成员有较强的辐射作用，有利于法治思想和观念的传播，有利于推进国家的普法工作。因此，加强对大学生的法治教育，对全面推进依法治国战略具有长远的意义。

(二)顺应社会主义市场经济发展的迫切需要

市场经济究其本质而言就是法治经济，我国社会主义市场经济的主要法律已经颁布并实施，部分具体法律规范已经成型并开始着眼立法准备，从整体而言，我国社会主义市场经济建立了比较完备的法律体系，但执法过程中也存在着较多的障碍，致使市场竞争处于尚无法律支撑的不健全的竞争状态，甚至在某些行业或领域存在着权力垄断市场的现象，一些权力部门不遵循法律依据而擅自施行有损公民、法人和其他组织合法权益的行为，这些不合法的行为会导致部分行业畸形发展，阻碍市场经济法治化进程，虽然在宏观上起到了推动经济发展的作用，但最终会因技术落后和市场饱和而造成经济停滞不前，有法难依。因而党的十九大提出了建设法治政府，推进依法行政，严格规范公正文明

---

① 《中共中央关于全面推进依法治国若干重大问题的决定辅导读本》编写组.《中共中央关于全面推进依法治国若干重大问题的决定》辅导读本[M]. 北京：人民出版社，2014：27.

执法的新要求，这些都依赖执法者自身素质的提高来完成。国家每年都会面向大学生群体进行全国或省级公务员招聘考试，通过考试录取的大学生的法律修养如何，将在一定程度上影响着行政改革的效果，进而影响社会主义市场经济的健康发展。从此视角来看，为了顺应社会主义市场经济发展的迫切需要，必须大力加强大学生法治教育。此外，面对世界经济全球化的发展趋势，我国经济的发展离不开世界市场。目前，我国经济发展中，外资投资和外需拉动对经济发展的促进作用较明显，而西方发达国家都在完备法治进程中依法建设国家，我国目前的法律保障尚不完备，今后经济发展中必须依法促进和保障我国社会主义市场经济的健康发展。最大限度地实施法治建设与大学生的法治教育密切相关，因此，为了顺应社会主义市场经济发展的迫切需要，必须加强大学生法治教育，为我国各项事业依法健康发展提供坚实力量，推进我国社会法治化进程。

（三）实现大学生全面发展的需要

《国家中长期教育改革和发展规划纲要（2010—2020年）》规定：坚持以人为本、全面实施素质教育是教育改革发展的战略主题，是贯彻党的教育方针的时代要求，其核心是解决好培养什么人、怎样培养人的重大问题，重点是面向全体学生、促进学生全面发展。坚持全面发展，要促进德育、智育、体育、美育有机融合，提高学生综合素质，使学生成为德、智、体、美全面发展的社会主义建设者和接班人。大学生全面发展的当代内涵就是成为德、智、体、美全面发展的社会主义的建设者和接班人。要实现大学生的全面发展，就要加强大学生的法治教育。

大学生的全面发展就是德、智、体、美综合素质的全面发展，从素质教育层面而言，体现为思想道德、科学文化素质和身心健康素质的全面发展。思想道德素质是大学生全面发展必须具备的首要素质，包括道德素质、政治素质、思想素质、民主法律素质等，其中"法律素质是人们在先天生理基础上，通过后天对法律知识的学习，逐渐内化法律意识，进而外化为法律能力的综合体现"，它既包括内在理念层，又包括外在行为层。法律素质的内在理念层由法治知识和法治意识构成，外在行为层由法律习惯、法律行为和法律能力等构成，其中法治知识是基础，法治意识是核心，法治能力则是法治素质的外在体现。法治意识是法律素质的核心构成，而法律素质又是大学生全面发展的基础性内容，可见，法治意识构成了大学生全面发展的重要内在素养。

三、大学生法治教育面临的问题及其原因

(一)大学生法治教育面临的问题

1. 大学生法治教育的目标未充分实现

党的十八届四中全会提出要"深入开展法治宣传教育,把法治教育纳入国民育的对象",理应被高度重视,但是,当前部分高校对大学生法治教育的目标理解存在偏差和曲解,具体表现在部分高校教师片面理解大学生法治教育的目标,认为法治教育就是单纯的宣传法律知识的教育,这是非常错误的。大学生法治教育的目标定位清晰,就是要树立大学生的法治理念,提高大学生的法律素养,而非单纯的法律知识的传授。教学实践中,在高校进行法治教育的主要渠道和途径是大学一年级学生必修的"思想道德修养与法律基础"课程,对大部分学生的法治教育仅限于本课法律知识的讲授,缺少法治教育的针对性和实效性。同时,由于教材结构设置不尽合理,法律内容部分放在本书的最后三章中,很多教师对于该部分内容的重视程度不够,甚至将之直接舍弃,而能够按照正常进度教学的教师中也存在无法完全讲完的情况,很多时候,由于各种各样的原因,任课教师无法完全按照既定教学计划完成教学任务,这部分大多作为被舍弃和可讲可不讲的内容。所以,当前高校大学生法治教育并不是以提高大学生的法律素养为目标,严重忽视了对大学生法治观念的培养。

2. 大学生法治教育内容较为空泛

当前大学生法治教育的主要内容载体是《思想道德修养与法律基础》(2013年版)。相比之前的教材,应该说在内容上修改幅度较大,"经过调整的内容框架对高校法治教育的方向形成了新的定位,把法律精神、法治思维方式和法律文化的培育置于具体的法律条文学习之上"①,并且具有较强的时代性,但是仍然存在以下问题。

(1)联系实际不够。《思想道德修养与法律基础》(2013年版)在内容上仍然存在较为抽象的问题,主要是理论知识性的内容,缺乏说明性延伸,对学生缺乏阅读吸引力。多数大学生认为教材内容理论性太强,缺乏生动的实例,理论与实践相脱节,教材内容枯燥费解。大学生的法律知识主要来源并非学校教育,而是来自大众媒体等社会普法宣传。大学生法治意识培育内容有些陈旧。大学生最爱逃的

---

① 徐蓉. 法治教育的价值导向与大学生法治信仰的培育[J]. 思想理论教育,2015(2):16-20.

一门课是"思想道德修养与法律基础",他们给出的理由就是老师讲的内容在上大学前几乎所有思想品德课老师都讲过,再听感到烦。也有学生表示,老师在课堂上对学生守法、懂法的要求毫无新意。

(2)偏离学生需求。不少高校开展大学生法治意识培育偏离了大学生的需求。具体要表现在以下方面:

第一,脱离大学生的生活实际。大学生法治教育的目标主要是培养大学生的法治意识和帮助大学生解决生活中的法律问题,但当前有的高校法治教育对大学生生活、就业、创业等方面所需要的法律、法规介绍得较少,缺乏针对大学生实际生活的法律实务方面的内容。

第二,不能满足大学生学习与本专业相关的法律知识的需求。不同专业学生对法律知识的需求存在差异,高校开设的法律课程较少注重专业的特殊性,缺乏对大学生学习本专业相关法律知识需求的关照。

3. 大学生法治教育方式较为单一

(1)隐性教育不足。隐性教育不足体现在实践法治教育乏力。当前高校很少举行法治实践活动,但很多学生期望参与相关的法治实践活动,这说明大学生法治实践参与意愿与学校组织法治实践活动之间存在供需不平衡的矛盾。高校的法治实践教育乏力,不能满足学生的需求。隐性教育不足还体现在学校法治氛围不浓,管理育人乏力。

(2)现代教育手段不够。当前高校开展大学生法治意识培育没有充分利用现代化的教学手段和教学平台,也没有充分利用网络教学资源,缺乏对新媒体网络平台的利用。很多教师指出,在法律基础课的教学中,教师主要采用PPT演示课件,虽然一些教师会准备教学视频,但由于教学时间紧张,许多视频材料也无法给学生放映,教学资源未得到有效利用。许多高校都没有利用微博、微信等校园公众号平台开展大学生法治意识培育,只有政法类大学的官方微信中有与法治教育相关的内容。可见,利用校园新媒体开展大学生法治意识培育仍然不够。

4. 大学生缺乏自觉学习法律的积极性

大学生对于法律知识缺乏学习的积极性,对法律活动缺乏参与的主动性,表现为对法治教育关注度不高、重视程度不强、认识不足。在当前学校法治教育实践中,有相当一部分同学存在着敷衍、蒙混过关的心理。对大学生而言,功利主义的实用价值最大,哪些方面能够增加就业竞争力或是有助于研究生考试就用功学习,而对其暂时没有多大功用的学科就将其边缘化和漠视,仅在考前突击复习,只求考试及格。这种"专业第一"的思维惯性和应试教育的影响,使得部分大学生将法律基础视为最边缘的学科,处于可有可无的境地,在大学生中间没有培育起充分的动力和浓厚的兴趣,课堂上漠视课程存在的意义和价值,法治教育自然被轻视。

(二)大学生法治教育面临问题的原因

1. 高校教育工作偏差对大学生法治教育的影响

(1)高校对法治教育重视程度不够。当前,高校大学生的法治教育面临一种尴尬的境地,法治教育并没有得到与其重要作用相匹配的重视程度,主要体现在学校法治教育形式化、重道德教育轻法治教育、法治教育责任机构不明晰、法治教育投入不足等方面。有的高校重自然科学而轻人文科学,与其他学科相比,法治教育属于边缘学科,大学生法治教育处于边缘状态。目前国内高校法治课程的教学工作多是由本校的法学院协助完成,但这种联系并不紧密,这一现象背后的根本问题其实并不在于双方的沟通,而在于目前高校法治教育的地位不明晰。根据我国官方文件精神及实践做法,高校法治教育从属于德育教育,自身并没有独立的地位。[①] 高校还存在法治教育主管机构不明晰的问题。高校法治教育工作的监督与指导一般由对应的宣传部门和学工部门共同负责,然而这两个部门的任务分工通常并不明确,且由于并不是各自部门的主抓任务,对法治教育的重视程度也不够,人员的专业性也无从谈起。[②] 此外,有的高校对法治教育的理论研究、教学设备改进、法制宣传和实践活动等方面经费投入不足,一些培育效果好的教学方式无法开展。

(2)大学生法治教育师资力量较为薄弱。法学作为一门逻辑思维能力和记忆能力要求较高的学科,面临"浩如烟海"的法律条义,既要保证法律的严谨性,又要符合法律的适用性,法律知识的学习并非易事。因此,在进行法治教育过程中,必须由专业的法学老师来担任法律基础课程的教学,才会收到良好的法治教育效果。而当前的实际情况却大相径庭,高校法律基础课程的授课教师一般由思想道德修养老师兼任,专业的法学教师人数不多,而法学专业出身的老师大多为专门从事法学专业学习的学生服务,单纯讲授专业课。此外,某些高校扩招速度过快,导致配置的教师数量严重缺乏,迫不得已就由行政人员或聘请退休政工干部进行兼课。这些教师无法掌握法律精神,却将自己一知半解的知识和理念传授给学生,极大地影响了学生法治思维的养成,甚至可能造成长远的负面影响。由此可见,

---

① 陈彬. 大学生需要怎样的法制教育[N]. 科学时报,2013-09-05.
② 陈彬. 大学生需要怎样的法制教育[N]. 中国科学报,2013-09-05.

高校大学生法治教育的师资力量薄弱、师资水平参差不齐等问题严重影响了大学生法治观念的培养。

2. 社会环境对大学生法治教育的影响

社会作为大学生的另一课堂,校园及其周边的环境对于大学生这一特定的群体也会产生潜移默化的影响。由于大学生大多离家在外,学习、生活、娱乐等大部分活动都在学校及其周边进行。随着市场经济的发展,校园及其周边环境已经发生了巨大的变化,大量的外来务工人员和商业人员进入校园,校园被各种小酒吧、网吧、发屋、小书摊包围,市场经济引起的贫富差距以及畸形的消费观,对大学生的价值观、世界观造成了恶劣影响,对大学生的法治教育产生了不利影响。我国正在加大社会主义法治建设的力度,并且已经初步建立了社会主义法律体系的基本框架,但不可否认的是还存在着一些问题:一是立法方面,我国现有的一些法律相对粗糙,缺乏具体的可操作性,需要其他法律或司法解释等的补充,而有时几大部门甚至同一部门的司法解释之间相互冲突,这种冲突现象同时也出现在上下位法以及部门法之间;二是执法方面,执法不严,地方和部门保护主义依然存在,一些行政机关仍存在不依法办事,"官本位"思想根深蒂固,门难进、脸难看、事难办的衙门作风等问题;三是司法腐败问题的存在,正如培根所言,一次不公的裁判比多次不平的举动为祸尤烈。一些不和谐的因素存在于我国的法治建设中,降低了法律权威,同时也使大学生降低了对法律的信任,导致大学生对我国的法治建设缺乏信心,从而对权利义务的认知层面偏低,这对大学生法治教育产生了间接却又巨大的负面影响。

3. 家庭法治氛围不足对大学生法治教育的影响

家庭的教育氛围对人的思想观念的影响是最直接、最深刻、最持久的。父母是孩子的启蒙老师,他们的思想观念、为人处世的方式以及教育方法,都直接影响到大学生法治教育。

父母的言行会在潜移默化中对子女起着示范作用,并且伴随他们的一生。有的家庭父母品行不良,没有给孩子起到良好的榜样作用,不利于孩子形成正确的法治观。此外,还有一些家庭父母关系不融洽,充斥着争吵甚至家庭暴力,对小孩健康人格的形成带来了伤害,严重者会给小孩造成终生的心理阴影,甚至导致其走上违法犯罪道路。有的家庭在教育上重智育轻德育,过度重视对孩子的智力开发而淡化了对孩子思想道德素质的培育和人格的塑造,忽视了对孩子法律素质的培养。甚至个别家长对孩子的评价标准是成绩优异,这样的教育观念不利于大学生的法治教育。有些家长过度宠溺孩子,导致他们缺乏规则意识。由于不少孩子为独生子女,任何事都顺着他们，使一些孩子形成了"个人中心主义"，在日常生活中，办事情、解决问题往往从自我出发，强调"效率"，不愿受规则的约束，忽略了程序的要求，缺乏一种基本的规则意识和程序意识。大学生如果不尊重规则，无视规则，在以后的生活和工作中就有可能无视法律法规，甚至导致违法犯罪的发生。

四、加强大学生法治教育的路径

(一)高度重视大学生法治教育工作

1. 加强高校领导的重视程度

大学生法治教育工作的顺利开展，离不开广大高校领导的重视，只有他们能够重视起来，大学生法治教育这项长期、艰巨的任务才能得到积极稳妥的推进。①如果不能充分得到这些领导的重视，高校大学生法治教育将面临缺乏组织保障的困境，组织保障是我们开展大学生法治教育的不可或缺的条件。此外，为了保证大学生法治教育能够长期进行下去，高校领导要推动相关的职能部门进行制度体系的建设，即实现大学生法治教育的制度化。在资金的预算上，高校领导要尽量向大学生法治教育这方面倾斜。②

2. 提高教师队伍的法律素养

教师作为大学生法治教育的落实者，正如邓小平同志所说，"一个学校能不能为社会主义建设培养合格的人才，培养德、智、体全面发展并且有社会主义觉悟的有文化的劳动者，关键在于教师。"③学生法治教育需要一支政治过硬、品德高尚、业务优良、素质全面的法治教师队伍。若教师仅仅是出于教学需要而进行法治教育，学生就不会从中感受到其强烈的感情倾向性，也就无法达到法治精神培养的效果。高校应在注重提高教师队伍素质的同时再吸收大量法律专业的毕业生成为高校法治教育的专职教师，并负责与学校各学院以及各职能部门法治教育的协调沟通工作，提高各学院教师和综合服务人员的法律素质，使教师成为学生的好榜样，以高尚的品质言传身教。此外，高校还要不断提高现有的大学生法治教育教师的各方面素质，多给他们一些学习和深造的机会。只有教师队伍整体水平不断提高，大学生法治教育才能相应地不断加强。

3. 建立健全规章制度

学校要严格遵循国家法律规定，在法律框架内制定自己的规章制度。一是要

---

① 王树荫. 中国共产党思想政治教育史学科建设论[J]. 思想教育研究，2006(3)：6-10.
② 文辅相. 文化素质教育应确立全人教育理念[J]. 高等教育研究，2002(1)：27-30.
③ 邓小平. 邓小平文选(第3卷)[M]. 北京：人民出版社，1993：108.

推进大学章程的制定与实施，着力实现"一校一章程"，做好学校章程的宣传教育，完善以章程为基础的学校规章制度体系，把章程落实在学校日常运行中。二是要健全全员参与制度，尊重教职工及学生的主体地位，鼓励全校师生参与民主管理。通过建立健全党代会、学代会、教代会以及团代会等民主参与形式，构建畅通的民主渠道，保障师生的民主权利。

规则的权威来源于运行，高校开展管理工作，要让学生明确自己不仅是权利的主体，也是义务的主体，既行使受教育的权利，也有接受学校管理的义务。"在学生的培养过程中，纪律要求是加强约束力量、挖掘青年人潜能以及矫正他们弱点最好的方法"[①]，高校要依法行使管理权利，严格执行校规校纪，保障校规校纪的权威。同时，管理必须严格依照法定的程序进行，特别是对学生进行处罚时要做到证据充分，程序正当，既保障学生合法权利，也维护学校正当权益。

(二)改善大学生法治教育课程

1. 丰富教育课程类型

当前高校法治教育普遍采取的是必修课与选修课相结合的方式。必修课程主要是"思想道德修养与法律基础"和"形势与政策"，高校还可以开设与专业课相关的法律必修课。专业课是指高等学校和中等专业学校根据培养目标所开设的专业知识和专门技能的课程，专业教育不仅应该使学生掌握必要的专业基本理论、专业知识和专业技能，也应承担一定的法治教育责任。每个专业、行业都有其特殊的行业规定和法律规范，开展大学生法治意识培育要结合不同专业，有选择地向学生介绍一些与专业相关的部门法，帮助学生了解其立法目的、原则和基本精神，培养学生知法、守法、护法、用法的自觉意识。因此，各个专业可以增加与专业相关的法律基础课，达到专业课与法律基础课相匹配。例如，工科专业可以增开知识产权法课程，管理学可以增开公司法课程，行政管理专业可以增开行政法课等。通过开授与专业课相关的法律课程，会使大学生法治意识培育更有针对性，并且与大学生所学专业相关，也会增强大学生对学习法律知识的动力。

2. 改革教学方式方法

大学生法治教育不是专业教育，不是知识教育，而是价值教育，是思想教育，不需要受教育者死读硬背，而是"需要用基本事实的知识来发展和增进每个学习者

---

① 冯小洁. 管理、服务于引领：高等学校学生事务国际学术研讨会（ISSA 2005）文集[C]. 武汉：华中科技大学出版社，2008：168.

的思考力"①。因而，决不能把法治教育变成照本宣科式的讲解，让学生死记硬背一些法条。毛泽东指出："不能强制人们放弃唯心主义，也不能强制人们相信马克思主义。凡属于思想性质的问题，凡属于人民内部的争论问题，只能用民主的方法去解决，只能用讨论的方法、批评的方法、说服教育的方法去解决。"②教条式的教学方式并不能收到良好的教学效果，讨论才是解决学生思想问题的一个最好的方法。

在进行课堂教育时，教师一要树立法治教育的理念，改变传授具体法律知识的教学策略，注重法治精神的传递。二要多采用启发式、讨论式、参与式的学习方法，引导学生通过自己的思考发现有关的法律规范、事实材料，分析各因素之间的关系，得出最佳答案，巩固所学知识，深化对法治知识和价值的理解。三要开展案例教学。案例教学法是通过对一个具体的法治情境的描述，引导学生对这种典型、特殊的情景和境况下的法治问题进行讨论，以培养学生批判性思维和创造性能力的一种教学方法。案例教学法是一种互动式的教学方法，它使教师和学生共同参与到对现实情境的讨论之中，教师的作用不是把答案告诉学生，而是通过提出问题引导学生做出深入思考与决策，从而掌握相关理论、分析技巧及运用方法。学生在教师指导下进行课堂讨论，分析案例中的法治要素和法治运用，最后得出结论。同时，教师还要引导学生思考案例的道德意蕴和价值意义，使学生学会从道德和法律结合的角度全面客观地看问题。

(三)创新法治教育实践

习近平总书记指出："要深入开展法制宣传教育，在全社会弘扬社会主义法治精神，传播法律知识，培养法律意识，在全社会形成宪法至上、守法光荣的良好氛围。要坚持法制教育与法治实践相结合。"

1. 组织法治实践活动

在学校开展一系列的法治实践活动，如法治论坛、法律竞赛、法治演讲、法律救济、法律援助、模拟法庭、普法演出、送法下乡、校园说法、校园普法周、社区法律咨询等，全面推进法治教育，使大学生自觉感受法、理解法、支持法并受益于法。特别是举办法治辩论赛，辩论不但可以锻炼学生的口头表达能力和逻辑思维能力，而且备赛过程是学生主动学习的过程，既可以积累知识，也可以掌握学习的方法和途径。法治辩论赛不仅能充分调动学生的积极性，增强学生的法

---

① 列宁. 列宁选集(第4卷)[M]. 北京：人民出版社，1972：348.
② 毛泽东. 毛泽东文集(第7卷)[M]. 北京：人民出版社，1999：209.

治思维，也能提升学生在具体案例中运用法制知识的能力，为学生在将来实际生活中评判法律现象提供一种参考模式。

2. 丰富大学生司法体验

丰富大学生的司法体验能增强学生对国家法治运行状况的直观感受，将所获得的感性认识与法治理论教育的理性认识结合起来，提升教学效果。高校可以结合"走出去"和"引进来"的策略，丰富大学生的司法体验。定期组织学生"走出去"，参观法庭庭审或者监狱。特别是与大学生相关的案件，让大学生参观审判过程，可以对他们产生强烈的震撼作用，学生回到学校后可以相互分享感受，能增强教育的感染力。鉴于当前高校的实际情况，无法让多数大学生进行校外司法体验，可以采取"引进来"的策略。所有的司法机构都肩负着培育大学生法治意识的责任，中共中央国务院《关于进一步加强和改进大学生思想政治教育的意见》指出，国家机关和地方党政负责人要经常为大学生做形势报告。因此，学校可以与相关司法机构进行对接，选择优秀的法律工作者定期为大学生做法治发展形势报告、司法实践讲座，甚至可以邀请犯罪服刑人员现身说法。特别是选择与大学生相关的案例（包括大学生被侵权案和大学生违法犯罪案件），从心理状况、家庭背景、社会影响和法治教育等多层次、多角度分析案件的原因，通过一个案例的分析，将大学生的理想信念教育、法治教育和心理健康教育结合起来，取得一举多得的效果。

（四）营造良好的大学生法治教育的整体环境

1. 优化社会法治环境

社会作为一个大的"学校"，其法治程度的好坏对大学生法治精神的培养有着举足轻重的作用。随着民主法治建设进程在我国的逐步深入，为大学生的法治教育提供了较好的环境，但现实中还存在一些不符合法治进程规律的现象，这就要求我们建立更加良好的司法环境，从而真正地使依法治国、法律至上、法律面前人人平等等观念深入人心，真正地做到由人治理念向法治理念的转变。

（1）加强立法环节，完善法律体系。完备而良善的法律是进行社会主义法治建设的基础和前提。坚持民主立法，加强广大人民群众积极参与的人民代表大会立法并修改法律的制度建设，加强法律落实情况的调研，及时修改一些过时的法条，使立法适应社会经济发展的规律，体现社会发展、人民利益的需要。

（2）坚持依法行政，规范行政机关的行为。依法行政是依法治国的关键环节，是法治国家对政府行政活动的基本要求。行政机关的依法行政可以让大学生亲眼看到、亲身感受到我国社会主义法治建设的成果。在我国当代的社会实践中，要求行政机关做到以下几个方面：一切行政行为均要坚持合法行政、合理行政的原则；具体行政行为要坚持程序正当、诚实守信、权责统一的原则；坚持行政公开与高效便民的原则，坚决反对门难进、脸难看、事难办的衙门作风；严格抵制执法犯法的行为，并将行政机关的工作置于阳光之下，接受群众监督。

(3) 规范司法行为，保障司法权威。公正司法是依法治国的重要内容，是保障人民利益的最后一道防线。在如今的网络时代，司法活动受到过度的来自社会各界以及舆论的压力，司法机关应做到司法独立，同时又不脱离党的领导，进一步深化司法系统体制改革，提升司法工作人员的社会主义法治理念素养和专业素质水平，以做到公平、公正司法，维护社会和谐稳定，加速推进社会主义法治进程。

(4) 完善法律监督制度，形成良好的法治氛围。社会主义法治是"治官之治""治权之治"，要从法律上构建起"以权力制约权力、以权利制约权力、以道德制约权力"的权力制约监督体系与机制，以保证执政党的权力和立法、执法、司法等各种权力的设置和行使始终不偏离我国民主政治的正确轨道。

2. 营造校园法治环境

大学校园文化对学生具有春风化雨似的潜移默化的影响力，因此要加强校园法治文化环境建设。第一，严肃校风校纪。校风是一所学校的整体风貌展示，只有纪律严明、令行禁止的校园法治环境，才能使校规校纪具有权威，才能给大学生法治意识培育带来正向的作用。第二，加强师风师德建设。高校教师群体的违法犯罪问题对学生的危害极大，个别教师存在的师风师德败坏、学术腐败等问题，对大学生的法治意识教育造成了非常恶劣的负面影响。教师是传道授业者，其品行本身就是一本教科书，他们的犯罪行为可能造成大学生价值观的混乱。第三，加强校园法制宣传。学校可以通过设定法制宣传日或宣传周，开展法治辩论赛、设置法制宣传栏等方式，定期开展一些法制宣传教育活动。校园报刊也可以刊登或者出版一些与大学生相关的法制报纸、图片或者法制宣传漫画册。第四，营造宿舍法治文化。可以利用大学生的宿舍楼道进行法治文化宣传，张贴法制宣传海报、漫画、图片等宣传资料，创办法制宣传栏，定期制作法律宣传板报等，让法律宣传渗透进学生生活中。

3. 净化网络育人环境

当前，网络与大学生的生活学习紧密相关。伴随 4G 网络时代的到来，智能手机的功能更加趋于多元，学生可以不再受制于时间和地域随时随地上网。但是网络是把双刃剑，给学生带来便捷的同时，也会对少数自制力稍差的学生带来依赖，更有甚者形成严重的不良习惯。如果不能正确使用网络就会使学生误入歧途，网络的负面信息一旦充斥学生大脑，就会不断膨胀，直至一发不可收拾。因此，正确使用网络，成为网络制度化建设的重要要求，网络育人环境的治理刻不容缓，需要采取切实有力的措施予以净化。

(1)倡导健康向上的网络文化。网络文化具有导向作用，会对学生的上网习惯和上网方式产生引导作用。这种引导作用并非仅具有趋利性，同时也具有趋害性，因此，文明上网、科学上网和依法上网是被普遍接受和积极提倡的。这就需要引导学生浏览法治教育类的网站，学习网络法律知识，告诫学生不要传播负面信息，从而推动大学生法治教育。

(2)完善网络法律制度建设。网络属于新生事物，对于网络的监管尚不完善，依然存在法律盲点和法律真空，这就需要从立法层面予以完善。十九大报告提出，要加强互联网内容建设，建立网络综合治理体系，营造清朗的网络空间，这为互联网的健康发展提供了保障。

(3)加强互联网的监察力度，严厉打击网络犯罪行为。由于网络具有虚拟性，加之大学生社会经验的缺乏，未能及时准确识破网络犯罪，往往陷入网络陷阱中不能自拔，严重者甚至导致大学生违法犯罪。为此，高校组建一个专门的网络监察小组就显得尤为重要，可以通过这种方法细致筛选和及时过滤不良的网络信息，最终保障网络的健康运营。

4. 加强家庭环境教育

(1)家长需要规范言行举止，避免随意性行为。在家庭教育中，父母一定要避免随意性行为，特别是暴力性和放任性行为，而要秉持理性的、有计划的行为方式来教育孩子，在实施具体的法治教育活动中，家长可以因材施教，根据子女的具体情况制订教育计划和教育内容，以使子女获得良好的家庭法治教育，形成正确的行为习惯，远离违法行为，使身心健康发展。

(2)营造和睦的家庭关系。家庭成员之间关系是平等和相互尊重的，有利于孩子享受平等与民主，进入社会以后也会对民主、平等的社会关系有着更高的诉求，对法治所追求的价值就会轻易接受而不持有冷漠态度，进而提升大学生法治教育的自觉性，使大学生严格自律而不触犯法律法规，学会利用诉讼途径维护自己的正当权益，勇于同一切违法现象做斗争。

第二节 大学生诚信教育

一、大学生诚信教育概述

(一)大学生诚信教育的概念

1. 诚信

诚信作为中国传统道德中的一个重要内容,最终成为影响深远的为人处世、维护社会秩序的道德观,经历了产生、发展、逐步确立时期。诚信观念萌芽于上古时代和夏商周时期,先秦时逐渐确立为一种修身立命的实用价值观。在中国传统文化中,"诚""信"是互训的。《说文解字》记载:"诚,信也,从言成声。""信,诚也,从人言。"诚是信的基础,信是诚的体现。同时,两者互为依托,相辅相成。"诚信"一词,最早出现在战国时期的书籍《管子·枢言》里,如"先王贵诚信。诚信者,天下之结也",认为诚信是治理天下的关键。此后,"诚""信"开始逐渐被人们合二为一地加以论述。如西汉时期的《盐铁论·世务》一书中提出"诚信著乎天下"。唐代吴兢在《贞观政要·卷五诚信第十七》中说,"君之所保,惟在于诚信。诚信立则下无二心",指出了君主诚信的重要性。隋唐时期的思想家们将"诚信"作为一个统一的道德规范加以论述,促进了传统"诚信"观的进一步完善。诚信逐渐成为社会的主流价值观而备受重视,成为人们所遵循的共同价值标准和行为准则。长期以来,诚信的思想也一直影响着人们的价值取向和人生追求,成为中国传统道德之一并延续至今。

综上所述,所谓诚信,指的是"诚实守信"。"诚"即内外一致,表示真心,实在;"信",即言而守信,表现为诚实、不欺、信任。诚信结合在一起表明诚恳老实,有信无欺。它包括两层含义:一是要以信用取信于人;二是对他人要给予信任。诚信体现了对于人的尊重,对约定的严格遵守正是约定者相互尊重的前提。诚信是一切道德的基础和根本,是人之为人的最重要的品德,是一个社会赖以生存和发展的基石。

2. 诚信教育

关于诚信教育,由于分析视角与侧重点的不同,学者们的理解与界定存在一定差异。一般主要是从教育的视角分析和界定诚信教育,认为诚信教育是教育的组成部分,或者说完整意义上的教育是包含诚信教育在内的有机体系,在这种理解之下,对于诚信教育与对教育理解本质上是一样的,只是专指教育内容的限定性——诚信,即诚信教育区别于一般教育的关键在于其内容限定在诚信,目的是通过相应的教育手段,使得受教育者形成一定的诚信品德。如有学者指出:"所谓诚信教育,是指社会或社会群体用一定的诚信道德准则和要求,对其成员施加有目的、有计划、有组织的影响,使他们形成符合一定社会规范所要求的诚信品德的社会实践活动。"[1]以上对于诚信教育的界定典型将诚信教育作为一般教育来分析,是具有理论依据的,有助于人们正确理解和对待诚信教育,对于深入理解诚信教育内涵具有重要指导意义。

诚信教育可以从更为宽泛的视角分析,如根据涵盖范围不同,诚信教育内涵可以从广义与狭义来分析。从广义分析,凡是一切与诚信意识、诚信行为养成有关的活动都可以看作是诚信教育;从狭义分析,诚信教育特指以理解诚信的内涵、认识诚信的基本要求、感受诚信作用为主要内容,以培养受教育者为人处世以及明辨是非的能力,以引导其诚实守信为目标的有计划、有组织的教育活动。通过诚信教育,深入理解诚信内涵及其重要性,自觉积极地践行诚信行为,以诚实守信获得别人的尊重和认可,对于个人成长与事业的发展会有很大的帮助。相反,诚信教育的缺失,可能在一定程度上导致失信行为的出现与社会不正之风蔓延,对于良好的社会秩序建立以及社会道德规范遵守产生影响,所以诚信教育对于个人和国家来说都是极其重要的。

(二)大学生诚信教育的内涵

1. 大学生诚信教育的含义

大学生作为社会的特殊群体,他们思维活跃、充满朝气、个性鲜明,极富想象力和创造力,具有很强的可塑性。他们对于祖国和人民赋予的重任具有不可推卸的责任。大学生的诚信教育必须在充分尊重其主体地位和个性发展的基础之上进行。

大学生思想政治教育中的诚信教育就是教育者依据当今社会对高校大学生所应具备的诚信品质要求,遵循大学生的思想品德形成和发展规律,有目的、有计划、有组织地对其施加影响,以马列主义、毛泽东思想、邓小平理论、"三个代表"重要思想、科学发展观和习近平新时代中国特色社会主义思想为理论指导,以思想政治教育为主阵地,结合各相关学科知识,有效整合资源,使大学生诚信意

---

[1] 肖周录,王永智,许光县.诚信教育论[M].北京:中国社会科学出版社,2012:8.

识强化、诚信观念加强，做到"知、情、意、行"的完美结合，用内化了的高贵品质唤醒意识、净化心灵、塑造健全人格、提升理论修养，做一个有品位、有涵养、有追求的现代人，将诚信观念始终贯穿道德品质教育的全过程。

因此，大学生诚信教育含义包括以下几个方面：

(1)大学生诚信教育的实施与贯彻应以思想政治教育为主渠道，结合经济学、哲学、社会学、教育学等相关学科的理论知识，对大学生进行诚信意识的系统培养，使其加深对诚信的理性认识，并努力践行诚信行为。

(2)大学生诚信教育应按照大学生的成长规律和发展特点以及社会需求来进行施教。

(3)诚信教育的目的就是让学生达到"知"与"行"的统一，将诚信的品质真正内化为自身的道德修养，重视诚信的重要性，实现诚信教育的价值。

2. 大学生诚信教育的内容

(1)政治诚信教育。政治诚信教育是指当代大学生树立和坚定自己的理想追求和政治信仰。当代大学生应以热爱祖国和人民，坚定马克思主义政治信仰为指导，在社会生活的各个方面贯彻落实诚信价值取向，拥护党的领导，做新时代的"四有青年"。我国高校目前开展政治诚信教育的内容有：思想政治理论课教育、马克思主义理论教育实践活动等。树立正确政治诚信观对当代大学生形成正确的人生观、价值观具有重要意义，能正确引导大学生今后的发展。

(2)学习诚信教育。学习诚信教育就是学生的学习态度，是指学生在学习过程中能否做到真实无妄，知行一致。学习诚信要求大学生要严于律己，呼吁大学生发扬诚信学习的优良品德，学术研究上做到不欺诈、不抄袭，考试时做到不作弊、诚实应考，用自己的实际行动营造良好的校园学习和科研风气。大学生要具备学习诚信的态度就要求我们要保持谦虚谨慎的态度，不弄虚作假。

(3)交往诚信教育。大学生交往诚信教育旨在要求大学生在日常生活中坚持诚实守信的原则，不欺骗，不弄虚作假，实事求是。交往诚信是大学生诚信教育的最重要内容，大学也是一个小社会，其中错综复杂的人际关系要求大学生要做到交往诚信，不只同学之间如此，同学和老师之间也一样，交往诚信教育提倡大学生以诚实守信的人格素养作为人际交往的基础和前提，构建和谐人际关系。

(4)就业诚信教育。就业诚信教育是指从求职应聘、签订就业协议到履行工作义务等角度出发，号召大学生遵守诚实守信的道德规范，做到不虚构简历，不随意毁约，抱着对企业负责，更是对自己负责的态度，将诚信理念作为择业、就业生活中最基本的道德规范。

(5)经济诚信教育。经济诚信教育是指从大学生日常消费、申请助学贷款等角度出发，在经济上号召大学生履行经济义务，要求大学生学会科学理财、合理消费、守信还款，自发自觉抵制恶意拖欠助学贷款等不正之风，将诚信理念始终贯穿在大学生的经济生活之中。

二、大学生诚信教育面临的问题及其原因

(一)大学生诚信教育面临的问题

1. 理念片面滞后

(1)当今高校在明确本校诚信道德教育理念时存在片面的问题。高校在明确本校诚信教育的理念时，往往是根据个人或部门了解的局部情况，很少会采取举措规划出统一认同的诚信教育理念。对于诚信道德教育的受众也不注重其层次的区分，甚至忽略学生的个体化差异，所有的学生基本都是被统一的模式所塑造出来的，没有注重学生个性发展的需求。

(2)当前的大学生诚信教育理念受传统教育理念的禁锢而发展滞后。传统的教育理念在大多高校中根深蒂固，教育者和受教育者都被这种传统的教育理念所束缚，进而对大学生进行诚信教育时过分重视认知能力和知识的教育，多采用评价、奖惩、用纪律来对其进行约束等方式，无法做到与时俱进，不能满足新时期社会对人才的需要。

2. 诚信教育内容与时代脱节

高校诚信教育的内容与时代脱节，缺乏创新性，也是学生失去学习兴趣的重要原因之一。虽然传统的教育方法也取得了一定的成效，但是缺乏活力，内容枯燥。青年大学生思想活跃、精力充沛，具有独特的思想，如果高校诚信教育的内容不能做到与时俱进，积极改进和创新，教育效果只能是越来越糟。我们注意到，在高校的思想政治教育理论课程中，引用的诚信教育案例较为陈旧。不少高校的大学生诚信教育缺乏系统性和科学性，无法满足新时期对当大学生爱国主义教育、集体主义教育和职业道德教育的新要求，甚至部分高校根本没有将诚信教育纳入高校教育体系之中，也没有细化诚信教育的具体内容，因此导致高校大学生不诚信行为屡见不鲜。

3. 教学方法手段单一

从教学方法来看，高校在加强大学生诚信教育时，只单独在一门学科内进行推进，如伦理学、教育学、心理学等，没有做到学科间的相互借鉴、整合和交叉，使得教育方法较为单薄。从教学方式来看，高校在加强大学生诚信教育的过程中，

仅仅停留在灌输和说教上，缺乏交流互动的形式，不能实现知情意行的有机结合，缺乏多种方法的配合。高校诚信教育的开展，教育者占据主导地位，教育者居高临下地对学生提出发展要求，而不是从学生的立场出发，这种"填鸭式""命令式"的教育方式，使得学生不能直接参与到教学环节中，不能有效地利用集体或文化对学生进行熏陶，不仅引起学生对应试教育的反感与不满，更严重影响了诚信教育的实效。从教学形式来看，一些高校仍依靠"一本教案、一块黑板、一支粉笔"等传统教学手段，形式古板单调，使大学生产生厌倦，许多学校多媒体硬件设施不过关，教师无法在教学中将诚信教育延伸至多媒体环境中，使得现代化诚信教育"力不从心"。

4. 诚信教育实效性不强

我国高校普遍存在的困境是诚信教育实效性不强。多数高校积极响应党中央的号召，有针对性地开展了有关诚信的教育，如举行诚信讲座、研讨会、沙龙等活动，也受到同学们的好评，但是事后证明效果不佳。许多同学都有同感，听讲座时让人心潮澎湃，下定决心要做一个诚信的人，但是不久后又回到了原来的状态，考试作弊、论文抄袭、网络造假、简历造假等不诚信的行为仍旧发生。当前，高校对大学生进行诚信教育的过程中，除了要注重运用科学、合理的诚信教育内容、方式等进行教育，还应当结合当前我国社会主义市场经济发展的状况和大学生思想状况，做到具体问题具体分析。只有对大学生思想意识、价值观念、行为模式等方面进行全方位的分析与指导，鼓励学生积极参与，将诚信这一道德规范逐步内化为大学生自身的一种价值追求，才能使大学生在实践过程中自觉践行诚信行为。

5. 缺乏科学合理的监督考评机制

虽然大部分大学生诚信意识良好，但是仍有部分学生的诚信行为是为了自身不被处罚而产生的一种非自觉意识的被动行为。监察力的缺失会导致失信行为难以及时纠正或者有效预防，而当前我国大多数高校的诚信监督机制只是一种口号。例如，许多大学严查考风考纪，对于作弊的考生以"警告""严重警告""留校察看"等不同程度的处罚，但针对哪种学生给予哪个等级的处分却没有详细的说明，并且在实际考试中监考老师往往采用"中庸"态度。一些高校虽然设立了举报电话、投诉信箱、设立公示制度，但大部分高校模糊的监察制度却成为大学生失信的"罪魁祸首"。与此同时，部分高校现行的考评制度没有细化测评要素，还有部分高校甚至缺乏诚信考评体系，考评制度标准化问题的缺失致使制度有失权威。测评内容被某些高校以"守信""诚实"等相对抽象意义的词汇作为评定学生的诚信度，而某些高校则简单地归纳为生活、工作、学习等方面的诚信。由于这些评定标准缺乏权威性，不能充分引起广大学生对自身诚信度的高度重视，一些道德品格不高、自制力不强的大学生在学习生活中就容易缺失诚信。

(二)大学生诚信教育面临问题的原因

1. 社会环境的负面效应

马克思曾指出"观念的东西不外是移入人的头脑并在人的头脑中改造的物质的东西而已"，"人们的观念、观点和概念，一句话，人们的意识，随着人们的生活条件，人们的社会关系，人们的社会存在的改变而改变。"[1]诚信作为一种社会关系存在的基础与社会变迁和制度因素密不可分。当代大学生是在我国改革开放的大浪潮中成长起来的，他们在接受传统道德思想的同时，也深受社会主义市场经济体制所带来的新思想、新观念、新文化的影响。市场经济主导的个人利益最大化，强化了竞争意识，弱化了诚信观念，淡化了人们之间的关系，使传统的优秀道德品质受到严重冲击。但是，现在的社会是一个开放的社会，西方国家的多元化思潮正向我国全面渗透，使得当前中国社会出现了诸多不同价值观念、思想道德观念相互碰撞、相互冲突的局面：一方面，西方文化的思维方式、生活方式、价值观念、行为选择等在不同程度上影响着我国大学生的精神世界；另一方面，马克思主义认为社会存在决定社会意识，社会上的拜金主义、享乐主义、实用主义等诸多不良思想会对大学生产生很大的负面影响，它们通过互联网、电视、广播等媒介向学生肆意散播，致使部分意志不坚定、思想认识模糊的大学生做出一些违背自己意愿的非理性行为，导致诚信意识淡薄、诚信信仰缺失。因此，新时期加强大学生诚信教育显得尤为迫切。

2. 家庭教育观念的误区

(1)家庭诚信环境欠佳。家庭的成长环境对孩子性格、人生观、价值观、世界观都有着潜移默化的影响，家长的言传身教更是在孩子心中种下了种子。班杜拉指出，"人一切的社会学行为，都是受到社会环境的影响，通过观察学习他人示范行为及其结果而得以形成的"。所以说，家庭是孩子的第一所学校。现在很多家长以工作繁忙为借口，把孩子的教育完全交给学校，忽视了作为家长的监督作用，给孩子的诚信教育留下了缺口。部分家长自身的诚信意识就很淡薄，在平时生活中言行不一，却并没有因为不诚信而受到惩罚。一旦孩子遇到相似的情况，就会不自觉地受到家长的影响，做出失信于人的事情来。

---

[1] 马克思，恩格斯. 马克思恩格斯全集(第1卷)[M]. 北京：人民出版社，1972：27.

(2)家庭教育观念偏差。从现在的家庭教育观念来看，学习成绩可能被排在首要位置。不少家长费尽心思，只为让孩子进入高等学府，为未来的自己增加一个筹码。但与此同时，家长只注重智育的发展，忽略了诚信等德育方面的教育。

3. 学校应试教育的弊端

(1)诚信教育重视不足。高等教育改革发展速度过快，片面重视成绩的应试教育体制使得诚信教育的重视度直线下降，大部分高校将智育作为对大学生评价最重要的依据，就算开设诚信教育课程也仅限于笼统的讲解，缺乏实践，未将诚信教育真正落到实处。

(2)教育工作者素质参差不齐。教师是人类灵魂的工程师，是学生思想启蒙者、诚信教育的宣传者、科学知识的传播者，更是道德行为的践行者。教师的言行举止、人格魅力、个人修养无形之中就会对学生产生极大的影响。教育家加里宁说过："教师的世界观，他的品行、他的生活、他对每一现象的态度都这样或那样地影响着全体学生。"但受到市场经济趋利性的诱导，少部分教师为了追求个人利益，不惜抛弃做人的基本准则，做出一些诚信缺失的行为，这无疑给大学生品行的培养造成了消极、负面的影响。

4. 大学生自身主观原因

一方面，现代的大学生大都出生于改革开放后生产力水平高速发展的新时期，从小就享受着优越的物质生活和先进的文化教育。他们大多为独生子女，从小受到父母和家人的百般宠爱，极易形成以自我为中心的自私自利的心态。大学生正处于人生观、世界观、价值观建立的时期，心智尚未成熟，而且社会经验匮乏，生活阅历浅薄，极易被外界不良环境所诱导，造成诚信道德的滑坡。另一方面，我国的学校课程大多为理论的学习，很少开设关于诚信的实践课程。同时，长期以来的应试制度造成了一些家长和学生过分重视分数，而忽略了诚信的道德认知。这样，学生无法亲身体会到诚信对于社会的重要性，无法了解诚信缺失对于个人和组织的危害。

虽然从总体而言，大学生能够明辨是非，树立正确的价值观，努力完善内在品格修养，但是不得不承认，他们的自控力较弱，道德理性和自律意识发展水平较低，存在"道德推脱"的现象。现在有许多大学生一方面对不诚信的现象深恶痛绝，另一方面自己又陷入诚信危机。也就是说尽管他们懂得诚信的价值，但是在选择时难免与意志分离，因为自身利益的考量而背离诚信，造成"知"与"行"的分离。

三、加强大学生诚信教育的路径

(一)提高对大学生诚信教育的认识

1. 高校领导要充分认识诚信教育的重要性

高校领导应当充分认识到诚信教育对于塑造新时期大学生健康人格的重要性。当前，许多高校领导对此认识不足，没有把教师学术研究中的学术腐败、学生学业中的舞弊行为等现象与高校相关诚信教育的缺乏联系起来，没有通过各种形式的诚信专题讲座以及形式多样的校园文化活动，让学生和老师感受到诚信是关系到每个人人格修养的切身问题，是关系到大学生德、智、体、美全面发展的重要事项。德育，特别是其中的诚信教育，不仅能让学生更好地感悟生活的真谛，而且还能陶冶大学生的性情，最终达到培养身心健康的合格的高素质人才的教育目的。因此，正确而准确地把握高校诚信教育在学校整个教育中的地位，是当今高校领导应该用心考虑的一个问题。

2. 加强高校教师队伍建设

(1)重视高校师德建设，提升教育文化辐射力。党的十九大报告提出"加强师德师风建设，培养高素质教师队伍，倡导全社会尊师重教"的要求。高校教师群体是诚信教育实施的根本保证，师德是教师素质的核心。跨世纪的新型教师，是先进科学理论知识的传播者、优秀传统文化的继承者和传输者，他们对大学生人格品质的塑造起着非常重要的指引作用，应当具备现代化的教育观念、精深的专业理论知识、勇于创新的能力、良好的道德品质。

(2)提高诚信教育研究经费，鼓励学术交流。高校应该重视并支持大学生诚信教育研究的发展，提高诚信教育研究经费的投入。首先，学校应将大学生诚信教育研究所需要的经费纳入学校预算，由学工部管理，同时，要科学合理地分配研究经费，避免科研经费使用不当的情况发生，加强理论成果交流与学术研讨，鼓励学术交流。此外，国家也应重视大学生诚信教育研究，给予与其他学科同等的待遇，设立专项科研基金和相应的研究项目，促进诚信教育理论研究在竞争中不断发展。

3. 创新教育方法和内容

(1)切实改进思想政治教育课。学校是思想政治教育的主阵地，而课堂教学又是思想政治教育的主要渠道，因此必须旗帜鲜明地加强诚信教育这一思想政治教育的主要内容。同时联系"三观"教育，从理论上拓展诚信教育的内容，并联系现实生活中的实例，深刻认识诚信教育的本质和意义。开展形式多样的诚信道德教育应从以下三方面来进行创新：

①进行案例分析，加强授课的针对性。我们应积极收集包括政治、经济、法律、文化等领域中出现的正反诚信案例，进行典型事例分析，有针对性地运用到诚信教育课堂上。

②采用请进来、走出去的方式，充分利用社会资源。一方面，邀请成功的校友和各界成功人士来高校进行以诚信为主题的专题讲座，他们的成功与辉煌必定对大学生的价值观产生深远的影响；另一方面，我们应积极组织在校大学生去具有良好经营道德的成功企业和监狱，真切感受诚信与成功、失信与失败的关系，培养大学生的道德认知与情感。

③开展形式多样化的课堂教学。我们可以针对案例进行课堂讨论，举行辩论会、诚信道德智力竞赛等形式，活跃课堂气氛，让师生互动起来，提高大学生听课的积极性，从而提高课堂的教学效果。

(2)拓展诚信教育的授课范围。我们要在各类课程中善于抓住时机充分挖掘并利用教材中的诚信资源，结合教学环节和大学生的特点，在传授各科知识的过程中把诚信教育有机地渗透到教育教学活动中，使大学生在学习科学文化知识的过程中不断提高诚信意识，养成诚信习惯，从而实现教书和育诚的统一。

(二)营造良好的大学生诚信教育的整体环境

1. 营造诚信的社会环境

(1)完善社会信用制度，建立诚信奖惩机制。诚信是市场经济发展的道德基础，也是市场经济发展的内在动力，更是市场经济完善市场信用制度、保证市场主体间诚信交易、促进人与人之间诚信交往等方面的基本要求，对提高大学生诚信教育的效果会产生积极影响，健全的诚信奖惩机制为诚信规范的确立提供最基本的保障。

(2)加强网络诚信文化建设，重视和发挥网络在诚信教育中的作用。随着互联网的发展，网络对于大学生的影响日益重要，网络已经成为学生接受各种信息的重要渠道。网络中积极健康的信息可以为学生提供良好的教育内容，但是消极信息也难免对学生产生不利影响。特别是消极文化内容和不诚信内容在网上传播与扩散，将对传统诚信道德文化造成了一定冲击和影响。应充分利用网络媒体来传播中华民族的传统文化，提高实效性，扩大覆盖面，增强影响力。建立完善的网络宣传机构，加强对中华传统诚信道德文化的宣传。大力开发诚信信息资源，扶植更多的新闻宣传和文化机构进入网络，让诚信文化在网络上得以承载和体现。通过网络引导学生了解、认识和继承中华民族的优秀诚信文化传统。制定网络管理规范，推行上网实名制，为诚信上网提供制度保障。总之，对于网络及其影响，要因势利导，重视和发挥其在学生诚信意识灌输和诚信行为养成、诚信态度评价方面的积极作用，尽可能减少由于错误信息对于学生诚信教育的负面效应。

(3)加强社区活动的育人功能。社区是宏观社会的缩影，有组织、有计划的社区公民道德建设活动对优化诚信环境起着巨大的推动作用。社区居委会应结合本地区、本社区的实际情况，以社会公德、家庭美德、职业道德为主要内容，开展生动活泼的道德教育活动，弘扬诚信文化，全面推进公民道德建设实践活动，促进家庭环境的优化。

2. 优化学校环境

开展丰富多彩的诚信实践活动，可以帮助大学生树立正确的世界观、人生观、价值观，并形成良好的诚信道德观，严格要求自己的一言一行。因此，高校应积极开展诚信实践活动。首先，学校要充分利用一切宣传舆论工具，充分发挥其文明窗口的作用，通过广播、宣传板、黑板报、壁报等，褒扬诚实守信的先进典型，用大学生身边鲜活的诚信事例来教育他们，以此来宣传诚信教育的社会意义；并广泛开展以诚实守信为主题的多种形式的实践活动，如诚信宣誓与签名、演讲、讲故事、征文比赛、辩论赛、无人报刊销售等，让学生在耳濡目染、潜移默化中受到教育。其次，在学校通过一些社团组织开展团日活动和勤工俭学等活动，为大学生制定一个良好的人生规划，通过这些实践活动使大学生能够深刻领悟到人生的真谛和做人诚实守信的意义，进一步培养并形成他们独立自主的人格、对他人和社会的责任感等优良品质，提高他们的道德素养，形成良好的诚信意识行为习惯，真正实现"知"与"行"的统一。

3. 营造良好的家庭环境

(1)家长要以身则。党的十八大以来，全国掀起了学习社会主义核心价值观的热潮，每一位社会成员都应响应国家号召，按照社会主义核心价值观来提高自身的道德修养。同时，家长应及时汲取全新的教育理念，为子女做好榜样，建设和睦家庭。父母的言行是孩子学习的榜样，如果家长自身不具备良好的道德素质和诚信意识，将无法引导其子女养成良好的道德品质。因此，家长要以身作则，不断提高自己的文化层次和道德修养，为孩子们做出好榜样。

(2)加强高校与家庭之间的联系。高校应加强与家庭的联系，使家庭成为学校诚信教育的有力推动者。在开展诚信教育时，学校需要与家长及时沟通，让家长了解自己孩子在校期间的表现和思想动态，有针对性地宣传诚信教育，培养家长正确的教育观、成才观、人才观。家长也要积极配合，主动与学校沟通，只有将学校与家庭紧密结合起来，才能在培养学生诚信品质时相互平衡、相互促进，使大学生诚信教育取得良好的效果。

(三)建立健全大学生信用管理体系

1. 建立切实可行的诚信评价体系

诚信品质的养成，仅仅靠诚信教育是远远不够的，必须辅之以对学生的学习、工作以及日常的生活等方面开展诚信评价，评价他们的诚信度。如果不开展诚信评价，就会使我们的诚信教育流于形式，就不能使学生将诚信教育落实到自己的一言一行、一举一动中，就不能促使大学生诚信品质的养成。大学生诚信评价体系，包括学习诚信评价、工作诚信评价、生活诚信评价、经济诚信评价以及择业诚信评价五大评价标准，即对诸如考试作弊、不按时还款、不按时缴纳学杂费、工作不实事求是、不履行就业协议以及与他人交往中所涉及的诚信活动等具体行为都给予明确可量化指标，由学校相关职能部门进行跟踪测评，最后通过学生自评、同学互评、教师评议和社会评价等，对学生一学期的诚信情况进行综合考查评价。

2. 建立大学生个人诚信档案

建立大学生诚信档案，记录学生在校期间诚信表现情况，不但有利于及时指导和促进学生在校期间诚信品质的养成，也有利于消除社会的诚信缺失。在美国等西方发达国家，大学生在校期间的诚信记录，对其毕业后的求职和立足社会有着至关重要的影响。一个信用记录不良的学生，很难得到一份新的工作或贷到一笔款。这种做法是值得学习和借鉴的。在我国，高等院校一般都建立了较为完善的学生综合素质评估体系，但学生诚信教育机制和评估标准的建构还几乎是空白。随着诚信教育一天天为全社会所重视，更为高校德育教育所关注，不少高校相继建立了学生信用档案。这一做法，对明显减少和消除社会的诚信缺失现象有着深远的意义。在学校中建立学生的个人诚信档案，对学生在校的诚信道德行为进行监督和长期记录，有利于学校诚信教育实效性的提高。但学生的个人诚信档案不同于成人的诚信档案，因为学生的品德发展具有很大的可塑性，他们的个人诚信档案不是用来定性的，而只是用来供教师进行道德教育的参考资料。因此，学生的个人诚信档案要具有高度保密性，仅供教师个人参考，谨防泄露对学生造成不必要的伤害。

3. 建立大学生信用数据库和网上查询系统

大学生信用数据库是记录大学生在校信用表现的记录和评价的资料库。凡是与大学生诚信有关的属实信息均可录入库中，并实现诚信资料的网上查询，交流与共享。高校可以结合助学贷款和就业工作，做好与银行和用人单位的联系，将学生贷款还款情况、就业承诺情况等信息输入数据库。其中可专门设立获助状况栏目，对办理助学贷款的学生实行动态管理，当学生获得的资助达到一定数额时，学校会建议学生提前偿还贷款。这不仅会增加银行放贷的信心，也会在学校营造一种按时或提前履行约定的氛围。为有效防范助学贷款风险，各经办银行应以学校为单位，在网上公布助学贷款违约情况，建立网上查询系统，对不讲信用的借款人姓名、身份证号码以及违约行为公开曝光。对不主动与见证人和银行联系、不提供工作单位和通信方式的不守信用的学生，也要记录在案，将来纳入全国个人信用系统。这个措施一定会给大学生带来一种无形的监督作用，时时提醒他们诚信做事、诚信为人。

第七章　马克思主义视野下大学生核心价值观培育的创新发展

大学生核心价值观培育，直接决定高校精神文明建设的成败，在一定程度上影响着中国社会主义的发展方向。现阶段，我国在校大学生核心价值观培育和践行工作总体处于一个较好水平，但因受到新形势下来自社会、家庭、学校等外在因素以及大学生自身内在因素的共同影响，大学生核心价值观培育和践行工作仍有许多问题亟待改善。本章是对马克思主义视野下大学生核心价值观培育创新发展的研究，在对大学生核心价值观培育创新发展的必要性进行分析的基础上，具体阐释了创新大学生核心价值观的培育模式以及构建大学生核心价值观培育的长效机制。

第一节　大学生核心价值观培育创新发展的必要性

一、当前大学生价值观的现状

（一）大学生价值观的特点与需求

21世纪以来，青年学生的价值观在总体上是积极向上的。但随着我国市场经济的发展，我国大学生的价值观念也随之而出现不同程度的困惑。总体上说，当代大学生在价值观上的特点主要表现为以下几个方面：

第一，对国家的大政方针持肯定态度。政治倾向是大学生价值观的核心内容。如果大学生不能正确认识政治形势，没有辨别是非的能力，大学生成才的根本原则就会出现问题。当代大学生都出生于20世纪90年代后，他们没有体验中国革命战争和社会主义建设的曲折道路，但他们目睹了社会主义改革开放的伟大成就，亲身感受了我国改革开放以来的变化，对改革开放取得的成就是肯定的。多数大学生认为21世纪的中国更加强大，高度认同中国特色社会主义理论体系，信赖以习近平同志为总书记的党中央。他们也比较敏感，发现改革开放和社会主义建设过程中存在的问题和不足，但是比较有理性，体现了当代大学生成熟和善于用发展的眼光评价社会问题的理性态度。

随着高科技、知识经济在中国的快速发展，中国市场经济体制的建立和不断完善，高等教育体制改革步伐的加快，高等教育由精英教育逐步过渡到大众教育，使大学生由精英意识转向平民意识，于是他们对现实进行了理性定位，在政治上做"平常人"、拥有"平常心"。务实性参与各项活动，在宽容协调中求发展，以理智、平静的态度投身于社会活动。但也有少量大学生迷信"有权就有一切"，在政治倾向上具有不健康的心态。

总体上，当代大学生忠于祖国，忠于人民，对祖国的责任感较强，他们希望祖国强大，希望人民生活安定幸福，具有强烈的民族自尊心、自豪感。爱国主义在一定程度上受到现实利益的限制，多数大学生集体观念强，能够做到关心集体，热爱集体，但也有少数人对集体持中性态度甚至对立态度。当代大学生的公德行为与社会要求不相容，所以不容乐观。

第二，强烈的自我意识。大学生自我意识的突出表现是"成人"意识，这促使他们开始独立面对困难、快乐；独立面对社会、工作和学习。与各种复杂问题的频繁碰撞使得他们变得比较成熟稳健，他们开始由传统的政治化、道德化的价值倾向向以经济为基础的功利实用倾向转变，开始全面审视并高度重视自我价值，显示出强烈的"自我"意识，崇尚价值主体的自我化。个人利益与他人、社会利益发生冲突时，他们会强调以个人利益为中心来决定其价值取向与价值目标，因此他们有极强的权利意识、自主意识和个性意识。

当代大学生多数赞成为国家、为集体做出贡献，赞同以集体主义为价值观的核心。但目前个人主义、利己主义在部分大学生中也颇有市场。由于个人主义、利己主义的膨胀，导致集体主义观念淡薄。少数大学生认为人的本质是自私的，他们选择个人主义为自己立身行事的准则，先为自己打算，把个人利益放在国家利益、集体利益之上。也有少数大学生则把人与人之间的关系视为等价交换关系，时时从"利己"出发，不关心国家大事，缺乏社会责任感。

强烈的自我意识也表现为价值主体由社会主体向个人主体转移。社会本位或集体主义的价值取向，是我国传统价值观念的核心内容，是社会和国家所大力倡导的；同时，它也是建设中国特色社会主义的需要，是当前对大学生进行思想教育的重要内容。然而，进入20世纪90年代以来，随着社会主义市场经济的深入发展，个人的独立性、自主性地位逐渐得以确立。在市场经济条件下，从事经济活动的人们必然从自身的利益需求出发选择自己的行为，人们根据社会的、市场的需求，动态地进行自我设计、自我发展。一些大学生积极追求其个人的价值、尊严和利益需求，其自我意识、进取精神、成就欲望和自我责任明显增长，他们在选择职业或工作岗位时，往往追求"增加个人收入""个人能力得到充分发挥""适合自己的专业兴趣""个人工作不受约束""个人成就感""有进修提高机会""福利待遇好""解决个人住房"……几乎都与个人有关。他们甚至开始崇尚"合理的利己主义"，对于"主观为自己，客观为他人"这一人生话题，今天的大学生基本持赞成态度；而对代表集体主义的、社会主义的主导观念，如"集体至上""大公无私""无私奉献"等，持否定态度的大学生已占一定的比例。这说明了社会本位价值观念与个体本位价值观念并存的事实，只是从趋向上看，出现社会本位向个体本位的转移。

第三，可塑性强。大学生具备开放、前卫、创新的一面，决定着校园乃至整个国家的活力，将青春性的这一面用得其所，那么青年一代积极的价值观念与生活方式将使整个社会得到动力；而其中叛逆、情绪化的一面也很容易成为社会不稳定的潜在因素。如果听任这种青春性放纵，那么种种暗流会侵蚀整个社会的理性智慧。大学生的年轻决定了大学生自身的不稳定性，进而反映其可塑性。大学生热切盼望有一个新的权威价值体系来平衡其心理，择善而从。他们需要社会、学校经常在理论上进行引导教育，创造一个良好的环境。

价值观对人们的社会行为有重大的指导作用。当代大学生要想实现自身的价值，内在地就需要消除思想观念中的种种困惑，积极向上地面对周围的各种问题。当代大学生渴望实现自身价值，渴望承认其社会价值。然而在面对种种复杂的社会现象时，其社会价值往往无所适从。但他们有时候认识不到树立科学的价值观是实现自我价值的前提和保证，有时候也难以判断自己既有的价值观念科学与否。从现实情况看，当代大学生有的存在着种种价值困惑，有的甚至存在着种种不良倾向，这些困惑和不良倾向影响着他们自我价值的实现和社会价值的发挥。从当代大学生身心特点看，这个年龄段的学生，价值观正处于形成、发展和定格的关键时期，迫切需要科学价值观的引导。从人的思想观念形成和发展的基本规律看，正确的思想意识不可能从人头脑中自发产生，需要学校教育的正面引导和社会环境的积极培育。把握当代大学生价值观念形成和发展的特征与规律，以科学的价值观念体系引导当代大学生的价值观念的形成和发展，是当代大学生健康成长的内在需要。

(二)当代大学生价值观存在的问题

1. 功利化倾向

功利是指功名利禄或功业所带来的利益，是眼前的利益。功利主义是一种以实际功效或利益作为道德标准的伦理学说。

功利具有两面性。一方面,它为市场主体获得利益提供理论基础。马克思主义将功利特别是经济利益作为认识世界、改造世界的出发点和基础,反对离开"功利"或"利益"这个根本去谈"思想"。所有的行为动机都是趋利避害的,适当的功利不但无害,反而会激发人们的关注、兴趣和动力,克服消极、懒惰情绪,发挥主观能动性的积极作用。

另一方面,功利主义也存在"人欲横流"的消极作用。近年来,在西方各种资本主义价值观的影响下,拜金主义和享乐主义迎合了人们追求眼前的、局部物质利益和改善生活水平的诉求和渴望,人们开始极端崇拜物质利益和感官享受。一些人甚至怀疑对社会主义和共产主义信仰的现实可能性。高校大学生的价值取向也存在着过分功利化的趋向,这使得高扬理想主义旗帜、崇尚价值理性的社会主义的价值观、信仰体系和思想方式,正面临着被日益消解的危险。大学生的自我和目标迷失在市场经济的评价体系和商业标签中,价值评判标准也有失偏颇,如追求感官享受、缺乏奋斗精神、自私自利、集体感不强等。

2. 政治观念需要更加强化

经济在发展,时代在进步,西方分裂势力"弱化""西化"中国的各种不良、腐朽思想正通过"全球化"的思潮大量侵入我国,他们大肆鼓吹和贩卖否定社会主义意识形态的言论,并采取更隐蔽、更富欺骗性的方式方法,极富技巧地攻击和否定社会主义意识形态,导致了一股淡化政治的社会思潮。

由于少数大学生对社会主义核心价值体系的了解途径有限,他们中的个别人接受了这些观点,认为中国改革开放中存在着所谓的意识形态禁锢,正是社会主义意识形态限制了改革开放的进一步发展,因而应该提倡非意识形态化、淡化政治,甚至取消意识形态管制。高校学生对理论宣传、形势报告、政治学习都是走过场,敷衍了事,为了应付考试而背题,只对得分点死记硬背,对思想政治的态度不端正,对社会主义核心价值体系存在着误解,对各种错误思潮心虚气短、放任轻视,不能旗帜鲜明地反对错误思潮,实用化、功利化、庸俗化思想泛滥。

相比20世纪80年代大学生对政治的积极和热情,当代的大学生更多的是关注个体发展和世俗功利,甚至个别还有"去政治化"的倾向。极个别当代大学生已经从一个极端走向了另一个极端,崇高的理想信念不足,务实的功利世俗有余,在认同社会主义核心价值观的同时,也流露出对社会主义意识形态漠视、轻视,以及基于种种曲解而不关注的态度和倾向。

资本主义意识否定了马克思主义在我国的主导地位,如果继续放任自流,势必会使民族性、国家性、社会主义性的地位越来越卑微,整个中华民族的凝聚力和发展合力也必将受到影响。

3. 价值观多元化

经济日益发展,社会的方方面面都呈现出多元化趋势,例如经济成分、物质利益、生活方式、就业岗位和就业方式等。人们的思想观念也随之发生了深刻的变化,利益需求产生分化,人们的心态和个人行为准则也会随着价值评判标准的不同而不同。同样,高校学生也开始崇尚多元化的价值观。

随着改革开放的不断深入,人民群众的普遍利益在得以实现并不断累积的同时,不同社会群体的收入差距和利益矛盾渐次凸现,由利益的逐渐分化而导致的多元利益结构的形成,已成为现阶段中国社会不容回避的现实。当代大学生崇尚多元,是在多样性的市场经济冲击和全球化影响下产生的多元反映。随着全球化步伐的加快,西方各种文化产品接踵而至,给大学生提供了多样化文化的体验,也包括这些文化所承载的意识形态、价值观念和生活方式。多元经济、利益带来的多元文化、结构以及体验,引起了大学生的好奇心和虚荣感,也使得部分大学生淡化国家意识,消解民族身份,失去传统认同感。

多元化的利益诉求是崇尚多元的深层表现和根本实质。如果多元化的利益关系不能得到很好的协调,利益诉求不能得到合理实现,利益群体的不满情绪将会逐渐积累,这将会给中国社会的稳定与和谐带来诸多的负面影响。

4. 自我膨胀心理

当代中国,高校学生均为"90后",这代人从小生活在优越的环境里,基本不知何为吃苦。而且他们多为独生子女,深受几代长辈的宠爱,致使他们身上表现出严重的自我膨胀心理。

所谓自我膨胀,是指一个人表现出来的自信心超出本人的实际情况,演变成盲目自大和自负。而过度自负,不仅有损心理健康,还会给人际关系带来负面影响。自我膨胀实质上是在人缺乏足够自信时,对自我进行的一种过度补偿,即自卑的表现。自负与自卑,就像是一枚硬币的正反面,不可分割。自我膨胀就是对自卑的一种不成熟的心理防御。

这类人缺乏稳定的自信与自尊,极易被外界环境和事件所影响。偶有小成就,就容易洋洋自得,忘乎所以,充满骄傲和全能感;而稍遇挫折,抑或是被人批评和指责,又会极端沮丧,丧失动力和进取心。这时,自我为了避免陷入自卑的痛苦,会有意或无意地使用更多的自我膨胀机制来保护自己,表现出对他人的不屑、贬低、愤世嫉俗，这也使得领导、老师、同学等很难与其相处和共事。

自我膨胀会使个体逃避现实，无视和不接受自己的弱小感，由此导致其判断和检验现实的能力弱化，无法给予自己精准的评价，无法实事求是地评价客观环境，难以合理预测未来，不能脚踏实地地做事做人，最终导致其陷入"挫败—自卑—防御—自我膨胀"的恶性循环。

在现实生活中，我们不难发现这种大学生的身影，由于自卑引起的自我膨胀终酿恶果的事件也屡有发生，类似"李刚门"、南航事件等。究其主要原因，是因为学校忽视了对学生的价值体系的塑造，家长也一味地纵容溺爱孩子，导致学生的价值观误入歧途，认为金钱和地位能解决所有问题，所以才能在出事之后掷下"豪言壮语"，不仅不知悔改，还依旧逍遥自在。

二、大学生核心价值观培育的重要性

只有当代大学生树立正确的群体价值观念，才能实现当代大学生的成才成长和全面发展；只有构建一套科学系统的、彰显民族特征的、适应时代发展的当代大学生核心价值观，才能引导当代大学生树立正确的群体价值观念。大学生的成长环境处于国内外不断变化的形势当中，"他们思想普遍活跃、对社会发展变化有着极其敏锐的感受力，能够根据社会发展的需要调整自己的价值选择，当有新的价值观念出现的时候，价值选择会给他们带来迷茫困惑"[①]。因此，加强当代大学生核心价值观教育，在大学生群体中加强核心价值观培育就显得尤为重要。

具体而言，大学生核心价值观培育的重要性主要表现在以下几方面：

(一)大学生核心价值观培育是实现当代大学生历史使命的需要

1. 大学生核心价值观培育是实现高等教育培养目标的需要

党的十九大提出："优先发展教育事业，建设教育强国是中华民族伟大复兴的基础工程，必须把教育事业放在优先位置，加快教育现代化，办好人民满意的教育。"2010年出台的《国家中长期教育改革和发展规划纲要（2010—2020年）》中，提出当代大学生的培养目标是："牢固确立人才培养在高校工作中的中心地位，着力培养信念执着、品德优良、知识丰富、本领过硬的高素质专门人才和拔尖创新人才。"[②]在高等教育的培养目标中，对道德的要求，如品德、信念、信仰等是排在首位的。

---

① 蒋文程. 浅谈当代大学生核心价值观的建设[J]. 学园：教育科研，2012：35-37.
② 国家中长期教育改革和发展规划纲要（2010—2020年）[N]. 人民日报，2010-07-30.

我们一直强调的培养德智体美劳全面发展的人才,其中德也是首当其冲的人才要求,理想、信念、道德、品质等是高等教育人才培养的基本目标和关键目标。

我国正处于经济转轨期、社会转型期和社会矛盾凸显期,各种社会热点问题此起彼伏。高校是意识形态的前沿阵地,是思想最活跃的地方,也最容易受到各种社会思潮的冲击。现代的大学生作为改革开放后国家经济强盛发展过程中成长起来的一代大学生,他们思想更为活跃,接受新知识新事物的能力更强大,他们的成长环境刚好处在国家发展转折期,社会大众都在讲经济、讲利益、讲生活质量,而绝少有人讲信仰谈信念的时期,难免受到各种社会因素的影响。绝大多数大学生作为独生子女在父母的溺爱呵护中长大,在物质社会的熏陶中更追求物质利益,更在乎个人感受,唯"自我为上",凡事以"我想""我要"为价值标准,对社会、对他人漠不关心。现实生活中跟着网络走的大学生,判断是非的能力都是来源于网络,没有正确的辨别能力,是非混淆,缺少对错和荣耻的正确评价,作为社会成员应有的道德感和责任感都在远离他们。

社会的竞争也深刻影响到未踏入社会的大学生们,面对残酷现实,大学生的抗挫能力和意志精神受到巨大挑战,进而直接影响到他们意志和理想的坚定性。中西方文化观念的碰撞,消解了很多大学生对优秀传统文化和价值观的坚守和继承,政治立场、文化观念都在发生着动摇和变化,其中一些人国家意识、民族观念越来越淡薄,对国家、社会和个人的价值评价飘忽不定,标尺不一。大学生面对各种思想观念、价值取向与现实利益的冲击,要有正确的判断和抉择,就必须依靠高校思想政治教育的引导。"教育本质上就是一种文化传递和价值导向的工作。"[①]高等教育的目标就是要在社会主义核心价值体系的指导下,培养具有社会主义核心价值观的未来人才。"要做事先做人",教育的目标首先培养的是合格品质的人,然后是做事的能力。只有培养、引导大学生树立正确的世界观、人生观、价值观,有崇高的社会理想和现实的社会责任感,才能让他们自觉树立服务国家、服务人民的社会责任感,才能塑造敢于吃苦、乐于奉献、勇于探索、勤于实践的优良品质和创新精神。

2. 大学生核心价值观培育是大学生全面成才的自身需求

"树立正确的世界观、人生观、价值观,是大学生成长的根本问题,也是决定大学生思想政治教育成败的根本问题。"[②]大学教育的目标是培养合格的高素质人

---

① 石海兵. 青年价值观教育研究[M]. 合肥:安徽人民出版社,2007:55.
② 教育部思想政治工作司. 大学生思想政治教育"十个如何"研究[M]. 北京:高等教育出版社,2007:7.

才，这也是大学生的自身需求。所谓成才，就是在某一个工作岗位上，能够对国家、社会做出一定的贡献，能实现一定的社会价值和个人价值。进入知识经济时代，知识生产和利用成为发展的核心，人力资源和科学技术成为发展的动力，国家的综合国力和国际竞争能力将越来越取决于教育发展、科技进步和知识创新的水平。人力资源的开发成为社会发展的紧急需求，人才是我国经济社会发展的第一资源，培养德、智、体、美全面发展，具有民族精神和社会责任感、科学精神和人文素养、创新精神和合作意识、实践能力和务实精神的高素质创新型人才是新时期人才的要求。新时期对一个人才的检验还要看他是否能成为一个全面发展的人，一个具有创新能力的人和一个有个性发展的人。对人才的评价应该涵盖品质、才能、知识、价值等多项因素。因此，当代大学生要把个人发展与祖国的前途命运联系起来，不仅需要科学知识的积累、专业技能的提升，更需要有正确的理想信念、自觉的道德认知能力和积极的实践创新能力。

大学生要想成才首先要学会树立正确的世界观、人生观和价值观。世界观是科学看待世界和事物的态度，它决定了一个人的思想轨迹，人生观是对人生的看法，价值观是对价值的认识和判断标准。其次，大学生要有正确的理想信念，理想信念是一个人思想成熟发展的基础。有了理想，才会设立远大的目标，才会有前进的动力，坚定了信念，才会有学习的决心，才会有挑战自我的勇气。树立远大理想，坚定崇高信念，是大学生健康成长、成才的精神力量。我们一直说，要想成才先要成人，就是说一个人首先要先培养好的思想品质，要有道德，这是成才的基础。

(二)大学生核心价值观培育是实现中国特色社会主义事业建设的必然要求

我党以实现共产主义为最终奋斗目标，这个过程漫长而曲折，虽然会出现腐败等不利于社会发展的问题，但中国共产党仍然可以以"壮士断腕"之决心力挽狂澜，朝着最高理想努力。这是一项艰巨的任务，需要全国人民共同的努力，大学生作为不可或缺的一分子，将接下祖国未来建设这一棒，在未来的角色扮演中有着举足轻重的地位。培育大学生树立符合国情及发展的核心价值观念，必然成为中国特色社会主义事业建设的刚性要求。

1. 当代大学生只有培育核心价值观，才能树立起中国特色社会主义牢固信念

树立核心价值观是大学生在建设祖国事业过程中的一项重要行动指南，如果失去了社会主义核心价值观，就相当于失去了共同的理想，就如同没有了主心骨，没有了灵魂。我国当前正处于全面深化改革与发展的关键时期，它的各种调整变动给思想处在波动中的大学生带来了活力，同时也带来了空前的冲击。面对国内新的发展形势，当代大学生更应当从上层建筑即思想意识方面做起，培育好核心价值观，从而树立起高远的中国特色社会主义信念，争取用社会主义核心价值观引领当代主流思潮，为国家建设提供坚定有力的思想保障。

2. 当代大学生只有培育核心价值观，才能充分调动一切积极因素

要构建一个和谐社会，社会创造活力应该作为一个重要着力点而大力加强，同时在社会各个方面加以创新。虽然自改革开放以来，我国在创造活力上进步显著，但是也应注意到影响我国发展的阻碍因素的存在。只有培育好大学生的核心价值观，充分调动他们的热情，赋予他们学习的动力，增强他们实干的决心，创造良好的环境与氛围，调动大学生一切可以调动的积极因素，才能为中国特色社会主义事业提供持久而强劲的精神动力。

3. 当代大学生只有培育核心价值观，才能在利益面前顾全大局

核心价值观是人们判断是非曲直、确定价值取向、做出行为选择的基本准则。社会中，大学生对各种利益冲突的处理，直接关系着社会的发展与稳定。面对各种利益诱惑，只有培育好大学生核心价值观，充分发挥其在利益冲突中的重要作用，才能引导学生用可持续的眼光正确处理社会生活中的各种利益关系，不会因小失大，只关注眼前蝇头小利，为事业建设提供更公平安定的社会环境。特别强调的是高科技高素质人才这方面，当代大学生应以国家利益为先，而不应为一张美国绿卡而放弃国家的需要。

(三) 大学生核心价值观培育是促进大学生全面发展的需要

每个大学生都期待在大学学习中实现自己的理想追求。《中共中央 国务院关于进一步加强和改进大学生思想政治教育的意见》中指出，"当代大学生思想政治状况的主流积极、健康、向上"[1]，但同时，"一些大学生不同程度地存在政治信仰迷茫、理想信念模糊、价值取向扭曲、诚信意识淡薄、社会责任感缺乏、艰苦奋斗精神淡化、团结协作观念较差、心理素质欠佳等问题"[2]。大学生中之所以会出现这些不良现象，根本原因是大学生核心价值观出了问题。当前他们的价值观念还不太清晰，不知道自己的人生意义和人生追求是什么，不知道自己未来的发展方向，不知道自己人生道路该怎样走，所以他们在政治观念、信仰、理想追求等方面处于迷茫、无所适从的状态。这就需要大学生认真反思自己，构建核心价值观。大学生核心价值观主导着大学生的思想行为，是大学生价值观的核心和基础。只

---

[1]《中共中央 国务院关于进一步加强和改进大学生思想政治教育的意见》中发〔2004〕16号，2004。
[2] 同上。

有研究和建构大学生核心价值观,才能为大学生成人成才提供保障,才能使大学生坚定政治信仰,才能为大学生指明人生道路方向,才能促使大学生勤奋学习,才能鼓励他们积极从事具有社会价值和创造性的活动、努力成为全面发展的人才。一旦大学生核心价值观出现偏差,大学生的政治信念、理想追求、道德素质等方面必然出现问题,对社会上的负面影响自然也就失去了抵御能力。所以,大学生核心价值观的建构是实现大学生全面发展的基础工程。

第二节 创新大学生核心价值观的培育模式

一、大学生核心价值观培育的基本模式

(一)主体性教育模式

教育模式这种研究范式力图从知识形态上连接理论与实践的鸿沟。主体性教育模式最大的特点是发挥了主体性的优势,形成了教育理论与教育实践的中介模式,它既区别于理论知识,也不同于实践知识。借助主体性教育模式这一中介,使主体性教育理论走向主体性教育实践成为可能。

只有具有明确的主体意识,才能培养主动性。黑格尔曾说:"主观性只是作为主体才真正存在。"[1]主体性教育模式正是帮助大学生树立一种思想,让他们认识到自己是社会主义核心价值观教育的主体,而不是一个被改造的"容器"。

(1)大学生是主体,教师是主导。教师和大学生都是具有主体性的人,都是大学生社会主义核心价值观教育的主体。但是在传统思想政治教育中,教师的教育活动是一种单向灌输和被动接受。毛泽东说:"企图用行政命令的方法,用强制的方法解决思想问题,是非问题,不但没有效力,而且是有害的。"[2]作为对传统思想政治教育模式的辩证否定,大学生社会主义核心价值观教育恢复了大学生的主体地位,并通过目标设立、过程教育、方法运用等一系列手段凸显大学生在社会主义核心价值观教育中的主体地位,充分发挥其主体性。

(2)课程以发展性内容为主。教育目的经过具体化的选择就成为教学内容,传统的思想政治教育把知识的传授作为教育的主要目标,教育内容无非是教师认为

---

[1] [德]黑格尔. 法哲学原理[M]. 范扬,张企泰,译. 北京:商务印书馆,1961:296.
[2] 毛泽东. 毛泽东著作选读(下册)[M]. 北京:人民出版社,1986:62.

具有传承性的东西。但是时代在发展,有些课程的内容已经落后于时代并阻碍了大学生主体性的发展。社会主义核心价值观教育应结合实际,发掘生活中与教育目标相一致的教育内容进行讲授或探讨,侧重选择有助于培养人的主体性和创造性以及实践能力的教育内容。

(3)教育形态上侧重养成教育。传统思想政治教育偏重知识的传授,知识的传授对提高大学生的认知水平有一定作用。但是如果过于偏重知识的传授,则不利于大学生主体性的发挥。传统的知识传授有一预设前提:大学生是不成熟的甚至无知的个体,从而将大学生置于接受知识、接受改造的客体地位。主体性和创造性是在实践当中形成的,并在实践中得到提升。侧重养成教育是主体性大学生社会主义核心价值观教育模式的重要特征。信息时代的到来打破了教师对于知识、信息的垄断和权威地位。大学生处于开放的环境中,学习方式发生了变化,获取丰富知识和信息的渠道增多,从而为养成教育的实施创造了极好的条件,为大学生主体性的发展奠定了坚实的基础。

对大学生社会主义核心价值观主体性教育模式的研究还处在初级阶段,教育模式可以有固定的程序,但任何一个教育模式都没有一成不变的程序。笔者将对大学生社会主义核心价值观主体性教育模式的操作程序做尝试性的说明。大学生社会主义核心价值观主体性教育模式如图7-1所示。

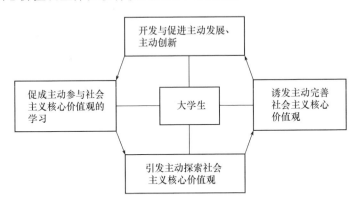

图7-1 大学生社会主义核心价值观主体性教育模式

(1)促成大学生主动参与社会主义核心价值观的学习。大学生主体意识的觉醒和主体性的发挥是实施大学生社会主义核心价值观主体性教育模式的前提和出发点。实施大学生社会主义核心价值观主体性教育模式,必须让大学生的主体意识被激发出来,才能发挥他们的主动性、积极性、自觉性和创造性。主动参与教育活动,而不是游离于教育活动之外,从而生动活泼、主动地发展自己,成为自我发展的主体。从大学生进入大学校园开始，教师就可以开始引导他们主动参与社会主义核心价值的养成教育。促成大学生主动参与社会主义核心价值观的学习既是大学生社会主义核心价值观主体性教育模式的开始，也是大学生社会主义核心价值观主体性教育模式的一环。通过这种循环往复，促使大学生社会主义核心价值观主体性教育模式走得更远。

(2)引发大学生主动探索社会主义核心价值观。探索是一种需要充分发挥主体性的实践活动，主动探索本身对大学生主体性的发挥起着重要作用，特别是大学生的实践能力和创造能力可以获得长足成长。社会主义核心价值观主体性教育模式以社会主义核心价值观为主要学习内容，包括马克思主义指导思想、中国特色社会主义理想、爱国主义、改革创新的时代精神和社会主义荣辱观和"三个倡导"（即：倡导富强、民主、文明、和谐，倡导自由、平等、公正、法治，倡导爱国、敬业、诚信、友善）。教师通过创造各种条件，让大学生参与主动探索和发现的过程，改变大学生被动参与的消极状态，努力为大学生营造自主学习、自主发展的机会，让他们获得积极主动学习和发展的条件。

(3)诱发大学生主动完善社会主义核心价值观。实施大学生社会主义核心价值观主体性教育的目的是促成大学生由他教向自教的转化，自教是大学生进行自我教育、自我改造和自我完善。孔子主张内省，"见贤思齐，见不贤而内省也"[1]"君子求诸己，小人求诸人"[2]。曾子也说，"吾日三省吾身"[3]。大学生社会主义核心价值观主体性教育在实施中要时刻反省，除了反省大学生自身，完善自身不足外，还需要辩证地看待社会主义核心价值观，要与时俱进地完善社会主义核心价值观。

(4)开发与促进大学生主动发展、主动创新。教育的最终目的是为了个体的发展以推动社会的发展。发展人的社会性不仅是社会的客观要求，而且是大学生社会主义核心价值观教育理论与实践中的一个重要目标。促进人的发展，培养自我发展主体性和社会发展主体性是大学生社会主义核心价值观主体性教育需要实现的最终目标。在我们对社会主义核心价值观主体性教育的不断探索中实现主动发展、主动创新。结合多种方式，在大学生社会主义核心价值观主体性教育中发掘更多知识。

(二)生活育人模式

人们的生存方式、思维方式及行为方式等，伴随社会的转型在不断发生、发

---

[1] 《论语·里仁》。
[2] 《论语·卫灵公》。
[3] 《论语·学而》。

展、变化,多样化的社会生活使得人们的价值取向也呈现出多元倾向。市场经济直接冲击了人们的现实生活,在一定程度上对人们的价值取向和价值认同造成负面影响,如个人主义、拜金主义、功利主义等不良思想观念日益滋生。而以培育大学生价值观为主要内容的高校思想政治教育在此社会背景下,也存在着功利化、知识化、教条化、理想化等错误倾向,过分关注思想政治教育的工具性价值,忽视其目的性价值。高校的思想政治理论课逐渐与现实生活脱节,存在着强调单纯知识灌输、缺乏人文关怀的弊端。

美国实用主义哲学家杜威提出"教育即生活",而作为他的学生——我国著名教育学家陶行知先生则将其反过来,认为:"生活即教育",倡导从生活中寻找教育资源,教育应该扎根于生活,教育的内容、手段和方法都应结合现实生活的需要,而且教育不仅要关注学生的"实然"生活,还要关照"应然"生活,引导他们过更有意义、更有价值的生活。因此,高校开展大学生社会主义核心价值观教育,要关照学生的现实生活,以学生的生活为逻辑起点,从学生的现实生活需要出发,构建生活化的育人模式。在具体的工作中,首先教育者要改变传统教育理念,树立"生活育人"的理念,从学生的现实生活中挖掘社会主义核心价值观教育的素材,运用与学生生活现实密切相关的教育内容引起学生的注意,激发学生情感上的共鸣。其次要关注学生的个体差异,每个学生对生活的体验不同,其形成的思想观念、价值取向也呈现出多样化的形式。因此,高校的大学生社会主义核心价值观教育活动,要主动将教育的手段、方法、内容等贴近学生的具体生活,尤其是学生的直接生活体验,引导学生以自主体验为基础去领悟生活的意义,从而形成良好的思想道德行为习惯,在内心形成对社会主义核心价值观的认同。最后,在教育过程中注重发挥学生的主体性地位,让生活走进"课堂",满足大学生的多样化需求,结合学生的实际问题,有针对性地分析社会主义核心价值观在具体生活问题中的理论价值和实践意义,促进大学生将社会主义核心价值观转化为他们的价值认同。

(三)网络育人模式

随着以互联网为载体的信息社会的快速发展,QQ、博客、微博、微信等新媒体应用方式不断涌现,这都为人们提供了丰富的新型交流方式。在信息化不断发展的今天,当代大学生可称为"互联网一代",他们成为高校网络使用者的主体,正通过各种渠道在不断接触、使用网络,网络成为当代大学生不可或缺的学习和生活内容之一。因此,高校思想政治工作者们应充分认识到网络对当代大学生的重大影响,引导大学生在网络社会中健康成长,以社会主义核心价值观为主要内容构建主题网站，诚如党的十九报告中所要求的，"善于运用互联网技术和信息化手段开展工作"。用社会主义核心价值观先进理论占领网络思想阵地，加强对大学生群体的渗透与影响，从而使高校思想政治工作者牢牢掌握大学生价值观教育的主动权。

构筑以网络为媒介的大学生社会主义核心价值观教育模式，就是将高校传统思想政治理论课程教育模式与网络信息背景下大学生自我教育模式相融合的一种全新的教育模式。一方面，教育者可以利用网络提供的海量信息资源进行备课，采用影音图像、图文并茂的方式，将社会主义核心价值观的具体内容形象化、生活化，便于大学生接受和理解，走进大学生的学习和生活中；另一方面，高校思想政治工作者们可以通过QQ群、微信、E-mail、微博等工具及时了解大学生的思想动态，帮助大学生解决社会主义核心价值观的理论学习困境，注重构建社会主义核心价值观专题学习网站，既立足于先进理论的宣传，也要抓住大学生的兴趣点和关注焦点，及时帮助他们解决实际问题，增强社会主义核心价值观的说服力。同时，还应发挥自我教育在大学生社会主义核心价值观网络教育模式中的作用，根据大学生的网络心理特点，规范社会主义核心价值观专题网站的管理，引导大学生正确认识网络的双重效应，提升大学生的网络道德自律能力，最大限度地发挥网络育人模式的正面效应。融思想性、知识性、趣味性为一体的社会主义核心价值观网络教育模式，有利于主流意识形态占领网络舆论的制高点，为高校思想政治工作者科学开展大学生价值观教育提供新思路和新途径。

(四)社会行动教育模式

社会行动模式形成于20世纪70年代的欧美，主要代表人物是美国的道德教育学家弗雷德·纽曼(Fred Newmanm)。此模式也被称为道德教育社会行动模式(the social action model of moral education)。纽曼开发的这一模式整合了人们的道德认知、情感与行动等方面，将公民参与和社会变革联系起来。

纽曼认为，公民的社会行动模式包括制定政策目标、争取目标支持工作、解决心理哲学问题。大学生社会主义核心价值观社会行动模式见图7-2。[①]

1. 制定关于社会主义核心价值观相关课题目标

大学生社会主义核心价值观课题目标主要是依据社会主义核心价值观的相关内容确定的。大学生从课程出发，选择与社会主义核心价值观相关的课题方向。

---

① 冯增俊. 当代西方学校道德教育[M]. 广州：广东教育出版社，1993：126-128.

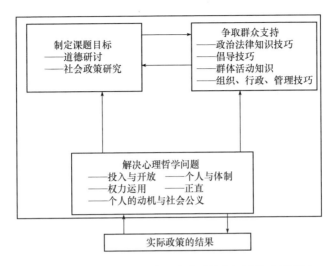

图 7-2 大学生社会主义核心价值观社会行动模式过程图

综合政治课程、交际课程、社区服务实习、社会实践、社团活动等，提高自身的素质。课题目标主要包括道德审议和社会政策研究两部分。道德审议就是应当让大学生公开、理性地辩论有关社会主义核心价值观的相关问题，摒弃相对主义，应学习科尔伯格的道德价值观，人生的价值原则高于其他价值，如人身权高于财产权。通过道德审议使大学生的社会主义核心价值观理论水平更上一层楼。社会政策研究主要是引导大学生运用社会主义核心价值观考察一定的政策与后果，指导大学生考察和预测各种社会行动带来的后果。每个学生有不同的文化背景、性格和生活环境，加之他们掌握的信息资料也不同，所以不同学生可能有不同的结论。

2. 社会主义核心价值观相关课题社会行动中的群众支持

社会主义核心价值观社会行动模式的课题目标确定以后，就需要通过开展多种活动来实现目标。争取可能结成的联盟和团体的关键人物，联络人力资源、资金和拥有交易权的团体等。争取目标支持工作的前提是大学生一定要有良好的辩论技能，通过阐述自己的观点，让别人认识到自己的目标，进一步要让人在感情上和思想认识上和自己产生共鸣。没有得力的辩护技巧就难以说服别人支持自己。其次还要有一定的群体知识和技能，形成一个强势的团队是必要的，团体内部确定问题时需要相关的权威知识和技能。在组织管理上也要到位，因为在实现目标的过程中可能会遇到各种问题与困难，需要组织管理技能进行协调。

3. 社会主义核心价值观社会行动中的心理哲学难题

解决心理哲学难题是非常重要的。大学生在社会主义核心价值观社会行动开展时,可能会遇到"心理哲学两难问题"(psychological philosophic dilemmas)。当面临难以选择的问题时,是仍然坚持自己的原则还是做出让步关系到社会行动的成败。在遇到这类问题时,要保持开放的心态,善于倾听别人的意见,勇于接受别人的批评。在此过程中大学生应常常提醒自己采取社会行动的动机和目的,让社会行动保持正确的方向。

二、大学生核心价值观培育模式的创新

(一)大学生核心价值观培育模式创新遵循的原则

构建大学生核心价值观教育创新模式,必须探索符合实际情况的工作原则,以促进教育的有效性和实效性,进而实现教育目标。

1. 主体性与主动性的统一

(1)主体性。所谓主体,从哲学层面而言,即对客体有认识和实践能力的人。接受活动非常明显的一个特征就是强烈的主体性,主体是从自己的内在需要、利益、愿望、爱好出发,对所感受到的信息做出抉择。由于大学生的理性思维能力已经初步形成,自身思维已经呈现出一定的独立性和批判性,越来越习惯于根据自己的思维把握事物的内在联系,独立思考,得出自己的结论,由此体现出主体性的特点,如他们愿意接受真理、注重情感、崇拜偶像、敢于创新的心理特点。

(2)主动性。主动性即大学生由于自身心理需要的动机,在心理接受的活动过程中表现出来的主观能动性。大学生是社会主义核心价值观教育接受的主体,他们能否主动应答、主动选择、主动思考是社会主义核心价值观教育的关键。

在科学的教育引导下,通过形式活泼多样、内容生动形象的活动让他们自由、平等、民主地参与,激发他们的主体性和主动性,开展社会主义核心价值观教育。

2. 长期性与反复性的统一

从心理学角度讲,接受主体从开始接触到内心真正接受一种理论、观念是一个从低到高、从部分到整体、从外表到内心的一个长期过程,不是立竿见影、一蹴而就的,甚至需要一个较长时间段。这就决定了大学生社会主义核心价值观教育的长期性、反复性,即大学生理解认同社会主义核心价值观教育需要长期不断、多次重复、较长时间才能完成。大学生一个明显特征就是情绪起伏波动大,高兴时,热情奔放、情感浓烈,没有丝毫掩饰;伤心沮丧时,则情绪低落、抑郁消沉。这就需要长期坚持对大学生进行社会主义核心价值观教育,通过各种途径、各种

形式影响大学生，感染大学生。要充分考虑当代大学生心理接受的反复性，运用社会主义核心价值观的激励功能鼓励大学生在人生低谷时不消沉，积极奋进；在成绩面前，不骄傲自满，不断前进。

3. 心理性与实践性的统一

社会主义核心价值观所蕴含的思想观念、政治原则和道德要求属于社会意识形态，整个接受活动反映出来的是一种知识、思想、文化的交流、传承。因此大学生社会主义核心价值观教育是一种心理性、精神性的活动。同时，接受主体大学生接受的是一种以指导行为为目的，通过大学生个体的心理内化，进而表现出一定的外化行为，并将这种心理内化的知识、思想、文化落实到日常的学习、工作和生活当中去。因此，大学生社会主义核心价值观教育是一种心理性和实践性的统一。

4. 多样性与差异性的统一

大学生社会主义核心价值观的表现形式是多种多样的，可以以歌曲、影像、文字、图片等多种形式出现，因此大学生社会主义核心价值观教育的形式是多种多样的。同时由于大学生个体的差异，如认知水平、情感体验、价值取向等个体差异，在开展大学生社会主义核心价值观教育的过程中，也受到上述因素的影响，体现出差异性的特点。由于个体接受水平的差异性，也必然对大学生社会主义核心价值观教育形式途径的多样性产生影响，因此，大学生的接受心理也体现出多样性与差异性的统一。

5. 核心性与时代性的统一

社会价值观念的多元化是任何一个社会的常态，但是不能由此导致社会价值观念的混乱。社会的稳定和发展需要社会多元价值观念的有序。而社会多元价值观念有序的前提，就是必须形成具有内在统一性的若干个占主导地位的社会价值观念，从而对其他社会价值观念予以引领。这就要保证社会主义核心价值观的核心性。而按照马克思主义发展观的理论，任何事物都不是一成不变的，任何真理也都是有其时代特征的。所以，我们对社会主义核心价值体系的学习和认识，对大学生进行社会主义核心价值观教育，也应与时俱进，充分尊重其时代性的特点。因此，构建大学生社会主义核心价值观教育创新模式应遵循核心性与时代性的统一。

(二)大学生核心价值观培育模式创新的方案

大学生核心价值观教育创新模式主要由接受主体、接受客体和接受中介三部分内容构成。

1. 接受主体

接受主体即接受者，在大学生社会主义核心价值观教育活动中，即接受社主义核心价值观的大学生群体。接受主体是人，但不等于人。"人并非都是和总是主体，只有在与一定客体的关系中通过自己的自觉能动而获得对客体的主动态势，发挥出能动的积极作用并取得支配地位的人，才会成为主体。"在实践中，接受主体之所以成为主体，在于他的实践活动，因为主体和客体的关系，从根本上说，是主体的活动与活动对象的关系。在大学生社会主义核心价值观教育活动中，大学生及其群体是现实的、生动的、多样的，具有鲜明的心理接受特征。

接受主体主要指受教育者，即大学生。接受主体的社会主义核心价值观教育，本质上是一种接受活动。接受主体的接受活动由注意信息、保持信息、接受信息、心理内化、改变认知、转变态度、影响行为这七个环节构成。接受信息，即受教育者通过视觉、听觉等感觉器官选择性地接受外界的信息。接受信息后受教育者心理发生了内化行为，将自己所认同的新思想、新观念同原来的观念思想整合为一个统一的系统，具有持久性。接受的信息，经过接受主体的心理内化，进而造成态度发生改变，影响到接受主体以后的外界行为。这七个环节相互影响，紧密联系，构成了接受主体的心理接受活动。

2. 接受客体

大学生社会主义核心价值观教育作为接受主体的一种对象性活动，总是收到接受关系系统的另一极——接受客体的信息。接受客体是外部世界中那些客观存在并被设定同接受主体相关联而被纳入大学生社会主义核心价值观教育活动接受系统结构，同接受主体一起发生了接受上的功能关系的社会主义核心价值观信息，包括事物、事件和现象。在大学生社会主义核心价值观中，接受客体是由具体的接受主体根据自己的接受方式和接受能力有目的、有选择性地进行，设定以外的不是接受客体。一方面，接受客体是一个复杂的系统，有许多构成因素、属性及规定性，因而客观上它的不同方面对接受主体的意义也不同；另一方面，面对同一接受对象，不同的接受主体根据自己的接受方式、接受能力，从不同层面、不同角度、不同意义上选择性接受客体。

大学生核心价值观教育，不仅要求接受主体能够自愿主动地接受教育，更要求接受客体具有"可教性"，大学生核心价值观教育接受客体的"可教性"要求核心价值观教育应以接受客体为视角，提高自身接受度，使教育更具科学性。

3. 接受中介

从哲学层面讲，接受中介指事物之间借以相互联系和相互转化的条件或中间环节。马克思主义哲学认为，世界上的一切事物都是相互联系和相互转化的，这种联系和转化只有通过一定的中介环节和条件才能实现。在大学生社会主义核心价值观教育活动中，接受主体和接受客体作为接受活动的两极，具有一般联系的特点，在两者之间存在一个中介系统，我们称之为接受中介。它把接受主体和接受客体连接起来并使之发生相互影响和作用，从而使大学生社会主义核心价值观教育得以展开。需要注意的是，接受中介是一个复杂的系统，由若干要素构成，教育者在接受中介中居于主导地位。

接受中介的教育活动，主要由课内教学活动、课外团体活动、"红色社团"建设、校园文化建设、网络教育基地建设和社会实践活动六个部分构成。课堂教学是大学生社会主义核心价值观教育的主渠道、主战场。将社会主义核心价值观教育融入政治理论课、基础课和专业课教学活动中，通过多种方式，触及学生心灵，激活学生意愿，转变学生认知，改善学生行为，提高教学实效。通过主题鲜明、丰富多彩、寓教于乐的课外团体活动，促进知行并重、知行合一的实现，提高大学生社会主义核心价值观教育的实效性。积极依托高校学生"红色社团"，凸显社会主义核心价值观教育的主体，是推进高校社会主义核心价值观教育，迅速占领学生学习活动新阵地，促进大学生健康成长的需要。校园文化建设，为大学生社会主义核心价值观教育提供了良好的、能动的文化氛围。网络教育基地的建设，让社会主义核心价值观的教育信息通过大学生喜闻乐见的网络平台实现了有力、有效的传递。社会实践是社会主义核心价值教育的重要手段，是大学生将理论与实际相结合的重要载体，通过社会实践来诠释社会主义核心价值观的内涵，让大学生充分感受到社会主义核心价值观并非空泛的理论，而是社会实践的可靠依据和强有力的理论指导。

课内教学、课外团体活动、"红色社团"建设、校园文化建设、网络教育基地建设和社会实践六者相互渗透，相互影响，相互作用，构成了接受中介教育活动的主要内容。

第三节　构建大学生核心价值观培育的长效机制

一、大学生核心价值观培育长效机制的构成

(一)认知接受机制

从一般意义来说，"接受"是"关于思想文化客体及其体认者相互关系的范畴。它标志的是人们对以语言象征符号表征出来的思想文化客体信息的择取、解释、

理解和整合，以及运用的认识论关系和实践关系"①。"接受"在认识和实践中的作用已被多门学科所证实。按照西方解释学理论，"理解"不是对于对象的纯客观复制，理解者的"历史性"和"前结构"以及理解客体对理解具有制约作用，它是理解者的视界和理解对象的视界相互碰撞、不断融合的"视界融合"过程。② 大众传播学研究的重心也由原来的注重传播者和受传播者转移到注重两者的相互作用上。现代发生认识论亦强调新的外部刺激要经过主体认知图式的同化过滤才能形成新的认识成果。认识不只是客体作用于主体的过程，也是主客体相互作用的过程。现代心理学认为，任何接受过程是外在要求与主体内在心理需要矛盾运动的过程，接受过程的机制和规律与人们心理发展变化的规律有着内在的相关性。③ 信息论认为："信源发出消息后，对不同的接受者、使用者其效用或价值是不相同的。"④社会主义核心价值观要成为个体的价值认识，并转化为个体的行为，必先有社会个体对核心价值观的接受和内化过程。

社会主义核心价值观只有为全体社会成员普遍接受和真正认同才能最终确立和实现。因此，我们应注重对不同群体、不同类别的人的认知特点、接受的可能性、接受的方式和程度进行科学与系统的研究，增强社会主义核心价值观内容的创新性。

(二)道德约束机制

在社会主义核心价值的实现过程中，要注重道德规范，发挥道德舆论的作用，加大道德约束和调控力度，做好以下几方面的工作⑤：

(1)要建立起道德舆论引导机制。可以通过塑造道德典型对现实生活中高尚的道德行为和良好的道德现象进行宣传、表彰、赞扬和褒奖，以榜样示范力量和道德鼓舞力量引领社会发展，提升社会的整体道德水平；也可以通过道德批评对假恶丑等不道德行为与偏离社会主义核心价值观轨道的行为进行劝诫、鞭挞和谴责，进而在全社会营造一个良好的道德舆论氛围，使社会主义核心价值观由理论变为现实、由抽象化为具体。

(2)要建立起道德评价导向机制。道德评价是对他人或自身的行为品质等所做的价值判断和所表示的褒贬态度，并通过评价引导人们的行为。它分为社会评价

---

① 胡木贵，郑雪辉. 接受学习导论[M]. 沈阳：辽宁教育出版社，1989：1.
② 张汝伦. 意义的探究——当代西方释义学[M]. 沈阳：辽宁人民出版社，1986：173-194.
③ 张琼，马尽举. 道德接受论[M]. 北京：中国社会科学出版社，1995：38-45.
④ 王雨田. 控制论、信息论、系统科学与哲学[M]. 北京：中国人民大学出版社，1986：311.
⑤ 陈章龙. 论主导价值观[M]. 南京：江苏人民出版社，2006：279-282.

和自我评价。通过道德评价，既可以调节并制约自己的思想和行为，同时又可以不断反省和调整不符合社会要求和自身利益的行为。社会主义核心价值观的实现有赖于道德评价机制的建立和完善。

（3）要建立起道德利益导向机制。以利益为手段进行道德引导，使人们达到道德认同，是道德利益导向的重要功能。要通过利益激励，使道德高尚者的利益得到肯定和提升，通过利益惩罚使道德低下者的利益受到限制和削弱。

（4）要建立起道德调控的弹性机制。道德调控既是一种外在规范，更是一种内在自觉和自律，这就要求我们在两者之间保持必要的弹性和张力，而不能陷入"一束就死""一放就乱"的尴尬境地。

（5）要建立良好的道德约束机制。必须注意加强以下几个基本方面的道德约束力：首先，要重视道德良心在道德约束中的作用。普遍的道德良心的麻木、模糊，必然带来普遍的道德约束的疲软和道德水准的严重下滑。我们应不断地刺激、净化和强化人们的道德良心的发育和支撑。其次，要重视道德的"底线价值"，加强职业道德建设。社会上最重要的是对普通规则的遵守与尊重，人生的价值和一切理性的意义原本就在日常生活世界。如果我们创造不出新的东西，如果我们做不到崇高，我们至少应该坚持基本的为人之道（"底线价值"）；如果我们在信仰上统一不起来，我们至少应该在敬业精神上统一起来（基本职业道德）。再次，要从新的经济体制中吸取、提升新的道德价值观念。社会主义市场经济作为一种富有创造性的经济发展模式，其本身也蕴含着许多积极、健康的新道德资源，如社会契约精神、自由平等精神、人格独立、人民主权、权力制约、效率、理性等，对这些新观念的道德提升，显然有助于增强新形势下社会主义核心价值观的说服力和拓宽社会主义核心价值观的实现途径。

（三）社会教育机制

"教育，尤其是健全的教育，能够为某种普遍价值理念和伦理规范的主体内化提供并建立较为广泛具体而持续有效的传播方式、解释资源、知识和智力支持、接受机制。这种传播、解释、接受的科学教化机制及其优越效率，是任何其他文化形式所难以媲美的。"[①]因此，建构社会主义核心价值观必须重视教育的这种社会功能。通过社会教育机制，引导受教育者明确中国特色社会主义核心价值观体系中的价值主体定位、价值目标、价值追求、价值取向的深刻内涵，掌握科学的价值标准和评价标准，提高价值分析、价值判断、价值选择的能力。

---

① 万俊人．寻求普世伦理[M]．北京：商务印书馆，2001：575．

要坚持用马克思主义中国化的最新理论成果武装全党，教育干部和群众。在当前和今后一个相当长的时期内，就是要用中国特色社会主义理论体系武装全党、教育人民。中国特色社会主义理论体系，既是确立社会主义核心价值观的指导思想，也是社会主义核心价值观实现的重要途径，更是进行社会主义核心价值观教育的基本内容。中国特色社会主义理论体系不仅要进教材、进课堂、进大学生头脑，而且要进民众头脑。通过马克思主义的普及化、大众化，使民众的马克思主义信仰越来越牢固。要发挥先进典型的示范作用和共产党员的先锋模范作用，在全社会大力宣传英模人物的先进事迹和思想，保持共产党员的先进性。社会主义核心价值观的实现基础在教育，关键则在党员和干部。这是为什么呢？因为党员干部是培育和践行社会主义核心价值观的"关键少数"。"为政以德，譬如北辰，居其所而众星拱之。"无论是基于共产党员的崇高信仰，还是领导干部所处的关键位置，都决定了党员干部应当是社会主义核心价值观的示范者和引领者。领导干部应该成为和谐文化、先进文化建设的力行者，成为建设社会主义核心价值观的模范。要善于把人民群众的实践经验升华为理论，用理论创新的成果指导实践、推动工作；要在树立中国特色社会主义共同理想、弘扬以爱国主义为核心的民族精神和以改革创新为核心的时代精神、树立社会主义荣辱观方面，提高自觉性，增强示范性，体现先进性。像习近平总书记在庆祝中华人民共和国成立65周年招待会讲话中指明的那样，提炼并确立社会主义核心价值观基本内容，提升理想信念、价值取向在国家治理中的层次地位，提振全体社会主义建设者的进取信心。新一届党中央精准发力，用非凡的中国精神凝聚起强大的中国力量。建立社会主义核心价值观还应该积极吸引人民群众的参与，尤其是大胆吸收民间组织的积极参与。民间组织尤其是志愿性的民间组织、慈善性组织、环保组织等，不但自身是社会公德的维护者，同时还创造着一些普世的社会价值观念，如爱护地球、维护正义、性别平等、人权与民主等。国外的实践经验表明，缺乏民间组织参与的社会核心价值观将不具有价值。

要把社会主义核心价值观教育融入国民教育的全过程。国民教育是构建社会主义核心价值观的重要阵地。对未成年人和青年大学生进行社会主义核心价值观教育，必须将社会主义核心价值观的内容融入各门学科的教学过程中，纳入日常思想道德教育活动和校园文化建设活动过程中，贯穿于学校各项管理过程中，通过教书育人、管理育人和服务育人等途径，引导和帮助他们树立科学的世界观、人生观和价值观，树立中国特色社会主义共同理想，不断增强他们对中国共产党领导、社会主义制度、改革开放事业、全面建设小康社会、构建社会主义和谐社会目标的信念和信心。国民教育必须适应时代的变化和社会发展的要求,自觉成为构建社会主义核心价值观的重要路径和力量。

要把社会主义核心价值观教育纳入精神文明建设之中。宣传和文艺部门要围绕党和政府不同时期的工作重点、实际操作中的难点、社会普遍关注的热点、群众思想中的疑点做文章,把握大局,进行正确的判断,坚持正确的导向;要根据不同层次人们的情况,采取人们喜闻乐见的形式,弘扬社会主义主旋律,在全社会大力加强社会主义价值观教育;要通过乡村、城市街道、社区精神文明创建活动、道德实践活动和社会志愿者服务活动,把社会主义核心价值观传授给社会成员,打牢社会主义核心价值观的群众基础。

要把社会主义核心价值观教育贯彻到现代化建设的各个方面。社会主义核心价值观涉及经济、政治、文化、社会生活的方方面面,要把社会主义核心价值观教育融入发展社会主义市场经济过程中、融入发展社会主义民主政治过程中、融入发展社会主义先进文化过程中、融入全面建设小康社会和社会主义和谐社会过程中。要把各方面的力量充分调动起来,把全体人民的积极性充分发挥出来。人民群众只有直接和真正地在社会主义制度中获得了实实在在的利益和幸福,才能真切地拥护社会主义制度,认同社会主义核心价值观。所以,构建社会主义核心价值观更为根本、更为基础的是加快推进社会主义现代化建设,更加注重社会公平和正义,让广大人民群众共享改革发展成果。只有当社会主义的价值关系进一步理顺了,社会主义的价值事实进一步丰厚了,社会主义核心价值观才能真正地得到普遍确立和巩固。

(四)舆论引导机制

公众舆论是某一社会群体或集团的人们按某种大致相同的利益和愿望,对客观事物或现象进行的价值评估。作为一种外在社会价值力量,从广义上说"它是社会控制的一种机制,每个人都不可能摆脱无形的舆论环境的包围与制约"[①]。公众舆论对每个人有着较深的约束力和影响力,对社会主义核心价值观的传播营造着良好的社会环境,促使人们从他律走向自律。为此,要加大舆论宣传,通过广播、报纸、网络等新闻媒体大力宣传社会主义核心价值观,在全社会形成强大的舆论引导作用。在进行舆论引导的过程中,要认真分析和区分现实存在的不同价值取向,分清哪些价值取向是应倡导的、哪些价值取向是可允许的、哪些价值取向是应加以反对和抑制的;哪些价值取向适合这些领域、哪些价值取向适合那些领域、

---

① 陈力丹.舆论学——舆论导向研究[M].北京:中国广播电视出版社,1999:33.

哪些价值取向是各领域都适用的;哪些价值取向适合现阶段、哪些价值取向是属于未来的;等等。在此基础上,有针对性地、循序渐进地加以正面引导。

(五)整体实现机制

当代大学生社会主义核心价值观培育的实现机制,是指通过一系列教育活动,使社会主义核心价值观所蕴含的思想、观念、道德等内容,为大学生所接受,并内化为深刻而稳定的心理结构,外化为现实的个体动机和行为,从而完成社会主义核心价值观由"潜价值"向"显价值"转变的过程。落实实现机制,促使社会主义核心价值观由"潜价值"转变为"显价值",才能见到实效。为此,必须深入剖析实现机制的内在机理,积极探索当代大学生社会主义核心价值观培育的各种实现途径。

当代大学生社会主义核心价值观培育的整体实现机制以上述各层次分机制为基础,是一项非常艰巨复杂的工作。[1] 首先,要在各层次上明确主线,依序引导,并使个体意识与社会意识交融一致。培养情操以引导自我意识和平衡心理需求与良心,达到个体与社会心理的和谐;培养信念以促进价值体系发展和观念的巩固,达到个体与社会观念的协调;培养理想以提高动机体系和思想体系的水平,实现个体与社会思想的融通。其次,要使各层次同一水平的意识因素之间主次明确,相互协调,密切配合。以信念确立为目标进行情操和理想培养,以价值体系建设为核心进行自我意识和动机引导,以观念塑造为基点进行心理疏导和思想启发。最后,要围绕大学生社会主义核心价值观培育实现机制的主轴线,达到整体协调,实现综合效应与效益。人的心理、观念和思想之间的关系,实际上是情、利、理的关系。心理层次突出的是"情感"特征,观念层次表现出"利益"性特征,思想层次的突出特征是认识性质的理念性与认识内容的理论性。情、利、理的有机结合,是培育综合效益实现的关键。三者结合的主轴是"利",是"利者善也"的价值肯定。利的引导在本质上是价值观的培养和价值体系的建设。把价值体系建设,尤其是社会主导价值体系的建设作为大学生社会主义核心价值观培育的主线,这是保证其即时效应和长远效益的有效途径。大学生社会主义核心价值观培育如果能够使其原则性内容演变为大学生普遍认同的评价标准,就可以贯通社会与个体意识的神经脉络,使各种意识因素及层次相互协调而产生综合性功能,从而推动大学生认知结构和心理、思维、行为定式的形成,成为制约和影响大学生意识行为的强大内驱力。

---

[1] 李焕明.思想政治教育的实现机制[J].山东师范大学学报:人文社会科学版,2003(1):118-120.

第七章 马克思主义视野下大学生核心价值观培育的创新发展

(六)监督管控机制

学校制度对师生起着重要的约束和规范的作用,因此,制定或修订学校的规章制度都应坚持以马克思主义为指导,结合社会主义核心价值观,充分体现引导师生爱专业、爱学校、爱祖国的价值理念,促进良好的校风和学风形成,为正能量的传递铺设平坦大道,让学生在遵循和践行制度的过程中潜移默化地接受核心价值观教育,从而逐渐变成自己的一种行为规范,自觉并积极维护个人、团体、学校以及国家的形象。

校风是学校办学指导思想和培养目标的集中体现,从广义上讲就是学校师生员工在治学精神、治学态度和治学方法等方面的风格,也是学校全体师生知、情、意、行在学习问题上的综合表现。学风是凝聚在教与学过程中的精神动力、态度作风、方法措施等,它依不同学校的不同特点表现出独有的特色和丰富的内涵,并通过学校全体成员的意志与行动,逐步地形成和固化,成为一种传统和风格。两者都是在长期的实践过程中渐渐累积并升华出来的,是影响学校办学水平、培养质量的重要因素。校风、学风对学生的影响是全方位的,也是潜移默化的,依靠校风、学风可以把不同行为者用约束性的方式协调起来,引导学生的思想,规范学生的行为。所以,高校应在社会主义核心价值观视野下,将社会主义核心价值观教育内化于校风、学风中,大力加强校风、学风建设,营造活泼奋进、倡导创新、以"八荣八耻"为基础的校风,注重学生的道德养成,创建诚信、公正、严谨、乐学、善学、探究的学风,不断推动学校"不拘一格育人才"培养方案的改革,使学生成为具有科学的态度、卓远的识见、渊博的学识的人,使校风、学风时刻体现着社会主义核心价值观的重要内核,从而充分发挥校风、学风的育人、引导作用。

(七)考核评价机制

社会主义核心价值观教育需要评价机制的支持。科学的评价机制不仅能检验大学生社会主义核心价值观教育的效果、对大学生社会主义核心价值观的培育也起到激励和鞭策作用,还能促进学生思想道德的发展,增强社会主义核心价值观教育的实效。

第一,道德档案规范化。高校要加强大学生道德档案规范化建设,形成记载翔实、保存科学、查找方便的大学生道德档案。首先,要建立大学生道德档案管理团队,政治辅导员作为大学生道德档案管理的第一责任人,要深入学生,全面统筹,组织学生干部对大学生的道德行为进行详细记录并及时进行维护更新,确保道德档案的全面性和时效性。其次,要围绕社会主义核心价值观建立大学生道德档案,重点建立大学生助人为乐、诚信行为、志愿者活动等档案模块,比如实行志愿者服务登记制度、建立诚信记录簿、建立精神文明活动通报制度等。此外，还要切实将道德档案作为开展大学生教育评价、学生入党、以后推荐就业的参考依据，引导大学生在价值观方面的自律意识，规范学生行为。

第二，评价方案科学。首先，树立发展性评价理念。对大学生社会主义核心价值观教育的效果进行评价，要树立发展性的评价理念。传统的评价理念重在区分优劣、评定等级，并按评价结果进行奖罚，主要是发挥监督作用，检查教育目标的达成度。发展性教育评价重在找出问题、改进问题，帮助学生在原有基础上获得发展。这种评价着眼于在教育过程中不断发现问题，不断改进问题。教育评价的实践证明，传统的奖罚评价易打击被评价者的积极性，不利于发挥教育评价的作用。再者，由于这种评价重视终结性评价的应用，往往具有后效性，不能及时解决教育过程中产生的问题，"行动已经发生，评价已太迟"。而发展性教育评价可以有效解决以上问题，促进教育发展。其次，操作上，建立立体、多元的评价方案。"立体"，主要指根据学生的层次与差别建立不同的评价标准体系。如果用统一的评价标准去评价不同层次的学生，对于基础好的学生不需要多大努力就能获得好评，失去了激励性；对于基础差的学生，无论怎样努力，评价结果也不会好，同样也会失去激励性。因此，分层次开展评价，有利于核心价值观教育效果的提高。"多元"，主要指要把社会主义核心价值观教育评价主体多元化，要采取自评与他评相结合的方法，学生、教师、辅导员都应参与到学生的评价中去，增强评价的科学性。

二、构建大学生核心价值观培育长效机制的路径选择

为了全面把握当代大学生核心价值观的科学内涵，树立其在大学生价值观中的指导地位，大力培育当代大学生核心价值观，应按照完善价值观教育、坚持科学原则、利用多重环境和创新长效机制的思路开展。

(一)坚定马克思主义指导地位，完善新时期大学生的价值观教育

1. 马克思主义指导地位

在指导思想上以马克思主义为核心地位，是中国特色社会主义理论体系的内在需要。江泽民同志曾高屋建瓴地指出："如果动摇了马列主义、毛泽东思想、邓小平理论这个精神支柱，动摇了建设有中国特色社会主义的共同理想，就会导致思想混乱、社会动乱，那将是党、国家和民族的灾难。"[1]由此可见，坚持马克思主义在指导思想上的核心地位是当下建设当代大学生核心价值观的第一要务。

---

① 江泽民. 论"三个代表"[M]. 北京：中央文献出版社，2001：11.

首先，坚定马克思主义的指导地位，坚持用马克思主义引领新时期大学生的价值观教育。"构建和培育当代大学生核心价值观，就是要不断加强马克思主义的指导作用。"①正如马克思所言："统治阶级的思想在每一时代都是占据统治地位的思想。"②我国是社会主义国家，必须确保在指导思想上以马克思主义为核心地位，并在此基础上进一步巩固全党、全社会对马克思主义的信仰。

其次，坚定不移地用马克思主义指导思想武装大学生的头脑。马克思主义指导思想是社会主义核心价值体系的灵魂，构建当代大学生核心价值观，要坚定不移地用马克思主义指导思想教育大学生，通过对大学生长期的教育引导，使其能够自觉认同和践行当代大学生核心价值观。习近平强调，我们的高校是党领导下的高校，办好我们的高校必须坚持以马克思主义为指导，全面贯彻党的教育方针。③ 在此教育过程中，要将马克思主义指导思想教育摆在首要环节。

2. 新时期大学生的价值观教育

首先，中国共产党应依法行使自身的执政权利，认清我国基本国情和风云变幻的世界形势，用马克思主义和中国特色社会主义理论武装头脑，引导本土文化的发展趋势，使当代大学生在多元价值观念中坚持以马克思主义作为指导思想，完善新时期大学生的价值观教育。与此同时，党和政府要以爱国主义为核心的民族精神和以改革创新为核心的时代精神为前提，以社会主义荣辱观为立身做人、立志成才、立业为民的行为规范，让大学生在不同和相悖的价值取向间得出自己合理的认知结果。

其次，当代大学生应正确认识自身的主人翁身份，不断促进自身健康发展，正确理解新时期条件下的"多元"价值观念。大学生因为基础条件不一，如家庭出身、自身经历、成长环境、个人天赋等不同，在价值观选择上良莠不齐。因此，要重点把握矛盾的两个方面，使"普遍性"与"特殊性"相结合：既要表扬先进典型，又要帮扶弱势群体；既要坚持"一元"中心，又要倡导"多元"发展。不断"引导大学生将多元的价值追求与爱国奉献、社会共同理想有机结合起来，将当代大学生核心价值的实现作为总体价值目标"④。

(二)树立科学的价值规范，坚持价值观培育的科学原则

1. 主导性与主动性的统一

高校教育系统中的教育因子，如师生之间、学校环境与外部环境等，都是密

---

① 韩国顺. 以社会主义核心价值体系引领大学生思想政治教育研究[D]. 长春：吉林大学，2011.
② 马克思，恩格斯. 马克思恩格斯全集(第1卷)[M]. 北京：人民出版社，1956：2.
③ 习近平. 把思想政治工作贯穿教育教学全过程[J]. 杭州(周刊)，2016(24)：6.
④ 刘会亭. 当代大学生社会主义核心价值观的构建与培育研究[D]. 武汉：湖北工业大学，2011.

切相关、相互作用、相互制约的，共同构成了一个开放的适应社会多方面、多层次需要的思想道德结构系统。这就要求我们应该从系统的角度来看待整个大学生核心价值观的构建，坚持教育主导性与学生主动性的统一。当前大学生价值观构建中存在的问题并不是单纯的高校自身的原因或者是学生个体的原因，其与社会、经济、政治、文化等各种因素密切相关。因此，我们应该将大学生价值观构建置于人与自然、人与社会、人与文化、人与自身的结构关系中，注重将自然、社会和人作为三位一体的整体对象来看待。因此，在考虑大学生价值观构建问题时，要考虑其与社会、自然、文化三者的内在完整和协调，这就从认识上解决了所谓"两张皮"的问题，使价值观教育摆脱孤立和孤军作战的境地，坚持教育主动性与学生主动性的统一。

高校价值观教育的对象是我国大学生，他们已是步入成年的知识群体，是进入德国近代著名的教育家赫尔巴特德育理论中"教育性教学"阶段的高层次群体。这一阶段不同于小学的"教学性训育"阶段和中学的"教学性管理"阶段，这一阶段的突出特点是价值观教育的启发化。基于此，对于大学生核心价值观进行培育，便要顺应大学生的生理和心理需要的现状。正如美国发展心理学家柯尔伯格指出的："灌输既不是教授道德的方法，也不是一种道德的教学方法。"对于大学生价值观的培养，应该在自由、开放的前提下，将核心价值理念以启发的形式逐渐引入学生的心田，使他们能够自觉自愿地接受正确的主流价值观。

2. 内化性与实践性的统一

"空谈误国，实干兴邦。"培育当代大学生核心价值观就是要把抽象转变为具象，把"纸上谈兵"转变为"实际行动"，贯彻执行"认识—实践—认识"的循环过程，坚持内化性与实践性的统一。马克思认为："不是意识决定生活，而是生活决定意识。"大学生核心价值观的培育贵在实践培育。只有让大学生在实践活动中体会和感受它，才能更好地领会大学生核心价值观的科学内涵。"照本宣科"和"填鸭式"的传统教学模式，只能让学生被动地接受信息，而没有培养学生的创新能力，最终达不到预想的教学成效。因此，培育当代大学生核心价值观不能只停留在书本和口号上，而是应该回归现实，用实际生活中的事实来检验真理、充实大学生核心价值观实践知识，通过大学生劳动体验、情景体验，让他们成为社会化成长中的主动者。唯有如此，方能体会到"大学生核心价值观既与现实生活密切关联，又与现实生活中的事实相符合，进而增强大学生核心价值观内化性与实践性的统一"[①]。

---

① 刘会亭. 当代大学生社会主义核心价值观的构建与培育研究[D]. 武汉：湖北工业大学，2011.

(三)发挥正能量，营造良好价值观教育的多重环境

1. 校园主阵地

"高等学校要充分发挥大学生思想政治教育主阵地、主课堂、主渠道作用，把大学生思想政治教育摆在各项工作的首位，贯穿于教育教学的全过程。"①现阶段，高等学校只有坚持不懈地发挥高校主阵地作用，持之以恒地利用当代大学生核心价值观引领和引导大学生价值观教育工作，才能不断提高大学生的综合素质和高校的综合水平。

一方面，要坚持把当代大学生核心价值观融入校园文化。校园文化对于大学生思想政治教育具有重要的育人功能。由此可见，将当代大学生核心价值观培育和校园活动有机结合，是提升大学生综合素质，加强高校校园文化管理，提升高校青年大学生的文化水平和高校校园综合水平的有力手段和可靠途径。因此，要坚持将当代大学生核心价值观和高校校园文化相结合，利用校园文化，切实强化和引领当代大学生核心价值观建设。

另一方面，要坚持以当代大学生核心价值观引领校园思潮。丰富多彩的校园环境是先进文化交融、社会思潮碰撞、价值观念交织的平台。处在生理发育期的大学生也同样处在价值观念的激烈碰撞期。当代大学生要充分认识到核心价值观的重要作用，自觉以当代大学生核心价值观引领校园思潮，运用马克思主义方法论，正确处理学习和生活中遇到的矛盾和困惑，努力把自己锻炼成能担负祖国建设重任的高素质人才。

2. 家庭副渠道

家庭环境对于构建当代大学生核心价值观起到熏陶、调节的作用。家长应该提升自身的道德修养，引导孩子形成正确的价值观，使孩子能在一个温馨、和谐的氛围中接受正确的家庭教育，同时摒弃守旧的教育理念。

提高家长素质，发挥表率作用。父母是子女人生路上的良师益友，会对其子女的身心发育和成长成才发挥不可替代的作用。"家长要努力践行社会主义核心价值体系，注重自身道德素质的提高，为孩子做出一个好的榜样。"②与此同时，作为父母，要通过家庭环境和耳濡目染的影响，来发挥良师益友的作用，培育孩子为人处世的能力，多与孩子交流想法，让孩子健康快乐地成长。因此，作为父母更要全面提升自己的价值观素养和科学文化素质，严格要求自己，在对孩子的教育

---
① 韩国顺. 以社会主义核心价值体系引领大学生思想政治教育研究[D]. 长春：吉林大学，2011.
② 王丽颖. 当代大学生社会主义核心价值体系教育研究[D]. 保定：河北大学，2010.

过程中做好表率作用。

进行有效沟通，创设良好家庭氛围。温馨、和谐、关爱的家庭环境一方面可以让孩子感受到父母无微不至的关怀，产生正能量；另一方面，会使孩子形成积极乐观的生活态度，树立正确的价值观。"要创设这种良好的家庭氛围，就需要家长以平等、民主的方式与孩子进行对话、交流与沟通，使孩子能够主动地表达自己的思想、愿望和要求。"[1]

学会换位思考，更新教育观念。教育理念是最基础也是最首要的问题。家长的观念、理念会对孩子价值观的形成产生重要影响。中华人民共和国成立后，由于受到封建思想、守旧观念和"望子成龙、望女成凤"等迫切心情的左右，父母缺乏对孩子"德、智、体、美、劳"全面发展的正确认识，不尊重孩子的诉求和选择，使孩子的价值取向产生偏差。因此，家长要摒弃传统的教育理念，重视孩子的全面发展，学会换位思考，不断更新自身的教育观念；同时家长还应主动顺应时代潮流，自觉摒弃落后的陈风旧俗，不断学习新知识、新文化，把倾听孩子的主观诉求放在家庭教育的第一环节，为孩子正确人生观的树立打下坚实基础。

3. 社会大环境

发挥大众传媒的作用，优化舆论环境。当代大学生核心价值观是在学校、家庭和社会的共同教育和引导下形成的，当代大学生核心价值观的正确树立需要通过外界环境的影响而内化为当代大学生的意志品质，并通过大学生自身的实践活动形成。在此过程中，政府、媒体、网络等社会环境要充分发挥积极向上的促进作用，优化舆论环境，帮助大学生树立正确的价值观。

着重发挥网络的积极作用。伴随着改革开放步伐的加快，网络时代正在影响着生活的方方面面，网络已经潜移默化地融入人们的日常生活，对于青年大学生来说，互联网时代已经成为其生活、学习、工作环境中必不可少的重要组成部分。因此，构建一套科学系统的当代大学生核心价值观，就要利用网络的"广泛性"和"即时性"优势，建立积极的、健康的、和谐的网络环境，把构建当代大学生核心价值观的要求和理念融入大学生的网络生活，使其形成健康、向上的价值观念。

树立先进典型，发挥榜样作用。每个时代都有每个时代的榜样。伴随着改革开放的迅猛发展，社会上涌现出了一大批值得称颂的英模榜样，这些好人好事和可贵品质激励着所有人。因此，发挥榜样作用，对当代大学生进行英模榜样的宣

---

[1] 王丽颖. 当代大学生社会主义核心价值体系教育研究[D]. 保定：河北大学，2010.

传和教育,也是培育当代大学生核心价值观的有效途径。

(四)知行合一,在实践中创新价值观建设的各项机制

1. 创新课程教学的渗透机制

文化教育和价值引导是相辅相成的。要坚持把价值引导渗透到文化教育的方方面面,使每一门课程都具有双重教育意义。培育当代大学生核心价值观是一项长期和系统的工程,应把握大学生价值观念"普遍联系"与"渐次发展"的规律,把当代大学生核心价值观的培育渗透到学校教学和实践活动中去,切实构建高校课程教学的渗透机制。

第一,理论教学要"化虚为实"。将模糊枯燥的理论转变成清晰易懂的知识,这样更能使大学生对学习产生浓厚的兴趣。这就要求教师全面提高自身的理论素质,把理论讲活、讲彻底,引起学生的思想共鸣,从内心深处认同和接受当代大学生核心价值观,使其能够在社会交往中做到与人友善、踏实做人,全面提高大学生的综合素质。

第二,专业课教学要渗透思想教育。专业课教学的内容多、课时长、深度也较大,与思想政治课相比有不同的专业特点。所以,要鼓励广大教育工作者在课堂上树立育人典范、崇尚科学品质、弘扬价值理想、宣扬民主思想。广大教育工作者可以通过讲解专业历史背景、讲解专业领军人物先进事迹、进行课程实践等方式,引导学生树立"爱党爱国、民主科学、崇尚荣誉、文明道德、公平正义"的当代大学生核心价值观,培养学生"实干兴邦、舍己奉献"的优秀品质,将思想教育全面渗透到高校专业课教学当中。

第三,加强课堂人文精神熏陶,创造健康的校园课堂生态环境。大学教育不单是一种技能教育,更是一种精神塑造。多姿多彩的校园活动,能够有效地反映出一所高校的精神面貌,反映出一所高校的优良校风、教育理念、学术氛围、光荣传统和兼容并包的价值取向,对于全面提升大学生的整体素质和综合能力,培育大学生"与时俱进、求真务实"的精神风貌起到至关重要的作用。因此,"大学生核心价值观教育必须贴近大学教育的精神诉求,塑造精神文化,繁荣活动文化,打造景观文化"[①]。

2. 创新网络文化的监管机制

当今中国,大学校园是网络的密集使用区,高校的青年学生也变成了网络世界的拥趸。2017年,中国互联网信息中心发布的一项数据显示,有84%的大学生

---

① 公方彬. 民主、平等、公正、互助:支撑中华民族崛起的核心价值观[J]. 政工学刊,2006(10):44-46.

使用互联网，76%的人利用互联网交友，有30%的大学生每天上网时间超过6小时，由此可见，网络已成为大学生日常生活的重要内容。因此，"网络上举什么旗、唱响什么主旋律、用什么去引领它的发展势必成为高校思想政治教育工作者的历史使命和重要责任"①。诚如调查结果所言：互联网为高校的德育教育提供了展示自我的舞台，与此同时，也为高校的教育理念和教学方法提出了革新和挑战。因此，在互联网环境下培育当代大学生核心价值观势在必行。

建立健全网络法律法规教育，强化网络道德教育。大学生由于在认知水平、辨析能力等方面还不够成熟，上网时面对良莠不齐、是非难辨、多元价值并存的网络信息，往往难以做出正确的判断和选择。"因此，我们应加强对学生的伦理道德教育和法制观念宣传，提高网上的政治意识、责任意识、道德意识、安全意识和自我保护意识，树立良好的网络道德。"②与此同时，要坚持在实践中加强当代大学生在互联网上的自律行为，促进当代大学生在互联网上形成正确的价值取向，建立当代大学生在互联网上正确的行为示范，提升大学生在互联网上的认同感和归属感。

加大网络监管力度，净化网络信息环境。众所周知，由于当前的网络环境鱼龙混杂，良莠不齐，泥沙俱下，加之大学生正处于成长阶段，大学生群体普遍缺乏敏锐的信息洞察力，不具备完善的自我调控能力，对网络世界存在陌生感和新奇感。在网站的监管方面，既要积极研究和充分利用各种技术手段，对暴力、色情、不健康的信息加以鉴别，在技术上实现第一道防范，又要加强学校互联网的管理，对网上信息资源的安全性、健康性、可靠性进行严格把关，为大学生创造一个良好的校园网络环境。

3. 创新社会实践的引导机制

事实表明，"只有认真贯彻理论与实际相结合的根本原则，才能增强理论的科学性、针对性、说服力和实效性，才能在社会实践中获得成功"③。因此，要把当代大学生核心价值观教育和经济发展以及构建社会主义和谐社会有机融合在一起，才能收到可观的成效。在社会活动中践行大学生核心价值观，是社会主义核心价值体系的内在要求，更是既定教育目标的关键。

第一，要建立社会实践的长效机制。将大学生的寒假、暑假社会实践与实地调研写进"思想政治理论课"的教学大纲，巧妙地把书本知识和实践经验结合起来。

---

① 韩国顺．以社会主义核心价值体系引领大学生思想政治教育研究[D]．长春：吉林大学，2011．
② 叶晖．网络文化背景下大学生价值观教育现状及对策[J]．文教资料，2011(27)：209-210．
③ 王晓婷．社会主义核心价值体系寓于大学生价值观教育研究[D]．天津：天津商业大学，2010．

在大学生的价值观教育中，明确理论教学和社会实践的地位和比重。国内高校应切实将暑假、寒假等社会实践活动与日常授课内容相结合，形成完善、系统、科学的教学机制；同时，针对当前高校中普遍存在的社会实践流于形式等现象，高校管理和领导部门应加强监管机制，实行量化考核标准，在本质上保证实践活动的时间和物质前提，充分激发大学生参与实践的兴趣。

第二，要围绕当代大学生核心价值观的基本内容组织社会实践活动。结合国内发展形势和群众关心的话题进行实地调研，引导和鼓励大学生走进乡村、扎根基层、深入企业、勇于实践，不断总结归纳经验方法，帮助大学生更好地了解我国社会和现实国情；同时，"充分利用爱国主义教育基地开展革命传统教育，增强大学生对党的感情、对中国特色社会主义的热爱，增强他们实现中华民族伟大复兴的责任感和使命感"[1]。高校应当制定关于如何施行社会实习和调研活动的专项规划，有计划、有目标地开展社会实践课程，并在现场教学中进行充实和完善。

4. 创新教育队伍的建设机制

教育队伍是引领大学生价值观教育的骨干力量。正因如此，"教师成了大学生价值观教育最重要的实施者和指导者"[2]。因此，构建当代大学生核心价值观的培育机制，应不断创新教育队伍的建设机制，发挥教育工作者的模范带头作用和教书育人能效。主要应从以下几点入手：

首先，坚持马克思主义中国化研究成果对广大教育工作者的指导作用，提高教师队伍的思想政治觉悟，加强教师队伍的管理，增加相互间学习交流的机会。以当代大学生核心价值观引领大学生思想政治教育的本质特征，就是要把党和国家的、民族的最根本的思想观念、道德理念、价值规范传授给大学生，使其内化为自身的价值理念。广大教育工作者要不断提升自身的综合素质水平，不断提升自身的学术专业能力，不断提高自身的生产实践能力，拓宽研究领域，重视交叉学科间的联系，恪尽职守，夙夜在公，与时俱进。只有这样，广大教育工作者才能更好地言传身教，让大学生如沐春风。

其次，加强学科建设，尤其是思想政治理论的学科建设。思想政治理论学科是保障教师队伍教学水平、提升大学生综合素质的学科基础。加强思想政治理论的教学和科研水平，也是加强和改进校园文化建设的关键所在。高校管理层应提

---

[1] 王晓婷. 社会主义核心价值体系寓于大学生价值观教育研究[D]. 天津：天津商业大学，2010.
[2] 曲春妮. 以社会主义核心价值体系引领大学生价值观教育研究[D]. 青岛：青岛科技大学，2010.

高对思想政治理论学科教研的重视程度，对任课教师给予更多关怀，帮助他们解决在教研中遇到的困难，切实提高教师队伍的教研水平。

最后，建立健全教师队伍的考核机制，制定严格的教研计划和教学目标。对教师队伍的考核量化不能一概而论，而应根据不同的学科特点来确定不同学科教师的考核标准和考查内容。一是以德为先，不断提高广大教育工作者的道德修养，对于道德低下、不能为人师表的教师采取"一票否决制"；二是以人为本，将"就业""科研"等大学生最为关注、与大学生切身利益相关的内容列入教师队伍的考核机制；三是注重实效，重点关注教师的教书育人能力，改变以往"以论文和课题按资排辈"的不合理考核模式。